, 그 후 어떤 일이?

주한미군 철수

Another & Final Withdrawal
of US Forces Korea

주한미군 철수

.그 후 어떤 일이?

Another & Final Withdrawal of US Forces Korea

초판 1쇄 찍은 날 2021년 06월 25일

펴낸 날 2021년 07월 11일

지 은 이 아태전략연구소사이어티·편집부

펴 낸 이 이진우

편 집 허조행

교 정 이문수

마 케 팅 전진근·조관세·이수월

디 자 인 박채은

펴 낸 데 도서출판 블루리본

등 록 번 호 제18-49(98.1.21)

주 소 서울시 강남구 역삼동 837-11 Union Ctr 1305

전 화 (02) 3442-0256(대표)

팩 스 (02) 512-0256

전 자 우 편 brbooks@hanmail.net

값 20,000원

ISBN 978-89-88185-52-0 03340

*서점에서 책을 사실 수 없는 분들은 전화로 주문(02-3442-0256)
하시면 서점에 가시지 않고도 전국 어디서나 1-2일내 받아
보실 수 있습니다.

농 협 352-0902-3937-63 (예금주: 허영신)
국민은행 818502-04-152931
제일은행 441-20-165120

, 그 후 어떤 일이?

주한미군 철수

Another & Final Withdrawal
of US Forces Korea

아태전략연구소사이어티 · 편집부

도서
출판 블루리본

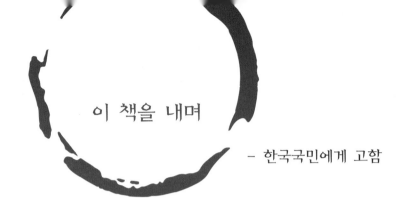

이 책을 내며

– 한국국민에게 고함

　오늘날 한반도가 처해있는 상황은, 주지하다시피, 100년 전 상황과 크게 다르지 않다. 100년 전 대한제국은 중국, 러시아, 일본, 미국의 4 강대국들의 틈바구니에 끼어 약소국의 설움을 뼈저리게 겪었다.

　그 당시 한반도의 운명을 좌지우지하던 4대 강국이었던 중·러·일·미는 지금도 여전히 한반도 운명의 향방에 지대한 영향력을 행사하고 있다. 게다가 이 4강대국 외에도 또 하나의 핵 군사강국 북한과도 직접 대치하고 있는 한국은 사실상 살벌한 적들에 둘러싸여 있는 형국이다. 실로 한국은 '핵을 든 깡패들이 출몰하는 뒷골목에 버려진 아이'와 같다는 비유의 의미를 절감하게 된다.

　이들 4강대국들의 틈바구니에서 생존을 위해 절묘한 줄타기를 했어도 어려운 상황에서, 대한제국은 국제정세를 제대로 읽지 못하고 우왕좌왕하다가, 결국 일본에 국권을 빼앗기고 말았다.

　국제정세와 힘의 역학관계를 제대로 읽지 못해 나라를 위태롭게 하는 경우는 오늘날에도 종종 볼 수 있어 우리에게 반면교사가 되고 있다.

　예를 들어, 필리핀에서 미군이 철수하자, 공산화에 대한 두려움으로 자본은 외국으로 빠져나가고 기업은 사업거점을 해외로 옮겨버리자 바로 경제가 몰락했다.

　게다가 미군이 떠나 남중국해에 힘의 공백이 생기자, 중국이 기다렸다는 듯이 무력으로 밀고 들어와 필리핀 근해의 섬들을 무력 점령해버렸다.

우리의 경우, 중·러·일·북한에 포위되어 사면초가의 형국인 상황에서 주한미군 철수로 한반도에 힘의 공백이 생기면, 그 즉시 한반도는 4강대국들의 패권 각축장으로 전락하게 될 것이며, 분할 점령될 가능성도 배제할 수 없다.

우리 입장에서는 피호봉호避狐逢虎, 그야말로 여우를 피하려다 호랑이를 만나는 격이 되는 것이다.

주한미군이 철수하고 나면, 미국을 대신하여 패권국 중국의 한국 길들이기는 더욱 노골화될 것이다. 가뜩이나 한국을 속국 정도로 여기고 있는 중국은 더욱 한국에 내정간섭을 할 것이며, 조선성朝鮮省으로 흡수하려 획책할 것이다.

주한미군 철수 후 적어도 6개월 안에, 북한은 7일안에 남한을 점령한다는 소위 '7일 전쟁 작전계획' 대로 남침을 감행할 수 있다. 남한이 적화통일 되고 나면, 대규모 처참한 숙청작업이 뒤따르게 됨은 말할 필요조차 없을 것이다.

이러한 일촉즉발의 전쟁위험 상황에서, 연일 핵미사일 위협이 계속되고 있는데도 한국국민들은 신기할 정도로 무관심하기만 하다. 태풍의 눈 속에 들어가 있어서인가?

이에 본 저자는 외로운 외침이 될지언정 이 책을 통해 우리 한국국민에게 간곡히 호소하는 바이다.

이러한 중대한 시기에 우리가 각성하지 못하면 불과 몇 십 년 후, 우리는 애국가의 가사를 이렇게 고쳐 불러야 할 날이 올지도 모른다.

"일본해와 장백산이 마르고 닳도록 …"

Contents

제2부 주한미군 철수, 그리고 그 후폭풍은?

4장 주한미군이 철수하면 어떤 일이?

제4부 북한의 남한접수 시나리오

해외주둔미군의 철수가

우리에게 주는 교훈

'피호봉호(避狐逢虎)'
여우를 피하려다 호랑이를 만난다.

제 1 부

해외주둔 미군철수가
우리에게 주는 교훈

1장

필리핀 미군 철수에서 배워야 할 교훈
: 경제는 몰락하고 영토는 빼앗기고

    제2차 세계대전 후 한동안 필리핀에는 아시아 최대의 미 공군기지인 클라크 공군기지Clark Air Base와 미 해군의 해외 최대기지였던 수빅만Subic Bay이 있어 필리핀 안보와 경제의 중요한 축의 역할을 하고 있었다.

┃ 클라크 공군기지(CRK Air Base). 원내는 Harold Melville Clark 소령으로, 이 기지의 이름은
┃ 그의 이름을 따서 명명된 것이다.

클라크 공군기지(Clark Air Base)
필리핀 팜팡가 주 앙헬레스의 북서부에
있던 미국 공군기지이다.
이 기지의 이름은 파나마 운하 근역에서
수상비행기 추락으로 사망한 Harold
Melville Clark 소령(1890~1919)의
이름을 따서 명명되었다.
그는 미네소타 주 태생으로 필리핀 마닐라
에서 성장했다.

1 좌익세력, 최강의 미군을 선전선동만으로 몰아내다

🏷 국민을 개돼지로 여기는 공산좌파의 전략

1960년대까지만 해도 필리핀은 아시아에서 일본 다음가는 제2의 경제
대국이었다.

그런데 필리핀에서는 좌익혁명을 꾀하는 민족민주전선NDF; National
Democratic Front; 1969년 설립된 필리핀 공산당의 통일전선이 가난한 민중을 지지기반으
로 삼아 파고들면서 해방투쟁을 펼쳤다. 기독교가 설립 초기에 로마의 가
난한 하층민을 기반으로 번져나간 것과 유사하다.

이 공산좌파들은 다른 국가에서도 늘 그러하듯이, 부유층 상위 10%를
타도하여 나머지 90% 하위계층에게 나누어줌으로써 90% 하층민의 폭넓
은 지지를 확보한다는 전형적인 공산주의 전략을 선전 선동에 이용하여
주로 하층민들을 포섭했다.

이들 좌파들은 당연히 친중·친소 노선의 마오이스트Maoist/모택동을 신봉하
는 공산주의자들이었다. 그들은 필리핀의 주권확립을 위해서는 미군 철수가
이루어져야 한다고 선전 선동했다.

필리핀의 대표적인
좌파 공산주의 세력들인
CPP, NPA, NDF

필리핀은 330년간 스페인의 오랜 식민통치를 받아 온데다가 또 다시 94년간 미국에 종속되는 굴욕스러운 식민지배의 역사가 있었다. 따라서 민족민주전선의 '자주'니 '주권확립'이니 하는 선전 선동은 당시에는 민중에게 잘 먹혀들어갔다.

마르크스는 평소 말로는 노동자들에게 '노동자들이야말로 혁명의 주체'라고 치켜세웠지만, 실제로는 그의 사상적 동지였던 레닌과 주고받은 편지에도 잘 나타나 있듯이, 노동자들을 '상놈들', '무지한 개돼지들', '미련한 놈들'이라고 비하하고 몹시 경멸했다.

공산주의 선전선동 지침CPG에도 '자고로 국민[인민]이란 없다. 다만 선전선동의 대상에 불과한 단순무지한 개돼지들simple, ignorant swines만 있을 뿐이다'라는 오만방자한 말이 있다.

실제로 필리핀 민중, 즉 소위 그 '단순 무지한 개돼지들'은 공산좌파들의 선전 선동에 홀딱 넘어가 미군이 철수하기만 하면 필리핀의 자주권과 번영이 보장될 것이라고 믿었다.

좌파들은 '미군을 몰아내고 그 자리에 국제투자 공업단지와 비즈니스 복합단지를 만들면 세계 굴지의 기업들이 앞 다투어 몰려 올 것이다'라고 선동했다.

좌파 공산주의의 선전선동은 실로 세계최강이라는 미국의 최첨단 군사무기보다 훨씬 강하고 집요했다. 좌파 민족민주전선의 이러한 사탕발림 선전선동에 속아 넘어간 필리핀 국민들은 "양키는 물러가라Yankee, Go Home!"고 외쳤다.

심지어는 미군들의 지갑에서 나오는 달러화에 의존하여 호구지책을 해결하던 민중들, 즉 미군기지에서 일하는 용역들이나 기지주변에서 미군을 상대로 장사하던 지역주민들까지도 미군철수 시위행렬에 뛰어들어 '양키, 고 홈!'을 줄기차게 외쳐댔다.

이들은 나중에 진짜로 미군이 철수하고 나서야 공산좌익 반미주의자들의 선전선동에 속았다는 것을 알고 피눈물을 흘리게 된다.

파출부 수출국으로 전락한 필리핀

1991년 필리핀 좌익단체의 미군철수 선동으로 반미시위가 날로 극렬하게 번져가는 가운데, 필리핀과 미군 사이의 협상이 결렬되었다. 공산좌파가 압도적으로 장악하고 있던 필리핀 의회는 미군 주둔 연장안을 부결시켰다. 필리핀 정부는 클라크 공군기지와 더불어 수빅만 미해군기지의 10년 연장사용을 거부하기에 이른다.

결국 1992년 필리핀 주둔 미군은 필리핀에서 완전히 철수했다.

당시 필리핀은 1898년에 시작된 94년간의 미군주둔의 역사가 끝난 것을 기뻐하며 전 국민이 축제분위기에 휩싸였다. 가정집에서는 미군 철수 축하파티까지 열었다.

그러나 그것이 악몽의 시작이었음을 아는 사람은 거의 없었다.

미군이 철수하자, 선전 선동이나 데모에만 이골이 나 있을 뿐, 막상 국가 운영에는 미숙한 좌파들이 전혀 예상치 못했던 문제들이 연달아 일어나기 시작했다. 좌파들은 당황했다.

원래 좌파란 선전선동으로 기존체제를 무너뜨리는 데만 능할 뿐, 국가를 운영하는 데는 젬병인 속성을 지니고 있다. 입만으로 나라를 망하게 하는 귀신같은 재주가 있지만, 막상 정권을 쥐고 나면 촌구석 면장 노릇조차 제대로 하지 못한다는 것이다.

맨 처음 닥친 문제는 미군 철수가 몰고 온 경제적 충격파였다. 정치적, 경제적 불안감으로 해외기업들이 대규모로 철수해버렸다. 투자하리라 고대했던 외국기업들은 정세가 불안한 필리핀에는 눈길조차 주지 않았다. 계산 빠른 글로벌 기업들이 안보 리스크가 큰 나라에 투자할 리가 만무했다.

미군이 철수하자 외국자본이 대거 철수하기 시작하여 순식간에 60% 이상의 외국자본이 필리핀에서 빠져나갔다. 무엇보다도 주식과 부동산에서 미국계 자금이 썰물처럼 빠져나갔다. 배가 침몰하려 할 때는 선창에 숨어사는 쥐들조차도 위험을 느끼고 탈출하듯이.

도표에서 알 수 있듯이, 필리핀의 주식시장과 부동산 시장을 시작으로 필리핀 경제는 일거에 몰락으로 내달았다.

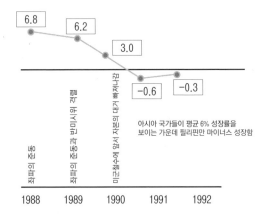

6.8   6.2   3.0   -0.6   -0.3

평균 아시아 국가 연평균 성장률

평균 아시아 국가 연평균 성장률

연평균 필리핀 경제성장률

필리핀 경제성장률

아시아 국가들이 평균 6% 성장률을
보이는 가운데 필리핀만 마이너스 성장함

1988   1989   1990   1991   1992

필리핀 경제의 몰락
외국자본이 빠져나가자 주식
시장은 패닉상태로 빠져들었
고 경제가 몰락하여 대규모
실업자들이 생겨났다.

천문학적 액수의 돈이 썰물처럼 빠져나가자, 환율이 폭등하고 물가가 폭등하여 서민들의 삶은 나락에 떨어졌다. 수많은 기업체와 공장들이 줄줄이 도산하여 사람들은 직장을 잃고 대규모 실업자들이 생겨났다.

미군철수 후, 안보에 구멍이 난 필리핀은 이렇게 경제에 타격을 입고 아시아 빈국으로 전락했다.

미군철수 이전의 수빅만 미 해군기지(U.S. Naval Base, Subic Bay)
필리핀 루손(Luzon) 중서부에 있는 만. 남중국해에 면하며, 필리핀의 수도 마닐라에서 북서쪽으로 약 110㎞ 떨어져 있다. 수빅만은 깊은 수심과 넓은 안벽 등 천혜의 조건을 갖춘 항만이다.

미군이 주둔할 때는 수빅만 해군기지U.S. Naval Base, Subic Bay에 일 년에 200여척이 넘는 함정을 수리하던 조선소가 있어서 수만 명의 필리핀 용역들이 미군달러로 지갑을 두둑이 채우고 다녔었다. 당시에는 개들도 달러화를 물고 다닌다고 할 정도였다. 거리도 밤새 휘황찬란하게 불야성을 이루었었다.

그러나 미군 철수 후 빈 건물들의 잔해와 콘크리트 잔해만 남아있는 유령도시로 변했다.

1960~1970년대에 한국보다 잘 살던 필리핀, 그리하여 한국과 한국인들을 깔보던 아시아 2위의 경제대국이었던 필리핀이 경제가 무너져 수많은 필리핀 여성들이 세계 각국으로 파출부로 나가게 되었다.

아시아 빈국으로 전락한 필리핀은 파출부 수출국이란 오명을 쓰게 되었다. 전 세계적으로 파출부는 대부분 필리핀 여성들인데, 미국 드라마에서도 파출부로는 으레 필리핀 여성들이 등장한다. 우리나라에도 많이 와 있다.

좌파를 가장한 공산주의자들의 얄팍한 선전선동에 속아 넘어가 선거에서 잘못된 선택을 한 필리핀 국민들, 소위 '단순 무지한 개돼지들'은 자신들의 손가락을 자르고 싶다고 뒤늦게 푸념하고 있지만 이미 때는 늦었다.

2 돈 내는 손님을 밀어내고 강도를 불러들인 필리핀

≪이 글은《중국, 조선민주주의인민공화국을 접수하다》에서 일부 발췌함≫

남중국해에는 난샤군도Spratly Islands/스프래틀리 군도, 시샤군도Paracel Islands/파라셀 군도, 중샤군도Macclesfield Islands/메이클레스필드 뱅크, 둥샤군도Prata Islands/프라타 군도의 4군도가 산재하고 있는데, 이 중 시샤군도와 난샤군도 해역에서 중국과 베트남 그리고 필리핀 간의 영유권 분쟁이 가장 치열하다.

중국이 무력 점령한 융싱다오(좌)와 황옌다오(우).
전투기 활주로와 공군기지, 그리고 미사일 기지까지 건설해놓았다.

🏷️ 미군이 떠나자 바로 밀고 들어 온 중국

1974년 1월 중국은 베트남이 실효 지배하던 남중국해 시샤군도西沙群島; Paracel Islands/파라셀 군도의 5개 섬을 무력 점령하고, 그 중 영흥도永興島; 융싱다오/Yongxingdao; Woody Island에 활주로까지 건설하여 베트남과 분쟁을 일으키고 있다.

중국은 또한 1988년 남중국해 스프래틀리 군도Spratly Islands; 중국명 난샤군도/南沙群島와 스카버러 섬Scarborough Shoal; 중국명 황옌다오/黃岩島을 둘러싸고 베트남, 말레이시아, 필리핀, 인도네시아, 브루나이, 타이완과 영토 분쟁을 일으키고 있다.

여기서 한 가지 특이한 현상은 해양 영토를 넓혀가는 데 그토록 광분하는 중국이 유독 필리핀이 실효 지배하고 있던 섬들만은 전혀 건드리지 못했다는 사실이다. 당시 필리핀에는 최강의 미군이 주둔하고 있었기 때문이었다.

그런데 필리핀은 좌익 반미주의자들의 선전 선동에 속아 넘어가 미군철수라는 자충수를 두고 말았다. 필리핀은 스스로 국방 안보의 빗장을 풀어 강도를 불러들이는 우를 범한 것이다.

필리핀에서 미군이 떠나 남중국해에 힘의 공백이 생기자, 중국은 기다렸다는 듯이 무력으로 밀고 들어와 필리핀 본토 앞의 스카버러 섬 Scarborough Shoal; 중국명 황옌다오/黃岩島을 점령해버렸다.

스카버러 섬 주위는 필리핀 루손Luzon 섬에서 가까운 근해 어장이지만 중국이 무단 점거하여 실효 지배하면서 필리핀 어선의 접근을 봉쇄하고 있다.

필리핀 정부는 국제법에 호소하겠다며 국제사법재판소ICJ; International Court of Justice;국가 간 분쟁을 국제법에 따라 해결하도록 하는 국제기관. 헤이그에 본부를 둠에 제소해 승소 판결을 받았다.

그러나 중국은 코웃음을 치며 한술 더 떠서 그 섬에 군용 활주로, 방공포대, 그리고 접안시설까지 갖춘 해양요새를 구축했다. 중국은 이 섬을 자국 영토로 편입조치하고 중국령 표지를 세우고, 태평양의 군사 요충지로 활용하고 있다.

이처럼 힘의 공백이 생기면, 그 힘의 공백으로 중국이 밀고 들어와 결과적으로 엄청난 경제적 손실과 영토의 침략을 당할 수 있다는 점에 주목해야 할 것이다.

중국 대사관 앞에서 무력점령에 항의하는 필리핀인들. 뒤늦은 공허한 메아리일 뿐이다.

　만일 한국에서도 주한미군이 철수하여 한반도에 힘의 공백이 생기면, 우리나라의 서해와 남해, 그리고 동해에 있는 수많은 섬들이 필리핀에서의 경우처럼 무력 점령당하는 사태를 겪게 되리라는 것은 자명한 일이다.

　주한미군 철수 후, 중국이 가장 먼저 이어도와 제주도를 무력 점령하며, 북한은 백령도 등 서해 5도를 무력으로 점령한다. 일본 역시 불시에 무력으로 울릉도와 독도를 점령한다는 작전계획을 세워두고 상륙훈련을 하고 있음은 주지의 사실이다.

　한국군이 중국 해군이나 공군, 일본 해군이나 공군명칭만 자위대, 핵과 날선 총검과 같은 정신력으로 무장한 북한 인민군과 일전을 벌여 격퇴시킬 수 있다고 확신할 수 있는가?

　최근 중국이 남중국해의 섬들을 무단 점거하여 해양군사 기지화 하는

일본 해군의 경항공모함 이즈모,
F35B 전투기 40대를 탑재하는 등
일본의 재무장은 가속도를 내고
있으며 해군력과 공군력은 한국을
훨씬 앞서고 있다.

등 일대일로 전략의 일환으로 해양 군사력 확장에 광분하자, 미국은 중국을 견제하기 위해 우방국들과의 동맹을 활용하는 인도 · 태평양 군사전략을 모색하고 있다.

이에 따라 미국은 제2차 세계대전의 전범국인 일본의 재무장화를 사실상 허용하여 '일본 공군'에는 최신예 전투기를 판매했고 '일본 해군'의 항모 보유도 허용했다.

미국은 또한 한국에는 그동안 40년간이나 개발하지 못하도록 족쇄를 채워놓았던 탄도미사일 800km 사거리 제한도 생색내듯 해제해주었다. 이것은 사거리 제한을 풀어주어 한국으로 하여금 사거리 1000~3000km 이상의 준중거리탄도미사일MRBM을 개발케 하여 중국을 견제하도록 하기 위한 것이다.

물론 색안경을 끼고 본다면 이이제이以夷制夷; 오랑캐로써 오랑캐를 제압함 전략으로도 비칠 수 있는 전략이다.

이 모두가 남중국해와 동중국해 등 역내 패권을 장악하려는 '중국제국'을 견제하려는 전략에서 나온 미국의 고육지책이다.

미국이 중국의 해양 군사력 확장을 견제하는 전략에는 인도, 호주, 타이완, 한 · 미동맹, 미 · 일동맹은 물론 한국과 일본 사이의 지소미아도 포함되어 있다.

그런데 중국의 위협이 날로 증대하여 공동으로 대처해야 하는 중요한 시점에, 남한의 ○북 · 반미정권의 한 · 일 지소미아GSOMIA; General Security of Military Information Agreement; 군사정보 보호협정; 국가 간 군사 기밀을 공유하기로 하는 협정으로 현재 34개국 및 북대서양조약기구/NATO 등과 협정을 체결한 상태 파기 결정은 중국에게 어부지리만 안겨주는 실로 '어이없는' 처사였다. 미 대통령이 욕설을 내뱉은 것은 바로 이런 이유에서였다.

남한정권은 반일감정으로 지소미아를 파기하고 전시작전권 환수를 하는 것이 마치 주권회복이자 애국 행위인 것처럼 포장하고 있다.

한편, 미국은 남한정권의 이러한 행보를 중국의 위협에 공동대처하는 태평양 자유 민주국가들의 안보방어라인을 깨는 이적행위라고 보고 있다. 또한 종북·반미 남한정권이 한·미·일 동맹에서 탈퇴하여 친중국화로 가는 것이 아닌가하는 의심이 더욱 깊어지고 있다.

중국은 6·25전쟁에 개입하여 한국의 통일을 막았으며, 소위 동북공정으로 고구려를 중국의 지방정권으로 왜곡하여 흡수하려 하고 있다. 그뿐만 아니라 심지어 시진핑 주석은 미국 대통령에게 '한국은 과거 중국의 일부였다'라고 말하는 등 언젠가는 한반도를 합병하겠다는 중국의 속내를 드러냈다.

≪중국, 조선민주주의인민공화국을 접수하다,
pp52~74 참조≫

중국은 지금도 이어도를 놓고 영토분쟁을 도발하고 있으며 수시로 한국의 방공식별구역KADIZ; Korea Air Defense Identification Zone을 침범하며 한국을 직간접적으로 무력으로 위협하며 길들이려 하고 있다.

미군 철수 후 남중국해의 동남아 국가들이 침략당하는 것을 보면, 주한미군 철수 후 '무대뽀 중화제국'이 한반도라는 만만한 먹잇감을 어떻게 할 것인지는 알고도 남음이 있다.

한국이 섬나라 필리핀의 미군철수에서 교훈을 얻지 못한다면, 중국과 육지로 직접 연결되어 있는 한반도에서는 미군 철수 후 그 공백으로 밀고 들어오는 '중화제국'의 군화 발에 밟혀 티베트, 위구르, 내몽골 등과 같은 속국 내지는 자치구, 또는 동북3성에 덧붙여지는 일개 '조선성朝鮮省'으로 전락하는 역사적 과오를 저지르게 될까 두렵다.

아직까지도 필리핀은 스카버러를 되찾지 못하고 있으며, 중국은 필리핀의 코앞인 그 섬에 군사기지를 세웠다. 그 위기감이 어떠한 것인지는 주한미군이 철수하고 난 후 중국이 연평도와 강화도를 점령하고, 일본이 울릉도와 독도를 점령하고, 거기에 군사기지를 세웠다고 생각해 보면 쉽게 이해가 갈 것이다.

일본은 한반도 유사시 독도를 점령하는 데 머물지 않을 계획이다. 일본은 울릉도까지 점령하여 나리분지나 석포리, 또는 시동만에 길이 1,500m의 전투기 비상활주로를 건설하여 러시아와 중국의 극동함대를 저지하기 위한 전진기지로 삼고 실효 지배한다는 내부전략을 마련해두고 있다.
일본은 이미 지난 1998년 이래로 수차례 울릉도와 지형이 비슷한 이오지마Iwo Jima, 硫黃島/유황도에서 육해공자위대 합동으로 울릉도와 독도를 무력 점령하는 모의상륙작전훈련까지 비밀리에 실시한 바 있다.
《중국, 조선민주주의인민공화국을 접수하다, 제1장 pp14~17에서 발췌》

이오지마
울릉도의 지형과 너무나 흡사하다.
분화구는 성인봉을 연상시킨다.

필리핀은 필리핀 주둔 미군이라는 손님에게서 막대한 기지 사용료 Subic $200mil/y, Clark $180mil/y; 현 시가 28억 달러, 한화 3조4천억 상당; cf. 주한미군방위비분담금 1조2천억 원를 매년 꼬박꼬박 받고 있었다. 미군기지에서 일하는 필리핀인 용역들이 벌어들이는 어마어마한 돈, 미군들이 필리핀에서 흥청망청 뿌려대는 달러는 차치하고서라도 그러했다. 결국 필리핀은 돈 잘 내는 양키 손님을 밀어내고 강도 같은 중국을 불러들인 셈이다.

미군 철수 후, 펜타곤 메스홀에서 점심식사하고 있던 전 주필리핀 미군 전략관계자들이 뉴스에서 '중국 해군이 스카버러 섬을 무력 점령했다'는 소식이 흘러나오자 박장대소했다는 후문을 남의 이야기라고 해서 우리도 단순히 웃어넘길 수 있을까?

필리핀 국민들은 국가안보가 불안하면 경제도 순식간에 몰락하고, 힘이 없으면 영토도 빼앗기고 만다는 교훈을 뒤늦게 깨닫고 땅을 쳤다. '바보들은 당하고 나서야 배운다Experience is the teacher of fools'라는 속담이 있다.

이러한 사례가 한국에서도 반복되지 않을까 염려될 뿐이다.

저자가 수십 년 만에 다시 찾은 수빅 베이는 한산한 모습이었다. 젊은 해군 초급장교 시절의 기억을 더듬어 들른 수빅 베이 호텔 바에서는 까무잡잡한 미모의 여가수가 무척 유창한 영어로 노래를 부르고 있었다. 과거 이곳은 휴일이 되면 미군들로 북적거리던 곳이었다.

미군이 떠나버리자, 여가수들은 이제는 호주나 일본에서 온 외국 관광객들, 또는 추억여행 차 찾아 온 과거 이곳에서 근무했었던 올드 GI들을 상대로 노래 부르고 있다.

밖에는 후텁지근한 열대의 밤을 식혀주는 비가 내리기 시작했다. 애절한 노랫소리를 뒤로 하고 나올 때, 여가수의 옥타브를 높여 부르는 마지막 가사가 빗줄기처럼 가슴을 파고들었다. "… My last mistake was letting you go …"

My First Mistake
        - Jennie Smith

        …

        …

My last mistake was letting you go
'cause we'll never meet again
and I still love you so.

제 마지막 실수는
당신을 떠나게 한 것입니다.
우리는 다시는 만날 수 없을 테니까요.
전 여전히 당신을
너무나 사랑하는 데도 말입니다.

2장

타이완 미군 철수에서 배워야 할 교훈
: 강대국끼리의 뒷거래로 뒤통수 맞다

현재의 중화민국은 1945년 중국 공산당과의 내전에 패배한 국민당의 장제스蔣介石; 介石은 호, 이름은 중정/中正, 1887~1975 정권이 대만으로 이주국부

타이완(臺灣/대만; Taiwan)

타이완은 타이완 해협을 사이에 두고 중국 본토 푸젠성(福建省/복건성)에서 약 180㎞ 떨어져 있다. 1684년 청(淸)은 타이완을 병합하여 푸젠성에 예속시켰다가 1885년 하나의 성(省)으로 승격시켰으나, 청일전쟁에서 패한 뒤 시모노세키 조약으로 타이완은 일본에 할양되었다.

타이완은 일본 최초의 해외 식민지가 되어 50년(1895~1945) 동안 식민 통치를 받다가 일본의 패망으로 1945년 10월 25일 중국으로 반환되었다.

타이완(臺灣/대만; Taiwan)은 섬 이름인 동시에 통상적 이름이고, 공식 국호는 중화민국(中華民國; ROC; Republic of China; 한국에서는 한때 '중공/PRC'과 구분하여 '자유중국'이라 불림)이다.

그러나 중국의 '하나의 중국' 원칙(One-China policy; 홍콩·마카오·타이완은 국가가 아니라 중국에 속한 지방이라는 주장)에 따라 국제기구에서 타이완은 'Chinese Taipei(中華臺北/중화타이베이)' 또는 'Taipei, China'로 호칭된다.

일찍이 1590년 항해 중이던 포르투갈 선원들이 초록으로 덮인 타이완 섬을 보고 "Ilha Formosa(일랴 포르모사; '아름다운 섬'이라는 뜻)라고 불렀다는 일화에서 유럽에는 Formosa라는 이름으로도 알려졌다. 현재 '포르모사'는 애칭 정도로 쓰이고 있다.

천대/國府遷臺; 국공 내전에 패한 장제스의 국민당이 중화민국 정부를 1949년 12월 7일 중국 대륙의 난징에서 타이베이로 천도한 사건해 와 성립한 국가이다.

1 상호방위조약과 주대만 미군으로 위기를 넘긴 대만

1950년 1월 12일 미 국무장관 애치슨Dean Acheson이 발표한 미국의 '극동 방위선', 소위 애치슨라인Acheson Line에서 대만과 한국이 제외되었다.

흔히 우리는 애치슨 선언이라 하면 상식선에서, '멍청하게도 한국과 타이완을 극동방위선 밖에 둠으로써 공산주의 북한의 6.25 남침전쟁을 불러오게 했으며, 중공의 대만 포격을 유발케 하는 결과를 가져오게 했다'라는 정도로만 알고 있다.

그러나 애치슨 선언의 진짜 의미는 중국이 미국과 손잡고 소련에 맞서준다면 남한이나 대만 정도는 중국 공산세력에게 넘겨줄 용의도 있다는 중국과의 거래 메시지였다.

노회한 워싱턴 정치꾼들의 계산을 읽지 못했던 단순한 군인 맥아더 장군은 5월 29일 중국 대륙세력의 팽창을 봉쇄하는 전략적 측면에서 '대만은 불침항모不沈航母; unsinkable aircraft carrier와 같기 때문에 대만을 애치슨라인에서 제외시켜선 안 된다'고 워싱턴에 반기를 들었다.

우여곡절 끝에 미군이 대만에 주둔하게 된 것은 1950년 한반도에서 6·25전쟁이 발발한 것이 계기가 되었다. 6·25전쟁이 발발하자 트루먼 미대통령은 중공군의 타이완 침공을 막기 위해 제7함대를 타이완해협으로 급파했다. 7함대의 대만해협봉쇄로 중공의 대만합병 전쟁은 물 건너갔다.

그 해 10월 중공군이 한국전에 참전하자중공군이 6.25에 개입한 것은 1950년 10월 13일로 UN군이 38선을 돌파한지 4일이 지난 후였으며, UN군은 10월25일 처음으로 중공군과 접전함, 미국은 타이완이 지닌 전략적 가치를 재평가하고, 1951년 미 군사고문단 116명을 대만에 파견하기에 이른다.

마오쩌둥毛澤東/모택동; Mao Zedong은 대만을 점령하여 국공내전을 완결시키고자 했다. 그리하여 1954년 9월 3일 중공 측이 진먼다오金門島/금문도; Zinmundao 와 마쭈다오馬祖島/마조도에 포격을 가했다. 소위 '1차 대만해협위기First Taiwan Strait Crisis; 1954년 9월 3일-1955년 5월 1일' 이다.

당시 아이젠하워 미 대통령은 장제스 대만 총통에게 금문도와 마조도를 포기하라고 압박했지만 장제스는 결사적으로 항전하여 지켜냈다.
이 위기가 군사동맹의 필요성을 촉발시켜, 결국 그 해 12월 3일 아이젠하워와 장제스는 미국 워싱턴에서 중대만-미 공동방어조약을 체결하고 군사적 지원을 약속했다.

중공의 대만합병 선전선동 포스터.
인민해방군(People's Liberation Army; PLA)이 대만에 상륙하여
장제스와 트루먼을 패퇴시키고 있다.

1955년부터 '중·미 공동방어조약'이 발효됨에 따라 5천여 명의
미군 병력과 그들을 지원하는 군무원을 합하여 모두 1만여 명이 대만
으로 속속 진주했다.

대만中華民國/중화민국의 수도 타이페이臺北/대북에는 타이완 주둔 미군방위
사령부USTDC; U. S. Taiwan Defense Command가 설치되었고 사령관은 해군중장
보직이었다.

타이페이 소재 옛 주대만
미군사령부(USTDC) 입구.
원내는 초대 사령관 Alfred
M. Pride 부 제독(해군중장)

대만 전역에는 미군기지가 개설되었고 미국은 전략물자를 쏟아 부었다. 워싱턴은 자선단체가 아니었다. 그들은 대만을 서태평양의 중요 군사거점으로 만들고 중국대륙 제재와 정보수집의 전초기지로 이용할 계산이었다. 대만 섬은 맥아더의 말처럼 미국의 거대한 '불침항모'로 변모했다.

섬나라인 관계로 주타이완 미군은 지상군 대신, 해·공군과 정보부대 위주로 편성되었다. 주 타이완 미군의 주된 임무는 해상과 하늘에서 중국군의 도발을 억제하고 감시하며 정보를 수집하는 것이었다.

타이완 북부에 있는 타오위안 공군기지Taoyuan/桃園 Air Base에서는 U-2 정찰기들이 발진하여 중국내륙 깊숙이 들어가 정보를 수집했다.

정찰 중인 Lockheed U-2 정찰기. Dragon Lady라는 별명으로도 불림.
미국 공군의 1인승 단발엔진의 고고도 정찰기로 고도 21km 상공에서 임무를 수행한다.
타이완에서는 미국에서 훈련을 받고 온 타이완공군 흑묘부대(黑貓中隊; Black Cat Squadron) 소속의 조종사들이 대륙정찰임무를 수행했다.

| 금문도 포격전. 중공군은 금문도에 47만발의 포탄을 퍼부었다.

　1958년 타이완은 또 한 번의 위기에 직면하게 된다. 바로 중공군의 진먼다오金門島/금문도; Quemoy/키모이 포격으로 시작된 '제2차 대만해협 위기Second Taiwan Strait Crisis; 일명 8.23포격전'였다.

　중공군은 중국남부 푸젠성의 해안도시 샤먼廈門/하문; Xiamen에서 코앞인 불과 10km 떨어져 있지만 대만 영토에 속해 있는 금문도에 34일간 470,000발의 포탄을 퍼부었다. 계속된 포격으로 금문도의 전체적인 높이가 2m나 낮아졌다.

| 금문도 포격전은 북한군의 백령도 포격(2010년 11월 23일)과 흡사하다.

대만해협은 중국과 대만 사이의 동중국해와 남중국해를 연결하는
해협으로, 길이 약 400km, 폭 150~200km의 전략적 요충지다.

절체절명의 위기에 몰린 국민당군당시에는 자유중국군을 그렇게도 불렀다은 금문
도에 철옹성 같은 철근콘크리트 지하진지를 구축하고 필사적으로 저항
했다. 금문도 포격전으로 알려진 이 전투로 금문도는 '반공의 보루' 의
상징으로 떠올랐다.

이 때에도 풍전등화와 같던 대만은 주타이완 미군의 도움으로 중국
의 압도적 무력공세에서 섬을 지켜낼 수 있었다. 미 아이젠하워 행정부
는 1954년에 체결한 '중·미 상호방어조약'에 따라 중화민국의 군사
지원 요청에 즉각 응답했다.
타이완에 주둔 중인 미7함대는 대만해협을 봉쇄하여 중공 해군의 진
출을 막아주었으며, 또한 타이완 본섬에서 금문도까지 200km에 이르
는 병참선을 확보해 주었다.

| 타이완 공군의 F-86 세이버와 그에 장착된 사이드와인더 공대공 미사일

금문도 상공에서는 대만 공군ROCAF의 F-86 세이버Sabre; 한국전쟁 때 일명 쌕쌕이라 불린 제트기로 국산영화 '빨간 마후라'에도 등장함 전투기 32대가 중국 공군의 MIG-17 100여대를 상대로 공중전dogfight을 벌였는데 대만공군은 단 한 대의 손실도 없이 중국 공군기 약 31대를 격추하는 등 제공권을 장악할 수 있었다.

이것은 미 공군이 수적으로 열세였던 대만 공군의 F-86 전투기에 당시로서는 최첨단 미사일이었던 '사이드와인더' AIM-9B Sidewinder; 열감지식 공대공 미사일를 장착해 준 덕택이었다.

금문도 상공 공중전에서 유출된 사이드와인더 미사일 정보

　미국이나 러시아 등 첨단무기 선진국들은 자국이 개발한 각종 첨단무기의 기술정보를 지키기 위해 극도의 보안유지에 총력을 다 한다. 추락한 비행체의 잔해 하나까지도 철저히 수거해 가는데, 이것은 잔해 조각 하나라도 적성국으로 넘어갈 경우 역설계를 통해 기술이 유출될 수 있기 때문이다.

　한편 군사무기 후발주자들은 선발주자들의 기술정보를 얻으려 혈안이 되어 있다. 예를 들어, 중국이 1999년 코소보 전쟁 당시 세르비아군의 대공 미사일에 격추된 미 공군 F117A 스텔스 전폭기(일명 나이트 호크) 1대의 잔해를 입수하여 분해, 분석하고 역설계 (reverse-engineering)하여 젠(殲; Jian)-14 스텔스 전투기를 제작한 것은 잘 알려진 사실이다. 특히 레이더 파를 흡수하는 핵심 외장코팅기술은 중국 스텔스기에 그대로 복제되었다.

　참고로 젠(殲)은 우리 발음으로는 '섬멸(殲滅)하다' 할 때의 섬(殲; [다 죽일 섬])이다. 중국 군사굴기(軍事倔起)의 호전성을 직설적으로 드러내는 이름이라 아니할 수 없다.

　1958년 금문도 상공에서 벌어진 공중전(dogfight)에서 타이완 공군의 F-86은 미국이 제공한 사이드와인더 미사일로 중공의 MIG-17을 대거 격추시켰다. 이 미사일은 사막방울뱀 sidewinder(옆으로/side+기어가는 뱀/winder)의 코밑의 열 감지기관을 응용한 것으로, 적기의 연소열을 추적한다.

　그러나 F-86이 발사한 미사일 한 발이 MIG-17의 후미에 박혀 불발되었는데, 미그기가 그 상태 그대로 퇴각하는 바람에 그 사이드와인더 미사일은 결국 소련의 손에 들어가게 되었다.

　소련이 이를 역설계하여 만든 것(a reverse-engineered copy)이 바로 Soviet K-13 (또는 Vympel K-13/R-3S; NATO에서는 AA-2 Atoll이라 부름) 미사일이다. 외관과 성능은 물론 핵심 적외선 유도방식까지 똑같다.

사이드와인더 제원

길이 3.02m 날개폭 280mm
속도 마하2.7 사거리 30여km

유도방식 적외선유도(infrared homing)

K-13 제원

길이 2.83m 날개폭 631mm
속도 마하2.5 사거리 30여km

유도방식 적외선유도

▲ 미국의 사이드와인더 미사일(좌)과 러시아의 복제품 K-13(우)

2 미-중 뒷거래의 희생물로 버려진 대만

하지만 국제정치에서 드문 일이 아니듯이, 대만은 미국에게 호되게 뒤통수를 맞게 된다:

자고로 국제정세의 변화와 강대국들의 의중을 읽지 못하면 그들이 두는 체스판 위의 말처럼 이용당하고 버려지는 것이 약소국의 운명이다. 장제스 정권의 타이완이 그런 경우였다.

미소 냉전으로 힘에 버거움을 느끼고 있던 미국은 중국을 이용할 생각이었다. 당시 중국과 소련은 국경분쟁으로 심각하게 대립하고 있었는데, 미국은 중소간의 불화를 이용하여 중국과 손잡고 소련을 제재하려는 속셈이었다.

미국이 중국에게 내민 거래 조건은 중국이 소련과의 국경지역 대결에 집중하라는 것이며, 그 대가로 미국은 중국의 타이완 방면 안보불안을 해소시켜주기 위해 타이완에서 미군을 철수시킨다는 것이었다. 사실상 타이완을 먹으라는 것이었다. 서로 원하는 바를 얻는 원-윈 거래였던 것이다.

대만은 강대국끼리의 이러한 뒷거래를 알지 못하고 그저 자유민주 진영끼리 돕는 것이 당연하다는 생각이 전부였다.

냉전시대에는 자유진영과 공산주의 진영으로 맞서고 있던 것으로만 생각하기 쉬우나, 실은 같은 공산주의 진영끼리도 철의 장막 소련과 죽의 장막 중국이 서로 첨예하게 대립하여 충돌하고 있었다.

이러한 점은 같은 자유진영에서도 한국과 일본이 서로 적대시하며 전쟁 아닌 전쟁을 하고 있는 상황을 보면 이해가 쉬울 것이다.

1966년 이후 중—소국경분쟁Sino-Soviet border conflict으로 중국과 소련은 국경지대 수십 군데서 3,800회 이상 군사적 충돌을 일으켰다. 특히 1968년부터 아무르강Amur R.; 중국명은 헤이룽장/黑龍江 유역의 영유권을 둘러싸고 격화되다가, 1969년 아무르강의 지류로서 양국의 국경을 이루며 흐르는 우수리강Ussuri R.; 중국명은 우쑤리 장/烏蘇里江에서 무력충돌이 일어나게 되었다.

1969년 3월 2일 아무르강 지류인 우수리강의 다만스키섬 Damansky Is.; 중국명은 전바오다오/珍寶島에서 중소 양군이 2차례 대규모 무력충돌을 하여 중공군 1,000여명이 사망했다.

《중국, 조선민주주의인민공화국을 접수하다, 제1장 pp14～17에서 발췌》

당시 중국과 소련의 관계는 미국과 소련의 관계보다 훨씬 험악하여 언제 전면전이 시작될지 모르는 일촉즉발의 상황이었다.

핵무기를 가지고 있던 소련에 비해 아직 핵무기가 없었던 중국은 소련의 핵 공격을 피해 전시 수도를 충칭重慶/중경; Chongqing으로 이전한다는 계획까지 세울 정도였다.

중—소 국경지대 우수리 강의 다만스키 섬(중국명 전바오다오)에서 격돌하고 있는 중소 양국의 병사들.

6400km의 양국 국경에 배치된 소련군의 위협에 직면한 중공은 이에 대응할 견제세력 확보를 원했다.

한때는 공산주의 이념의 동반자였으나 이제는 중국 최대의 적으로 등장한 소련의 위협에 대처하기 위해, 중국은 소련에 대항할 수 있는 새로운 동맹을 찾아야만 했다. 그러나 소련에 맞설 수 있는 강대국은 미국밖에 없었다. 중국은 부득불 미국에게 손을 내밀고 싶었으나 차마 '세계인민의 적' 미국에게 손을 먼저 내밀 수도 없는 입장이었다.

소련이 중국의 현실적 위협으로 등장한 어려운 상황에서 전전긍긍하고 있던 중국은, 미국이 먼저 화해의 손을 내밀자 그 손을 덥석 잡았다. 미중 모두에게 '적의 적은 동지'라는 공감대가 형성되어 있었던 것이다.

아시아라는 체스판을 들여다보던 키신저를 필두로 하는 미 행정부 전략팀은 중소 국경분쟁의 틈새를 파고들었다. 그리하여 닉슨 미 대통령은 1969년 소위 닉슨 독트린Nixon Doctrine; 닉슨 대통령이 1969년 괌에서 발표한 대아시아 외교정책을 선언했다.

닉슨 독트린은 "아시아의 방위는 아시아인들이 담당하라"는 말로 포장되었지만, 그 본뜻은 '중국 주변에서 중국을 겨누는 미군을 다 빼내 줄 테니 중공은 소련과의 대결에만 집중하라' 는 뜻이 숨어 있었다.

미국은 중국을 이용하여 소련을 견제하는 전략에 착수했다. 미국은 중국이라는 소련에 맞설 수 있는 든든한 대항마를 얻는 대신, 월남, 타이완, 한국이라는 잔챙이들 내지는 '돈 먹는 하마들' 을 버린다는 전략이었다.

미국은 대만 몰래 중국에 접근하면서 배신의 정치행보를 본격화했다. 1971년 2월 닉슨 대통령은 중국과의 수교를 발표했고, 두 차례의 물밑 접촉 끝에 1971년 4월 10일 미국 탁구팀이 북경을 방문하여 중국 선수단과 우호적 분위기에서 경기를 가졌다. 이른바 핑퐁외교Ping-pong diplomacy; 乒乓外交였다. 타이완과 소련은 패닉 상태에 빠졌다.

1971년 7월 닉슨은 당시 국가안보담당보좌관이던 키신저Henry Kissinger를 비밀리에 베이징으로 보냈다.

그로부터 3개월 후인 1971년 10월 25일, 유엔 총회에서 유엔 결의안 2758호가 채택되면서 중화민국대만은 이 유엔 안전보장이사회안보리 상임이사국 지위를 박탈당하고 그 지위는 하루아침에 중화인민공화국중공으로 넘어갔다. 대만으로서는 실로 청천벽력과도 같은 결의안이었다. 격분한 대만은 유엔을 탈퇴했다.

핑퐁외교는 타이완과 소련에 큰 충격을 주었다.
원래 Ping-Pong 이라는 말은 상표명이었는데 나중에는 보통명사화하여 table tennis와 같은 의미로 쓰이게 되었다.
중국인들은 이때 탁구를 병(兵)자에서 한 획씩을 제거하여 핑퐁(乒乓)이란 신조어를 만들어 사용했다.

1972년 2월 닉슨의 공식 방중 계획이 양국 간에 합의됐다는 발표가 세계를 깜짝 놀라게 했다.

키신저의 회고록 'On China중국에 관하여'에 따르면, 그의 협상파트너였던 저우언라이周恩來/주은래 총리는 시종일관 중대만·미 공동방어조약 철회와 주대만미군 철수를 닉슨-마오 정상회담의 전제조건으로 요구했다.

이 점은 오늘날 북한 정권이 미국에게 요구하고 있는 것과 판박이처럼 똑같은 상황이다. 즉 북한은 한·미 '상호'방위조약 철회와 '종전선언', 주한미군 철수를 북-미 평화협정의 전제조건으로 요구하고 있다.

중국의 대미협상 전략	북한의 대미협상 전략
중(=대만)·미 공동방어조약 철회	한·미 상호방위조약 철회, 종전선언
▼	▼
중(=중공)·미 국교수립	북·미 평화협정
▼	▼
주대만미군 철수	주한미군 철수
▼	▼
미군 철수 후 대만 합병전쟁	미군 철수 후 남한 합병전쟁

이처럼 대만의 경우를 보면, 한국의 위태로운 미래가 극명하게 보인다. 이 닉슨-마오쩌둥 회담은 한국국민으로 하여금 미국이 사실상 한국의 공산화를 방치하고 있음을 깨닫게 하고 위기감에 떨게 했다. 결과적으로 한국이 생존을 위해 핵무장의 필요성을 인식하게 된 것은 당연한 것이었다. ≪한국은 왜 핵무장을 해야 하는가?≫

1972년 2월 21일, 닉슨 대통령은 키신저 국무장관 등 14명 함께 전격적으로 중국을 방문^{21~28일}했다.

1972년 2월 21일 미국 대통령으로는 처음으로 중국을 방문한 리처드 닉슨 대통령이 마오쩌둥 중국 초대 국가주석과 악수를 하고 있다.
만찬장에서 저우언라이가 중국의 명주 마오타이주(Maotaijiu · 茅台酒)로 건배 제의를 했을 때 닉슨은 보좌진의 만류에도 술을 단숨에 마셔버렸다.

닉슨과 마오쩌둥毛澤東; Mao Zedong은 대만도 모르는 뒷거래를 했다. 비밀회담 후 발표한 '상하이 공동성명Shanghai communique/상하이 코뮤니케; 1972년 2. 21~28 닉슨이 미국 대통령으로서는 역사상 처음으로 중국을 방문하여 마오쩌둥(毛澤東), 저우언라이 (周恩來)와 회담하고 난 후 27일 발표한 미국과 중국의 공동성명'에서 미국은 중국이 공언하는 '하나의 중국' 원칙에 전적으로 동의하여 타이완이 중국의 일부임을 인정하며 타이완에서 모든 미군을 철수시키겠다는 것이었다.

'평화' 운운하는 문구가 들어 있었지만, 그 핵심 골자는 중국은 미국과 손을 잡고 소련이라는 공동의 적에 대항하며, 그 대가로 미국은 중국 측의 요구사항인 '하나의 중국'을 명문화하는 것, 즉 대만을 버린다는 거래조건이었다.

미국과 중국의 상하이 코뮤니케는 전 세계는 물론, 타이완에게 가장 큰 충격을 주었다. 타이완의 생존이 걸린 중차대한 일이었지만 미국은 타이완과 사전 협의는커녕 일언반구 언질조차 없었다.

물론 미국은 미-중 관계 때문에 타이완의 안보나 입지가 흔들리는 일은 결코 없을 것이라고 다독거렸지만 그야말로 그건 한낱 입에 발린 외교적 수사diplomatic rhetoric에 불과했다.

외교적 수사(diplomatic rhetoric)

흔히 진실성이 없는 말이나 거짓말을 외교적 수사라고 한다. 지금껏 외교가에서 쓰이고 있는 몇 가지 외교적 수사들을 소개하면 다음과 같다.

· 유감스럽게 생각한다(express regret over).
→ 미안하다.;
너희의 행동에 크게 실망했다.
· 솔직한 의견을 교환했다(frank exchange of views).
→ 서로의 생각이 너무나 다르다.
· 조건만 된다면, ○○하겠다(if certain conditions were met).
→ 너희가 조건을 충족시키지 않는 한,
○○하지 않겠다.
· 상당한 합의를 이루었다(make significant progress in).
→ 합의가 끝나지 않았다.
· 다양한 옵션을 검토[고려]하고 있다(consider various options).
→ 현재로서는 딱히 할 수 있는 게 없다.

· 외교관이 'Yes!'라고 한다면, 그것은 'Maybe!'라는 뜻이다. 외교관이 'Maybe!'라고 한다면, 그것은 'No!'라는 뜻이다. 외교관이 'No!'라고 한다면, 그는 외교관이 아니다.
한편, 숙녀가 'No!'라고 한다면, 그것은 'Maybe!'라는 뜻이다. 숙녀가 'Maybe!'라고 한다면, 그것은 'Yes!'라는 뜻이다. 숙녀가 'Yes!'라고 한다면, 그녀는 숙녀가 아니다.

닉슨 독트린 발표 이후 미국은 월맹과 파리 평화회담을 하고 월남에서 싸우다 말고 1975년 서둘러 철수했다.

이렇게 되자 월남에 신경을 쓸 필요가 없어진 중국은 월남과의 국경지역에 배치해 놓았던 병력을 빼내 소련과의 국경지역인 북만주에 55개 사단을 집중 배치했다.

중국이 만주에 대병력을 집결시키자, 소련도 유럽 지역에 배치되어 있던 44개 사단을 시베리아로 보내 중국과 대치하게 했다.

1972년 '상하이 코뮈니케' 이후, 미국은 주대만미군의 규모를 점차 줄여나갔다. 그러다가 1979년 미·중 수교와 함께 대만과 단교하기에 이른다.

1979년 5월 3일 마지막 미군이 타이완을 떠났다.

대만주둔 미군이 철수한 시점은 중국의 핵 공격능력이 갖추어진 시기와도 일치한다. 직설적으로 말하자면, 미군이 중국의 핵 공격을 피해 대만에서 달아났다는 뜻이기도 하다.

중국은 1964년 핵실험에 성공했다. 1971년 핵 운반체로서 최초의 대륙간탄도탄ICBM '둥펑-5東風/동풍; DF-5'의 시험발사에 성공했으며 실사거리 실험에 성공한 것은 1980년이다.

▌중국 최초의 대륙간탄도미사일 둥펑-5

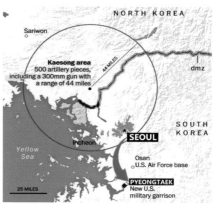

미국은 대만이 중국의 핵·미사일 사정거리에 들어가자 중국의 핵 공격으로부터 회피하기 위해 미군을 철수시켰다.

미국은 서울과 경기북부가 북한의 핵·미사일과 장사정포의 사정거리에 들어가자 이를 회피하기 위해 미군기지를 후방인 평택으로 이전 배치했다.

주대만 미군의 철수는 주한미군기지의 평택이전과 그 양상이 상당히 닮아 있어 우리의 주목을 끈다.

중국의 핵 공격능력이 갖추어지자 이를 회피하기 위한 목적이 주대만미군 철수의 한 요인이 되었는데, 이 점은 주한미군이 북한의 핵·미사일 및 방사포 공격으로부터 회피하기 위해 기지를 평택으로 이전한 것과도 같다.

 왜 둥펑(東風/동풍; DF/Dongfeng)인가?

둥펑(東風)은 중국의 탄도미사일 시리즈의 명칭이다. '둥펑(東風)'은 마오쩌둥(毛澤東)이 1957년 볼셰비키혁명 40주년 기념을 맞아 모스크바에서 소련의 인공위성 발사를 치하하며 한 연설에서 '홍루몽'의 한 구절을 인용한 '동풍압도서풍(東風壓倒西風; 동풍이 서풍을 압도한다)!'에서 나온 말이다. 동풍[혁명세력; 새로운 세력]이 서풍[반동세력; 서구 자본주의]을 압도한다는 속뜻이 있다. 이 구절은 문화혁명 시기에 슬로건으로서 유행했다.

주한미군은 임시방편으로 기지를 평택으로 이전했지만 북한의 위협이 계속 심각하게 증대될 경우, 대만에서처럼 한국에서 돌연 철수하는 일이 일어날 수 있다.

미군철수는 대만에 참담한 결과를 가져다주었다. 서슬 퍼런 중국이 두려워 전 세계 국가들 대부분이 대만과 단교했다. 아시아에서 유일하게 남아있던 대만의 수교국이었던 한국마저도 1992년 한·중 수교와 함께 대만과 단교했다. 현재 국제사회에서 대만을 하나의 국가로 인정해주는 나라는 이름 없는 약소국 10여 개국에 불과하다. 국제관계란 이처럼 냉혹하며 세계정세는 급변하는 것이다.

홍콩 접수 후, 중국은 대만을 다음 목표로 삼고 있다. 중국이 불시에 대만을 침공 점령하더라도 사실상 미국은 이를 막을 명분도 약하며 군사력을 동원하는데도 한계가 있다.

'하나의 중국' 원칙One-China policy; 홍콩, 마카오, 타이완은 국가가 아니라 중국에 속한 지방이라는 주장에 따라 중국의 대만점령 전쟁은 통일전쟁이자 대만해방을 위한 내전이기 때문에 미국이 개입할 명분이 없다는 것이다.

북한 역시 주한미군 철수 후 남한침공을 할 경우, 그것은 통일전쟁이자 남조선 해방을 위한 내전으로 외국, 즉 미국은 개입하지 말라는 것이다. 개입할 경우, 워싱턴이나 뉴욕 등이 북한의 핵 보복공격을 받을 것이라는 협박이 숨어있다.

타이완의 사례는 미국이 국익 측면에서 다른 강대국과 거래하여 자국의 우방 가운데 하나였던 대만을 배신 내지는 가차 없이 버린 경우였다. (사실 영원한 우방도 적도 없는 국제정치사회에서 배신이라는 말도 어울리지 않는다.)

미국은 자국의 국익을 위해 주저 없이 대만을 버렸다. 미국에게 1955년 맺은 '중·미 공동방어조약' 따위는 한낱 종이쪼가리에 불과한 것이었다.

✒ 북한과 협상, 뒷거래로 한국을 넘겨줄 수 있는 미국

한미상호방위조약도 마찬가지이다. 미국은 자국의 국익을 위해서 필요하다면 이 조약을 주저 없이 폐기처분할 것이며, 사실 이미 한국과의 조약을 저버린 역사도 있다.

조선과 미국은 1882년 '조미수호통상조약朝美修好通商條約'을 체결하고 상호지원을 약속했으나, 미국은 일본과의 뒷거래로 가쓰라-태프트 밀약을 맺고 조·미수호통상조약을 헌신짝처럼 버리고 말았다.

소위 가쓰라-태프트 밀약Katsura-Taft Agreement이란 러일전쟁 말인 1905년 7월 29일 미국 전쟁부United States Department of War 장관 태프트William Howard Taft와 일본 제국의 총리 가쓰라 다로桂太郎/계태랑가 도쿄에서 맺은 비밀협약으로, 일본은 미국의 필리핀 식민 지배에 동의하며, 그 대가로 미국은 일본의 한반도 식민 지배에 동의한다는 내용이었다.

무엇보다 우려되는 것은, 한국이 또 다시 북-미 간의 '제2의 가쓰라-태프트 밀약'의 희생물이 될 수 있다는 점이다.

주한미군이 북한의 핵·미사일 및 정사정포 공격 위협에 노출되거나, 특히 미국 본토의 시민들이 북한의 ICBM이나 SLBMSubmarine Launching Ballistic Missile; 잠수함발사탄도미사일 발사 핵 공격 위협을 받게 되면, 미국은 자국민의 안전을 위해 한-미 방위조약을 주저 없이 폐기처분하고 북한과 평화조약을 맺는 등 북한과 뒷거래를 할 것이며, 미군은 뒤도 돌아보지 않고 한반도에서 철수할 수 있기 때문이다.

··· 북한은 새로운 핵투발수단인 ICBM과 SLBM으로 태평양을 넘어 미국 영토와 국민을 직접 위협하며 두려움에 떨게 하고 있다.

특히 잠수함발사탄도미사일(SLBM)은 은밀성과 생존성이 매우 뛰어나 전쟁의 판도를 바꿀 수 있는 최종병기로 불린다.

≪김정은 정권의 핵·미사일 고도화와 미국 상대하기,
국군정보총사령관 김황록 장군 저≫

1905년 7월 29일 미국 협상단이 한반도를 일본에 넘겨준다는 가쓰라-태프트 밀약을 끝내고, 9월 19일 귀국길에 잠시 조선을 방문했다. 그 일행에는 당시 미국 루스벨트Theodore Roosevelt, 1858~1919, 제26대 대통령/1901~1909 대통령의 딸인 앨리스Alice Roosevelt, 1884~1980도 들어 있었다.

이미 미국과 일본 간의 밀약이 끝난 뒤였건만, 그 사실을 깜깜하게 모르던 고종황제는 '미리견美利堅; 彌利堅; 미국 공주가 우리나라를 도우러 왔다'며 그녀를 황실 가마에 태워 맞이하며 국빈으로서 어느 누구보다 극진한 환대를 했다.

9월 20일, 국제정세에 무지했던 조선의 집권자들은 자신들의 나라를 일본에 넘긴 장본인 미국 대통령의 딸 앨리스에게 만찬을 베풀어 국빈 대접을 했으며, 고종의 와이프였던 엄비嚴妃 여사는 거금을 들여 앨리스에게 뇌물성 선물을 안겨주었다. 미국 대통령이 일본을 막아달라는 신신당부였던 것이다.

이것은 또한 대한제국을 일본의 보호국으로 넘겨주는 포츠머스 강화조약이 체결9월 5일된 지 불과 2주일 후의 일이었다.

그녀는 일기에서 자신에게 잘 보이려는 고종황제를 비롯한 대한제국 집권자들의 '국제정세에 깜깜한 뒷북외교'를 조롱하면서도 한편으로는 애처롭기까지 하다고 적고 있다.

앨리스가 서울에서 조선과 미국의 우호를 위해 축배를 든 지 두 달도 되지 않아 을사늑약을사보호조약이 체결되자, 1905년 11월 28일 미국은 어느 나라보다도 먼저 서울 주재 미국 공사관을 폐쇄했다. 미국 공사관 서기였던 스트레이트Willard Straight는 미국인들이 "침몰하는 배에서 우르르 도망치는 쥐떼처럼" 서울에서 빠져나갔다고 기록했다.

그로부터 100년도 더 지나갔건만 오늘날 한국을 제쳐두고 다른 나라끼리 한국의 운명을 결정하는 소위 '코리아 패싱'은 달라진 게 없다. 달라진게 있다면 밀약의 당사자가 미국-일본에서 미국-북한으로 교체된 것뿐이다. 이른바 통미봉남通美封南이다.

미국이 북한의 핵공격 위협에 직면하여 평화조약이라는 그럴듯한 이름의 비밀협상을 맺게 된다면, 주한미군은 또 다시 "침몰하는 배에서 우르르 도망치는 쥐떼처럼" 한국에서 도망쳐 나갈 것이다.

미 대통령의 딸이 조선을 방문하여 대국의 공주인양 고종의 갖은 환대를 받고도 얼빠진 조선 황제를 비웃고 갔듯이, 오늘날 북한 통치자의 딸이 남한을 방문하여 비굴하고 얼빠진 정권과 그 떨거지들의 갖은 아부 섞인 접대를 받고도 삶은 소대가리 운운하며 비웃고 간 것은 우연의 일치일까?

'북한 바라기' 종북 떨거지들의 김씨조선왕조를 찬양하는 용비어천가 소리가 자유민주주의 대한민국의 망국을 재촉하는 소리처럼 심란하게 들릴 뿐이다.

베트남 미군 철수에서 배워야 할 교훈
: 국민 살육의 방아쇠가 당겨지다

월남越南; Vietnam/베트남이란 지명은 중국 전국시대에 양쯔강 이남의 월족越族; 비엣족/Viet족이 인도차이나 반도를 따라 남쪽으로 내려가 세운 나라라는 뜻에서 붙여진 이름이다.

베트남 전쟁은 제1차 인도차이나 전쟁Indochina wars; 프랑스가 식민지이던 인도차이나 3국(베트남 · 라오스 · 캄보디아)의 재지배를 위하여 일으킨 전쟁, 1946년 12월 19일~1954년 8월 1일 이후, 남북으로 분단되었던 베트남에서 1955년 11월 1일부터 1975년 4월 30일 월남이 적화통일 될 때까지 벌어진 전쟁이다.

이 전쟁은 남북으로 분단되었던 베트남 민족의 내전임과 동시에 냉전시대에 미국 중심의 자본주의 진영과 소련 중심의 공산주의 진영의 대리전 양상을 띠었다.

1964년 미국은 이른바 '통킹만 사건'Gulf of Tonkin Incident; 1964년 8월 2일 북베트남 어뢰정 3척이 베트남 동쪽 통킹만에서 작전을 수행하고 있는 미구축함을 향해 어뢰와 기관총으로 선제공격하여 일어난 해상 전투 사건; 이 사건은 당시 미 국방장관 맥나마라가 주창한 한 도미노 이론(domino theory; 어떤 지역의 한 국가가 공산화되면 인접 국가들도 차례로 공산화된다는 이론)에 따라

베트남 참전의 입안자 미 국방장관 맥나마라(Robert S. McNamara)가
통킹 만 사건을 브리핑하고 있다. 아직 PC가 일반화되지 않은 시대여서
지도를 가리켜가며 설명하고 있는 모습이 무척 고전적으로 보인다.

베트남 전에 개입하기 위해 미국이 꾸민 자작극이라는 설이 있다을 빌미로 베트남 전쟁에 본
격적으로 개입했다.

베트남 전쟁에는 자유민주진영에서는 미국과 한국, 태국, 호주, 필
리핀, 뉴질랜드, 대만, 스페인 등 9개국, 공산진영에서는 소련과 북한
이 파병함으로써 국제전으로 치러졌으며 전선이 캄보디아와 라오스까
지 확대되었다.

자유민주진영			공산진영		
약 170만~200만명			약 61만명		
월남군	약 140만 명		월맹군	정규군	22만 명
	정규군 76만 8천 명			지방군	20만 명
	지방군 14만 명		베트콩	정규군	11만 8천명
	민병대 40만 명			게릴라	8만 명
	경찰군 4만 5천 명				
미군	548,383명		소련군		3,000명
한국군	49,000명		북한군		300명
태국군	22,000명				
호주군	7,500명		중화민국군		31명
필리핀군	1882명		스페인군		13명
뉴질랜드군	534명				

▎월남전 참전국 및 병력 수

1 베트남을 보면 한국의 운명이 보인다

"베트남과 한국은 역사적으로나 문화적으로나 일란성 쌍둥이다. … 우리
와 역사 문화적 배경이 다른 독일에서 통일의 교훈을 찾을 것이 아니라 월남
패망을 연구하는 것이 더 현실적이다."

- 전 주월 한국대사관 이대용 공사(公使)

🏷 베트남과 한국은 쌍둥이처럼 닮은 나라

베트남Vietnam; 월남/越南과 한국의 역사는 닮은 부분이 너무나 많다. 두
나라 모두 중국이라는 대국의 한자문화권, 유교문화권에 속해 있었으
며, 중국 변경의 조공국朝貢國이었으면서도 민족이 중국에 흡수 통합당
하지 않은 점도 닮았다.

외세의 식민지를 경험한 것도 비슷하며 식민지에서 해방될 때 국토
가 남북으로 분단되고 북에는 공산정권, 남에는 자유 민주정권이 수립
되어 양측이 무력을 동원한 동족상잔의 전쟁을 벌인 것까지도 닮았다.

지형이 남북으로 길게 늘어져 있어 호전적 기질의 북부산악인과 간
교한 남부평야인의 기질이 충돌하여 지역감정 대립이 극심하고, 식민
잔재 청산문제한국은 친일파, 베트남은 친불(親佛)·친일(親日)·친중파(親中派)로 인한 갈등로
대립하고, 정쟁을 일삼는 근성이 고질적이며, 공산좌파들이 하층민 중
심으로 파고들어 공산화를 선동한 점도 동일한 역사적 패턴을 보인다.

한반도가 1945년 일제의 패망으로 해방과 동시에 38도선에서 남북
이 분단되었듯이, 베트남은 1954년 7월21일 프랑스 원정군이 베트남
독립군에게 패해 철수하면서 제네바 협정에 따라 북위 17도선에서 남
북으로 분단되었다.

17도선 이남에는 자유민주주의 정부인 베트남 공화국월남/越南이 수립되었고, 이북에는 공산정권인 베트남 민주공화국월맹/越盟(월남해방동맹); Viet Minh; 공산주의 국가들이 국명에 거의 예외 없이 '민주'라는 단어를 갖다 붙이는 것은 아이러니컬하고 시니컬하게 들린다이 수립되었다.

1960년 12월 20일 공산 월맹의 지원으로 월남 내 공산조직인 남베트남 인민해방전선Vietnamese National Liberation Front; NLF, 즉 베트콩Viet Cong; 한국의 남로당에 상응이 결성되어 월남 정부에 전면적인 공세를 취하면서 월남전이 시작되었다.

이 점도 한반도가 38도선으로 남북이 분단된 후, 북한 공산정권의 지령으로 남한 내 공산조직인 남로당南勞黨; 1946년 11월 북한의 지령으로 서울에서 결성된 공산주의 정당; 월남의 베트콩에 상응이 설립되어 남한의 공산화 공작과 국가 전복을 꾀하여 전면적인 게릴라식 공세를 취한 것과도 판박이처럼 닮았다.

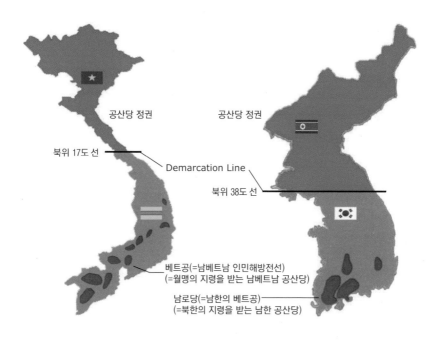

🏷 거지 공산군대에 패배한 살찐 돼지 월남

"… 1975년 3월 10일 새벽 중부 월남지역으로 쳐 내려온 월맹군은 파죽지세로 진군, 4월30일 정오 사이공을 점령함으로써 베트남은 공산화 되었다.

내가 체포되기 전 사이공 시내에서 직접 목격한 놀라운 사실은, 월맹 군인들은 소금만 가지고 하루 두 끼 식사를 겨우 할 정도였고, … 군화를 신은 사람도 없었다. 그들은 타이어를 잘라 끈으로 묶은 샌들을 질질 끌고 다니며 월남군과 전투를 했다.

이런 군대가 최신무기로 완전무장을 한 월남 군대를 붕괴시킨 것이다.

- 월남 패망 당시 패망 과정을 지켜보았고, 월맹군에 체포되어
5년간의 억류생활을 겪은 전 주월 한국대사관 이대용 공사

1975년 4월 30일 월남은 지도에서 사라졌다.

월맹군이 남침하기 전, 월남군의 군사력은 정규군 58만, 지방군 52만, 전투경찰 15만 등 총 125만 대군이었다. 한편, 월맹군은 고작 1/3 정도인 40만에 불과했다.

게다가 월남 육군은 미군이 철수하면서 남겨두고 간 탱크와 최신 무기로 무장했으며, 월남 공군은 미군이 물려준 전투기 600대, 헬리콥터 900여대 등 그 무렵 세계 제4위의 공군력이었다.

이런 군대가 '거지 군대'나 다름없는 월맹군^{북베트남군}에게 공격을 당한 지 불과 51일 만에 힘 한 번 제대로 써보지 못하고 패배했다.

살찐 돼지 월남의 패망 원인은 집권층의 부정부패였다. 경제력, 군사력, 군사무기 면에서 월등히 우세했지만, 월남 집권층의 부정부패가 만연하여 나라를 기둥부터 철저히 썩어들게 했다.

죽은 자식을 바다에 수장하며
절규하는 보트피플 여인
누가 왜 이 여인의 죄 없는
자식을 죽게 했나?

집권층의 부정부패와 병역비리, 그로 인한 민심이반, 그리고 그 돌아선 민심의 틈으로 너무나 쉽게 파고들어 확산된 좌파 공산세력의 전방위 공격에 월남은 힘없이 무너졌다.

한편 수백만 명을 처형시키는 공산정권을 피해 많은 월남 국민들이 뗏목이나 소형 선박을 이용해 목숨을 건 탈출을 감행했다.

이들 소위 보트 피플공산화 이후 1980년 중반까지 계속 이어진 월남탈출 국민들의 숫자는 약 160만 명에 이르렀는데, 이 중 배가 전복되어 바다에 빠져 죽거나 해적에게 살해당한 숫자가 11만 명UN HCR; the United Nations High Commission for Refugees; 유엔 난민 고등판무관실 집계는 40만이었고, 살아서 해외로 이주한 사람이 95만 명으로 집계되었다.

월맹 군인들은 … 군화를 신은 사람도 없었다. 그들은 타이어를 잘라 끈으로 묶은 샌들을 질질 끌고 다니며 월남군과 전투를 했다.

《본문 중에서》

월남 패망에 가장 큰 충격을 받은 나라는 같은 분단국인 한국이었다. 당시 한국 국민들은 월남의 패망을 보며 심정적으로 마치 남한이 북한에 패망하여 적화되는 듯한 두려움을 느꼈다. 절박한 심정으로 주한미군의 향방을 더욱 민감하게 주시하지 않을 수 없었다.

한국도 월남처럼 적화되는 게 아닌가 하는 두려움이 사회 전반에 확산되었다. 일부 권력층이나 부유층 사람들은 안전한 미국이나 호주, 캐나다 등지로 이민을 떠나거나 자식들을 서둘러 유학 보냈다. 이도저도 못하는 소위 '일반 국민들'은 이민 떠나는 이들을 한편으로는 부러워하면서도 다른 한편으로는 그들을 배신자라고 비난했다.

그와 반대로 북한은 마치 미군이 철수하여 무주공산같이 된 남한으로 물밀 듯이 쳐 내려가 단숨에 집어삼키는 듯한 환상과 희열을 맛보았다고 한다.

당시 북한의 최고 집권자들은 곧 남한도 적화통일이 될 것이라는 기대감에 벅차올라 밤잠을 설칠 정도였다고 한다.

당시 남한에서 암약하고 있던 '위수동김위대한 수령동지 김일○', '친위동김친애하는 위대한 동지 김○일' 공산좌파 종북분자들은 '미군 철수 후에 일어난 월남의 패망을 보고, 베트남의 공산화, 적화를 보고 희열을 느꼈다'고 토로한 바 있다. 남한이 적화되면 진짜 희열을 느끼리라!

○산○파 종북분자들의 말에 따르면, 월남 패망과 싱크로율 100%로 치닫고 있는 것이 남한사회라는 것이다.

그들은 남한을 적화 통일하는데 가장 큰 걸림돌인 주한미군을 '침략군'이라 부르며, 용산과 평택 미군기지를 가리켜 '간섭과 침략의 상징'이라고 선동하고 있다.

그들은 '사상의 조국' 북조선을 몹시 사모하여 조직원끼리 이름도 한국식 표기가 아닌, '리선생', '림동지', '로동지', '곰동지' 하며 북한식 어법을 고집하고 있다. 그들은 "쳐먹을 땐 요사 떨더니 … 냉면이 목구멍으로 넘어가느냐?"하는 욕설을 들어도, 대가리가 깨져도, 오로지 평양 랭면이나 흥남랭면을 먹으리라. '북조선 것이 좋은 것이여~!' 하며.

ㅇ파를 가장한 이 ㅇㅇ주의 종북분자들은 지금도 여전히 월남 적화통일과 똑같은 일이 월남과 쌍둥이 같은 한국에서도 곧 일어날 것이라 확신하며 광분하고 있는 것이다.

북한은 지금도 남한 적화통일을 위해 공산 월맹의 승리를 벤치마킹하고 있다. 월남 적화통일은 남한 적화통일의 교과서다.

한국의 국가안보와 경제안보의 방파제 역할을 해 온 '한미상호방위조약Korea-US Mutual Defense Treaty'은 주한미군이라는 인계철선引繼鐵線, tripwire; 주한미군이 한반도 있음으로써 위기상황이 발생할 경우 미국이 자동 개입하게 하는 인계철선의 역할을 한다는 것; USFK's Role As Tripwire이 없다면, 실질적으로나 심리적으로나 그야말로 '끈 떨어진 갓 신세'가 된다.

얼마 전 주한미군이 북한 방사포의 사정거리에서 벗어나 저 멀리 평택으로 남하했다. 이것은 사실상 미군 지휘부라는 최고의 인계철선이 서울에서 사라지는 것, 즉 서울의 방어막이 사라지는 것을 의미한다.

'미군 철수 후에 일어난 월남의 패망과 공산화, 적화를 보고 희열을 느꼈다'고 한 ㅇ산ㅇ파 종북분자들은 주한미군이라는 인계철선의 평택으로서의 남하에 다시금 '남조선해방'의 기회가 왔다고 설레고 있을지도 모른다!

2 나라가 망할 때 나타나는 현상들

📍 집권층의 부정부패가 나라를 망하게 하는 지름길

어느 나라나 흥망성쇠를 겪는다. 흥미로운 점은 나라가 망할 때 공통적으로 나타나는 현상이 있다는 사실이다. 바로 부정부패다. 외부의 적에 의해 나라가 붕괴하기도 전에 이미 내부에서 집권세력의 부정부패로 인한 심각한 붕괴가 진행된다는 공통적 현상을 발견하게 된다.

월남 패망은 집권층의 부정부패에서 시작되었다. 패망직전 월남의 대통령과 정부 관료들은 뇌물을 즐겼으며, 군 수뇌부는 군비를 착복하거나 군사기밀 정보를 월맹에 팔아넘기는 일이 비일비재했다. 심지어는 미군이 지원한 무기들을 암거래로 월맹군에 넘겨, 그 결과 전투에서 월남군과 미군이 미제 총알에 맞아죽는 상황이 연출되기도 했다.

이런 양상은 월남 패망에 앞서, 중국대륙에서 장제스蔣介石/장개석,1887~1975의 국민당 정부군이 극도로 부패하여 마오쩌뚱毛澤東/모택동,1893~1976의 공산당에 패하여 1949년 대만으로 쫓겨 간 것과 너무나 흡사하다.

포로로 잡힌 베트콩들은
미국제 M16소총으로 무장하고 있었다.

장제스의 국민당군국민혁명군; 國府軍/국부군은 국공내전國共內戰; 중국에서 항일 전쟁이 끝난 후 1927년 4월~1950년 5월에 걸쳐 패권을 놓고 국민당과 공산당 사이에 벌어진 내전 동안, 압도적인 무기, 미국의 지원, 전투기술, 식량과 탄약 등 군사력이 공산군인민해방군; 홍군/紅軍보다 몇 배 월등했음도 연전연패했다.

국부군 장교들은 군비를 착복하고 미국이 마오쩌둥의 공산당 홍군을 토벌하라고 원조해준 무기와 탄약을 빼돌려 홍군에게 팔아넘겨 사리사욕을 취했다. 결국 국부군은 자신들이 팔아먹은 총알에 맞아 죽어갔다.

당시 국민당 군대는 하도 부패하고 군기가 엉망이어서 '장개석 군대'라는 말은 부패하고 군기 빠진 오합지졸이라는 뜻으로 쓰였다. 이런 군대를 우리나라 군대에서는 흔히 멸시하는 말로 '당나라 군대'라고도 부른다.

부정부패와 비리에 대통령, 대통령 가족, 측근 권력층이 앞장서는 것이 후진국의 고질적이고 공통된 특징이다.

티우 월남 대통령Nguyen Van Thieu은 나라가 망하자 미군이 제공하는 군용기에 허겁지겁 몸을 실었다. 도망치는 대통령이 가져가는 금괴비꼬아서 '티우 골드'라고 불렀다의 양이 하도 많아서 C-118 수송기에 싣고 첫 망명지인 대만으로 날아갔다.

티우를 수행한 미국 CIA 요원과 대통령 보좌관들은 "대통령의 무거운 트렁크들이 군 수송기에 실렸는데, 그것은 16t의 금괴였다"고 증언했다.

티우에 이어 금덩어리와 가족들만 달랑 비행기에 싣고 도주한 이란의 팔레비 국왕이나 필리핀의 독재자 마르코스도 모두 스위스 은행 비밀계좌의 소위 'vip 고객들'이었다.

미국 트루먼 대통령은 그의 회고록에서 국민당 집권자와 그 가족 및 친족의 부패에 관하여 다음과 같이 적고 있다.

"국민당군을 원조하기 위해 우리가 보낸 자금은 모두 바닥이 났다. … 그 중 많은 돈이 장개석과 그의 부인 송미령宋美齡; Soong Mei-ling, 송자문송미령의 오빠 및 공상희송미령의 형부; 송애령의 남편 집안의 개인 주머니로 들어갔다. 그들은 그 착복한 돈을 뉴욕의 부동산에 투자했다.

… 중국에 군자금을 원조해달라고 탄원하기 위해 미국으로 가는 송미령의 트렁크들은 고급 화장품, 속옷, 모피코트로 가득했다. 그녀의 호화사치품을 운반하던 미 군용기의 병사들이 분노하여 운반상자를 부숴버린 일이 있을 정도였다."

장개석 총통은 중국 본토에서 쫓겨 와 대만 정부를 세운 국부천대國府遷臺; Retreat of the Republic of China to Taiwan; 1949년 12월 7일 국공내전에서 마오쩌둥의 중국 공산당에게 패배한 장제스의 중국 국민당이 본거지를 대만으로 옮긴 사건 이후, 당과 군의 부패가 국공내전 패배의 주원인이었음을 깨달았다.

장 총통은 설욕전을 벌이듯 집권층의 부정부패 및 비리와의 전쟁에 나섰다. 그는 나라 안에 만연된 측근 권력층과 공직자들의 부패와 비리를 척결하고 군 기강을 바로 세우기 위해 절치부심하고 있었다.

❘ 장총통과 그의 아내 송미령

그러던 어느 날, 장개석 총통은 그의 둘째 자부子婦 시징이石靜宜/석정의; 장제스의 둘째 장웨이궈(張緯國)의 아내가 밀수로 부정 축재한다는 보고를 받았다. 며느리가 집을 비운 사이 수사기관에서 압수수색을 했는데 엄청난 양의 보석이 발견되었다. 그는 며느리를 불러 밥을 사주며 "이게 마지막 식사가 될 것 같다"고 말했다.

식사가 끝나자 그는 며느리에게 보석 상자 하나를 선물했다. 며느리가 집에 돌아와 상자를 풀어보니 그 안에는 권총이 들어 있었다. 며느리는 자결했다.

(일설에는 둘째 며느리가 시어머니인 쑹메이링宋美齡/송미령/Soong Mei-ling; 장개석의 아내이 200만 달러를 전용한 군납비리 책임을 뒤집어쓰고 독살 당했다는 설도 있다.)

장개석 총통은 읍참마속泣斬馬謖의 심정으로 자신의 가족부터 일벌백계했던 것이다.

이를 계기로 본토를 말아먹은 관료사회와 군부에 팽배해 있던 부정부패를 일소함으로써 대만 국민들은 장개석과 국민당 정부를 신뢰하게 되었으며 오늘의 대만을 일구는 초석이 되었다.

한국의 역대 집권자들과 그 가족, 측근세력, 집권세력들은 거의 예외 없이 퇴임 후에는 부정축재와 비리 혐의로 국민의 지탄과 심판을 받는 추태를 보여 왔다. 하나같이 망명하거나 타살이나 자살 아니면 감옥에 들어간다.

입만 열면, '국민 여러분', '국민의 뜻' 운운하는 식상한 거짓말을 늘어놓지만, 속으로는 너희 '개돼지들'이 무얼 알겠느냐 하고 깔보며, 뒤로는 자신들의 사리사욕을 위해 부정부패를 저지르는 행태를 반복해 왔다. 소위 'K-거짓말'과 'K-부정부패'이다.

정치꾼들이 국민을 개돼지로 여기는 속성은 어디서 유래했나?

갑골문　　전서　　예서　　해서

　상형문자를 보면, 국민(國民), 또는 인민(人民)의 '民'자, 즉 '백성 민(民)자'는 사람의 눈을 칼로 찌르는 형상이다. 갑골문자에 잘 나타나 있다.

　고대에는 가축이나 노예는 사고파는 재산으로 취급되었는데, 가축은 도망가지 못하게 우리에 가두고 노예는 왼쪽 눈을 칼로 찔러 눈을 멀게 하여 저항하거나 도망가지 못하게 했다.

　이와 같이 '民'자의 본래 의미는 '노예', '천민', '무지한 놈'이라는 뜻이었다. 비록 사람의 몸을 가졌다 하나, 개·돼지보다 나을 바 없는 가축과 같은 저급하고 천한 것들이라는 멸시어였다.

　국민 또는 인민은 눈이 보이지 않으므로 무지 무식하여 지배계층의 지도를 받아야 하는 열등하고 저급한 계층이며, 여기서 정치꾼들은 이 무지하고 저급한 계층을 지도하는 '지도층'이라는 계급사회적인 말을 만들어냈다.

　정치꾼들은 입만 열면, '국민 여러분', '국민의 뜻' 운운하는데, 국민 또는 인민이란 말에는 이처럼 계급적이며 멸시적이고 가학적인 뜻이 숨어있다.

　결론적으로, 국민 또는 인민이란 멸시어를 버리고, 시민 또는 공민이란 말을 써야 한다. 시민권, 공민권이란 말은 있어도 국민권이란 말은 없다.

　얼마 전 국○·국○원·금○감독원 등의 권력자들은 제 자식들을 소위 '신의 직장'이라는 곳에 꽂아 넣어 뜨거운 이슈가 되었다.

　수사팀은 '요즘엔 뇌물 몇 억 원 주는 것보다 그들의 아들딸을 취업시켜주는 게 훨씬 효과 있는 뇌물'이라고 했다.

　○○랜드 평균 연봉은 7583만원이다. 그곳의 2013년 신입사원 합격자 518명 중 493명(95%)이 외부청탁으로 합격 처리된 특별관리대상자들이었다. 불합격자들 중 200여명도 소위 '빽'을 썼으나 더 센 빽에 밀려 떨어진 경우이다.

도○공사, 디○인진흥원, 부○항만공사, 석○공사, ○탄공사, 지○난방공사, 토○주택공사, 한국전○공사, … 등 모두 겉으로는 신입사원 채용공채라는 쇼를 했을 뿐, 실제로는 뒤로 반칙과 청탁과 뇌물이 판치는 복마전이었다.

합격자가 이미 내정된 이런 속사정도 모르고 들러리를 선 수많은 취업준비생들, 수험생들의 좌절과 분노는 그들을 국가와 집권세력에 대한 잠재적 적대세력으로 만들어간다.

최순○은 딸을 ○○여대에 뒷문으로 집어넣었고, 그 딸은 "돈도 실력이야. 능력 없으면 니네 부모를 원망해!"라고 했다.

한국이 과연 월남보다 덜 부패한가? '헬조선', '이게 나라냐!'하며 국가를 저주하는 청년들이 과연 전시에 국가를 위해 총을 잡고 나서리라 보는가?

김일성 주체사상 이론의 수립자이었지만 남한으로 도피했던 황장엽은 "북한은 미쳤고, 남한은 썩었다"고 했다.

프랑스 혁명과 러시아 10월 혁명은 집권층과 권력층 귀족들의 부정부패에서 비롯되었다. 중국의 장제스 정부와 월남도 극에 달한 부정부패와 비리 때문에 무너졌다.

영국의 재상 글래드스턴은 "부패는 국가를 몰락으로 이끄는 가장 확실한 지름길"이라고 했다. 실로 부정부패의 복마전 대한민국이 망하지 않고 버티고 있다는 것이 놀라울 지경이다.

마치 썩은 생선에 파리 떼가 꼬이듯, 부정부패가 있는 곳에 빨갱이들이 모여든다. 부정부패하면 국민의 분노를 촉발시켜 민심이반이 일어나고 그곳에는 반드시 공산세력이 파고든다.

공산좌파가 일단 정권을 잡고나면, 공산좌파 얼치기 먹물들까지 설쳐대며 자유민주 시장경제 체제를 공산주의 경제체제로 바꾸려는 마구잡이 실험을 수십 차례 반복하여 나라경제를 거덜 낸다. 사회주의 거지국가가 되는 것이다.

이것이 부패한 국가가 공산화되는 공식이 되다시피 한 패러다임이다. 집권층의 부정부패는 나라를 망하게 하고 공산주의로 몰락하게 하는 지름길이다.

섬뜩한 이야기가 하나 있다. 어느 달동네의 파출부들은 세상이 뒤집히면 자기네들이 일을 나가는 고급 아파트를 자기네들이 차지하겠다고 공공연히 말한다는 것이다.

한밤중에 택시를 타면, 택시기사들은 이 썩어빠진 세상이 언제 확 뒤집어엎어지느냐 하며 저변의 분노를 여과 없이 분출한다. 뇌관만 건드리면 언제든지 폭발할 수 있는 위태로운 사회 분위기, 이것이 대한민국의 현실이다.

북한은 이런 기층민중基層民衆; 바닥민중; 서민층과 빈민층의 심리를 꿰뚫고 있다. 80%에 달하는 남한사회의 서민층과 빈민층이 자기들 편이라고 계산에 넣고 있는 것이다. 이들 기층민중은 조금만 선동해도 들고일어날 것이며, 그러면 남조선 혁명은 순식간에 달성된다고 생각하고 있는 것이다.

종북 ○산○파세력은 남한에서 국가보안법이라는 방어막만 없어지면, 노동계열정당북한노동당을 닮은 남한노동당; 제2의 남로당을 조직하여 비록 그것이 소수정당이라 할지라도 선거에 참여하기만 하면 남조선 기층민중들의 전폭적인 지지를 받아 80% 이상의 몰표를 얻어 혁명을 이룰 수 있다고 자신하고 있다.

한국의 역대정권은 집권자나 집권층의 부정부패 사건이 터질 때마다 '발본색원하겠다!', '다시는 이와 같은 일이 일어나지 않게 하겠다!', '단호하게 대처하겠다!' 와 같은 씨도 안 먹히는 식상한 말들을 늘어놓으며 호들갑을 떤다.

그리고 의도적으로 시간을 질질 끈다. 시간이 조금만 지나면 '냄비 근성, 망각의 민족' 답게 대한민국의 개돼지들선전선동에 부화뇌동해 손쉽게 속아 넘어가는 하층국민들을 공산당 지도부에서 얕잡아 부르는 공산주의 용어은 까맣게 잊어버린다. 그러면 사건을 흐지부지 용두사미 격으로 축소시켜버리고 구렁이 담 넘어가는 식으로 유야무야시켜 버리는 패턴을 반복해왔다.

썩어 악취 나는 부정부패와 비리에 종지부를 찍기 위해 프랑스 혁명정부는 부패의 원흉인 왕과 왕비를 단두대에서 처형했으며, 통일 월맹정권에서는 월남 부패의 주범이었던 월남정부 관료들과 군 장성들을 먼저 색출해 처형했다. 장개석은 부패한 며느리를 권총으로 자결케 했다. 루마니아에서는 시민혁명군이 차우셰스쿠Nicolaee Causescu 대통령 부부를 즉석재판한 후 바로 총살했다.

한국에서는 어떻게 할까? TV에서 끝도 없이 주둥아리 싸움을 하든지 또는 재판이랍시고 쇼를 하며 질질 시간 끌며 냄비가 식기만을, 개돼지들이 망각하기만을 기다린다.

루마니아 부정부패의 원흉이자 인민의 흡혈귀라 불린 차우셰스쿠 대통령 부부가 시민혁명군의 즉석재판을 받고 총살당하며 쓰러지고 있는 장면

⚑ 집권층의 자식들은 다 빠져 나가고
서민들의 자식들만 군대에 끌려갔다

집권층과 권력층의 병역비리와 군 부정부패는 실로 심각했다. 집권층과 권력층 아들들은 입대 영장이 나오면 일단 입대한 후 뇌물을 주고 비공식 장기 휴가를 받아 해외유학을 떠나거나 대학에 입학하거나 취업하는 일이 비일비재했다. 이들을 '유령 군인'이라 불렀다.

심지어 장군들이 운영하는 사기업체에 파견되어 직원 또는 경비원으로 무보수로 일하는 사례마저 있었다. 이들을 일명 '꽃 군인'이라고 불렀다. 총을 쥐고 싸워야 할 병사들을 데려다가 자기 집의 하인 부리듯 하는 장군들도 많았다.

티우 대통령Nguyen Van Thieu; 응우옌 반 티에우; 阮文紹/완문소, 1923~2011의 사위도 입대했는데, 그는 장기휴가를 받아 이름만 군적軍籍; 병적/兵籍에 둔 채 외국 유학을 떠나버렸다.

대통령의 사위가 이 정도였으니, 집권세력이나 정부 고위관료들은 말할 것도 없었다. 그들은 아들들이 입대 영장이 나오면 다 뇌물을 써서 군대에서 빼내 외국으로 유학을 보내 버렸다. 서민들의 자제들만 군대에 끌려갔다.

이처럼 군적에 이름만 실려 있고 실체는 없는 '유령 군인'과 '꽃 군인'의 수가 정규군 58만 명의 20%에 육박하는 10만 명이 넘는 것으로 추산되었다.

결국 1975년 3월 10일 새벽 2시, 월맹 공산군이 총공세를 감행하여 쳐내려오자 월남군은 힘없이 곳곳에서 패퇴하며 밀리기 시작했다.

집권권력층의 적나라한 부패에 분노하던 월남군인들에게 나라를 지켜야겠다는 의지 따위는 애초부터 없었다.

적군이 다가오자, 일선의 군인들은 '저따위 썩어빠진 정권과 부유층의 생명과 재산을 지켜주자고 내 목숨을 바쳐야 하는가?' 하며 코웃음을 쳤다. 그들은 무기고 뭐고 다 버리고 도주하거나 총을 거꾸로 잡고 월맹군에게 투항했다.

3월 26일 다낭이 함락됐고, 이후 월맹군 18개 사단이 사이공을 향해 무인지경을 달리듯 파죽지세로 월남군을 깔아뭉개면서 남으로 밀고 내려왔다. 제25사단장 리통바Ly Tong Ba 준장은 도주하기까지 했다.

이러한 상황에서 속칭 '유령 군인들'과 '꽃 군인들'은 그들의 권력층 가족과 함께 배와 비행기로 월남을 탈출하고 있었다.

집권권력층의 병역비리, 군 부정부패에서 비롯된 군심이반과 민심이반은 제아무리 최신식 무기일지라도 고철로 만들어 버린다. 이것이 월맹보다 월등한 경제력과 막강한 화력을 가진 월남군이 월맹군에게 허수아비처럼 붕괴된 가장 큰 원인이다.

월남군인들은 무기를 버리고, 심지어 군복과 군화까지 모두 벗어던져버리고 달아났다. 맨 앞에는 장교복장이 버려져 있다.

오늘날 한국에서도 수시로 집권세력이나 권력층에서 자식들의 병역기피 사건이나 제 자식들을 편하게 군대생활하게 하기위해 권력과 인맥을 동원해 청탁 로비하는 사건이 언론에서 뜨거운 이슈로 등장하곤 한다.

탈영하여 자기 집에서 잠자던 집권층의 아들을 부대에서 알아서 쉬쉬하며 휴가 처리해주고, 모 부대 장군은 구캐으원 아들인 사병이 배탈이 나자 그 사병에게 죽을 사다 바치는 웃기는 일이 아무렇지도 않게 일어나고 있다.

이런 군 비리를 군 지휘부가 나서서 변호해주는 모습은 비굴하기만 하다. 그야말로 장개석 군대, 당나라 군대, 패망직전의 월남 군대 바로 그 자체가 아닌가!

이러한 뻔뻔스럽고 파렴치한 자들이 저지르는 '병역비리', '군복무 황제특혜' 등의 사건들이 성실하게 군 복무하는 장병들의 국가에 대한 충성심을 반감으로 변질시키고 국민들의 민심을 이반케 한다.

한국이 어쩌면 이리도 패망직전의 월남을 닮았을까? 썩어빠진 월남처럼 패망의 길로 가고 있는 것이 아닌가?

만일 주한미군철수 후 한국이 월남처럼 적화통일 될 경우, 집권세력과 권력층, 그리고 그들의 자식들인 소위 '유령 군인들, 꽃 군인들'은 타이완으로는 도망가지 말기를 바란다.

어차피 타이완도 조만간 중국에 병합되어 공산주의 국가로 전락하게
될 것이기 때문이다.

여기서 6.25 전쟁 때의 경우를 살펴보기로 하자.

≪중국, 조선민주주의인민공화국을 접수하다, pp90, 145-148에서 발췌≫

한국전쟁이 나자 모택동은 "주석인 내가 아들을 보내지 않는다면
인민들도 그들의 자제들을 보내려 하겠는가?"라며 아들을 참전하도록
했다.

모택동의 아들 모안영毛岸英; 마오안잉은 1950년 11월 25일 평양부근현
평안남도 회창군에서 전사했다.

그의 시신을 되찾아오라는 모택동
주석의 특별 명령도 없었다. 현재에도
그의 묘는 북한에 있다.

▲ 모택동과 전사한 그의 아들 모안영

당시 한국의 집권층이나 권력층은 전시에 어떠했던가? 또한 현재는
어떠한가?

오죽했으면 6.25 전쟁 때 최전방에 끌려간 우리 군인들이 전사할 때
'빽!' 하고 죽었다는 이야기가 있었겠는가!

'빽background의 속어; 배경, 뒷줄' 만 있었으면 살았을 텐데, 집권층, 권력
층의 자식들은 후방으로 다 빠져나가고, 서민층의 자식들만 '빽'이 없
어서 전방에 끌려가 죽는다는 분노와 증오를 드러내는 이야기이다.

인터넷상에는 중국 사이버 부대가 '한국 집권층과 권력층 자식들 대부분이 병역 기피자나 면탈자이다. 서민들의 자제들만 군대에 끌려가지 말라', '서민층의 자제들만 군대에 끌려가 특권층을 지켜주는 개가 되어서는 안 된다'라는 식으로 선동하는 글이 난무한다.

■ 정부부처 병역면제자

이○박: 대통령(면제)
정○찬: 국무총리 (면제)
원○훈: 국정원장 (면제)
안○수: 원내대표 (면제)
강○수: 특별보좌관 (면제)
윤○현: 재경부장관 (면제)
정○환: 국토해양장관(면제)
이○의: 환경부장관 (면제)
김○한: 법무부장관 (면제)
김○식: 감사원장 (면제)
윤○표: 식약청장 (면제)
정○길: 대통령실장 (면제)
원○룡: 혁신위원장 (면제)
장○만: 국방부차관(면제)

■ 국회의원 및 장차관(급) 병역 면제자

• 한○라당		• 청와대	
고○덕	질병(근시)	정○길 대통령실장	질병(근시고도양안)
김○경	질병(우슬관절운동장애)	윤○식 정책실장	장기대기
박○선	질병(근시)	박○준 정무수석	질병(근시, 부동시)
성○환	질병(부동시안구진탕)	• 국정원	
원○룡	질병(우중족지관절, 족지강직 2개족지 이상)	원○훈 국정원장	질병(병명 기록 없음)
윤○용	질병(소아마비 후유증)	• 지식경제부	
이○기	질병(병명 기록 없음)	김○학 2차관	질병(척추궁 절제술 흉추부 및 근시)
이○식	질병(진구성 제5경추 골절)	• 친일반민족행위진상규명위원회	
이○봉	질병(병명 기록 없음)	성○경 위원장	고령
임○성	질병(한센병)	• 산림청	
정○화	질병(입영 후 귀가)	정○수 청장	질병(폐결핵)
조○환	질병(만성활동성간염)	• 식품의약품안전청	
조○래	질병(가관절형성)	윤○표 청장	생계곤란
조○진	질병(수핵탈출증)	• 행정중심복합도시건설청	
진○모	질병(근시)	정○철 청장	질병(소아마비후유증)
홍○표	질병(만성활동성간염)	• 금융위원회	
허○열	질병(좌수 제 2, 3, 4수지 강직)	이○용 부위원장	질병
		• 진보신당	
신○진	수형	조○수	수형
이○구	장기대기	• 무소속	
박○해	고령	최○희	질병(병명 기록 없음)

▲ 중국 사이버부대에서 올리는 내용에 따르면, 남한의 정치꾼들이나 공무원들은 하나같이 병역기피자나 면제자 내지는 병자나 전과자 일색이다.

중국 사이버 부대의 자료를 보면, 한국에는 심신이 건강하고 제대로 된 사람들이 씨가 말랐는지 한국의 정치꾼들은 하나같이 거의 다 지체 부자유자, 병자 아니면 전과자 일색이다.

지하철에서 휴대폰을 들여다보던 한 청년이 내뱉었다.
"와! ○판! 이게 나라냐! 망하지 않는 게 신기하다!"

❚ 오바마와 푸틴의 다부지고 매서운 견착사격자세

측량기로 착각했는지 개머리판을 광대뼈에
대고 쏘질 않나, 탱크를 잡으려는지
대전차포처럼 어깨 위에 얹고 쏘질 않나!
이런 한심한 사격자세를 옆에서 지켜보고
있는 이등병이 어이없다는 듯
쓴웃음을 짓고 있다.

국가안보회의에서도 군대도 갔다 오지 않은 자들, 총 한 번 쏴보지
도 못한 자들이 앉아서 국가안보를 논하는 코미디 같은 상황이 벌어지
고 있는 것이 작금의 한국의 상황이다.

게다가 툭하면 이런 핑계, 저런 구실로 운동선수나 연예인들에게 병
역면제 혜택을 주자는 소리를 한다. 적군의 총알이 운동선수나 연예인
들은 피해가는 모양이다.

📌 간첩들이 들끓는 나라가 망하지 않으면 기적

"1969년 6월 6일 베트남 인민해방전선(=베트콩)이 남베트남 임시혁명정부로 개편될 때 이 게릴라 정부의 법무장관이었던 쯔엉 누 탕(Truong Nhu Tang)의 증언에 의하면, 월남 정부의 각 부처, 월남군 총사령부에서 진행된 극비 회의 내용이 단 하루 만에 캄보디아 국경 근처 빈롱성 내의 지하 땅굴에 있던 혁명정부 청사에 상세히 보고될 정도로 티우 정권의 핵심부에 공산당 간첩들이 침투해 있었다."

- 전 주월 한국대사관 이대용 공사(公使)의 증언

"남한 내에 고정간첩 5만 명이 암약하고 있으며 특히 그쪽(한국) 권력 핵심부 깊숙한 곳에 이쪽(북한) 사람들이 침투해 있다. … 우연히 김정일의 집무실 책상 위에 놓인 서류를 보았더니 그날 아침 대통령과 각료들의 회의내용과 발언내용 등이 상세히 기록돼 있었다."

- 황장엽 전 북한노동당비서(전 김일성 종합대학총장)의 증언

1975년 4월 30일 월남 패망 당시, 월남 총인구 2,000만 명 중 공산당원 9,500명, 월남의 지하조직인 인민해방전선National Liberation Front; NLF, 즉 베트콩Viet Cong/越共; 한국의 남로당에 상응; 후에 인민혁명정부로 명칭을 변경 4만이 있었다.

호치민은 평화협정 이전부터 공산당 간첩들을 월남공화국 요소요소에 심어나갔다. 이들은 월맹의 호치민이 1930년 2월에 창당한 베트남 공산당, 월남에서 응우옌 반 휴Nguyen Van Hieu가 1962년 1월에 창당한 베트남 인민해방전선Viet Cong; 후에 인민혁명당에서 침투시킨 조직원들이었다.

이 간첩 및 프락치들이 행정부, 군과 정보계통은 물론, 정부산하의 어용시민단체, 진짜 시민단체, 언론기관, 종교단체, 학계 등 사회 구석구석까지 침투해 국가의 온 신경망을 장악하고 암약하며 적화통일을 획책했다.

월남공화국은 온통 빨갱이 간첩들의 세상이었다. 대통령궁을 포함한 정부 각 기관과 군 최고사령부 및 일선 전투단위 부대에까지 간첩과 프락치들이 침투해 국가최고기밀까지 단 하루 만에 공산정권에 상세히 보고되고 있었다.

대통령 비서실장이 빨갱이 간첩이었다. 법무부 장관도 빨갱이 간첩이었다. 대통령 보좌진도 빨갱이 간첩들이 장악하고 있었다. 방송사도 빨갱이 간첩들이 쥐고 있었다.

사이공 대학교 학생회장으로 반미반정부 데모를 줄기차게 주동했던 후옌 탄 만Huyen Tan Man도 빨갱이 간첩이었음이 월남 패망 후에 드러났다. 마침내 공산좌파가 정권을 쥐자, 그도 한 자리 해먹었는데 아이러니컬하게도 제 자식은 '타도의 대상 미 제국주의'로 유학을 보냈다.

사이공 거리를 메운 데모대 앞에 서서 아오자이Ao dai; 월남의 전통 여성의상으로, '긴 옷'이란 뜻를 휘날리며 민족통일을 외치며 군중을 선동하던 큐 몽 투Kieu Mong Thu도 베트콩 프락치였다는 사실이 사이공 함락 후 밝혀졌다. 그녀는 공산좌파가 정권을 쥐자, 여성 인민대의원한국의 국회의원에 상응을 해먹었다.

종북공산좌파들은 월남의 민족의상마저 우매한 민중의 민족감성을 자극하여 용공분위기를 조성하는데 이용했다.

■ 아오자이를 입고 민족감성을 자극

■ 종북공산좌파들도 한복을 곧잘 이용한다

암약하던 종북 공산좌익세력의 실체는 적화통일 후에 적나라하게 드러났다.

1967년 대선에서 차점으로 낙선한 쯔엉 딘 쥬Truong Dinh Dzu는 월맹의 고정간첩이었다.

부 응옥 냐Vu Ngoc Nha는 월남 대통령 고 딘 디엠과 구엔 반 티우의 정치고문으로 10여 년간 대통령들과 내밀한 국정을 논의할 만큼 매우 각별한 관계를 가졌다. 그런데 그는 실은 월맹 호치민 주석의 지령을 받으면서 국가의 명운이 달린 1급 기밀을 빼돌린 간첩이었다.

월남공화국 독립궁에서 티우 대통령의 신임을 독차지하고 있던 유능한 민정수석비서관 후이응 반 쫑Huynh Van Trong도 모두 공산월맹의 비밀간첩이었다.

대통령 비서실장과 법무부 장관, 모범적 도지사로 평판이 자자했던 팜 응옥 따오Pham Ngoc Thao를 위시한 많은 정치꾼, 관료, 군인, 언론인, 종교인들이 빨갱이 간첩이나 프락치로 드러났다.

심지어는 월맹군이 사이공에 진입할 때, 거의 모든 군 지휘관들이 도주하고 참모본부에 남아 있던 유일한 장성은 응웬 후 한Nguyen Huu Hanh 준장뿐이었는데, 그 역시 월맹의 첩자였다.

이처럼 나라에 온통 북베트남의 간첩들이 들끓어서 거물 간첩들을 일일이 열거하기에는 너무나도 많다.

그러나 이들이 빨갱이 간첩들이었다는 사실이 드러난 것은 월남 패망 후의 일이었다. 이미 천만 명 이상의 죄 없는 국민들이 공산주의 치하에서 총살당하고, 고문으로 죽고, 강제노동으로 죽어간 후의 일이었다.

월남은 군사력이 약해 망한 것이 아니다. 월남은 북베트남 정규군의 무력침공과 베트콩의 게릴라전에 의해 패배하기에 앞서 이미 간첩들에 의해 망했던 것이다.

🏷️ 종북공산좌익 고정간첩들이 지배한 남반부

제1야당 지도자가 간첩
쯔엉 딘 쥬(Truong Dinh Dzu)
이 남부출신 달변의 반역자는 민족주의자, 평화주의자로 위장하여 선거유세에서 민족 감정을 자극하며 외세 배척, 우리민족끼리, 미군철수, 조속한 남북 평화회담 등을 주장했다.
어디서 많이 들어 본 소리 아닌가? 오늘날 종북공산좌파들이 귀가 따갑게 떠들어대는 기만전술 선전선동의 단골메뉴가 아닌가!

대통령 민정수석비서관이 간첩
후이응 반 쫑(Huynh Van Trong)

도지사가 간첩
팜 응옥 따오(Pham Ngoc Thao)

대통령 정치고문이 간첩
부 응옥 냐(Vu Ngoc Nha)

종교 지도자가 간첩
짠 후 탄(Tran Huu Thanh) 신부

월남의 정보기관은 고정간첩이 정보기관 수장이 되는 등 공산좌파에 장악되어 눈 뜬 장님이 되었다. 월남은 간첩이란 뱃속에 들끓는 기생충을 처리하지 못해 죽어 넘어가는 숙주의 꼴이 되었다.

한때 월남처럼 분단국이었던 독일도 통일되면서, 통일 이전의 동독 정보기관 슈타지Stasi; Staatssicherheit/슈타츠지허하이트; 국가안전부의 비밀문서들이 서독정보기관에 넘어가게 되었다.

이때 밝혀진 충격적인 사실은 1989년 동독 공산정권이 무너지기 전 서독에서 암약하고 있던 동독의 고정간첩이 무려 3만 명에 이르렀었다는 점이다. 심지어는 총리 보좌관, 여당 원내총무, 통일부 장관, 서독 연방의원들 중 25명이 슈타지에 포섭되어 동독의 간첩으로 활동하고 있었다.

서독 총리 빌리 브란트Willy Brandt, 1913~1992의 보좌관이었던 귄터 기욤 Günter Guillaume도 동독의 간첩임이 발각되어 큰 충격을 주었다. 그는 동독의 현역 육군 대위였는데, 서독으로 위장 탈출한 후 총리의 보좌관으로 슈타지의 지령을 받아 간첩활동을 하고 있었다.

결국 이 사건Guillaume affair으로 빌리 브란트는 서독 총리직에서 도중하차하게 되었다. 1974년 4월의 일이다.

이 동독 간첩의 입김이 크게 작용하여 브란트 총리는 1969년부터 동독에 대해 동서화해를 목표로 하는 '신 동방정책Neue Ostpolitik; New Eastern Policy'을 채택했었다.

이 어설픈 유화정책으로 동독에 대한 경계와 방어막이 해이해지면서 서독의 정관계와 산업계 전반에 동독의 간첩과 프락치들이 쏟아져 들어와 활동하게 되었다.

브란트 수상의 측근 보좌관 기욤도
동독의 지령을 받는 간첩이었다.

남한 정권의 소위 '햇볕정책'이란 것도 이 브란트의 실패작인 '신 동방정책'을 보고 흉내 낸 것으로 알려져 있다.

황장엽 전 조선노동당비서의 증언에 따르면, "당시 중앙당 국제부 청사에 난방 할 기름조차 없어 어항의 금붕어가 얼어 죽었을 만큼 북한 경제가 처참한 상황이었다."고 한다.

이런 때에 남조선 대통령이라는 자가 국민이 낸 세금 수억 달러를 마치 제 개인 돈처럼 몰래 퍼주는 등, 햇볕정책은 붕괴직전의 북한독재 정권에 링거를 꽂아 생명을 연장시켜 주었던 것이다.

당시 남한에는 직파간첩들은 물론, 심지어는 탈○자나 조○족으로 위장한 북한 간첩과 중국 간첩들까지 대거 쏟아져 들어와 5만 명이 들 끓게 되었다. 간첩 검거율도 거의 0%에 가까웠다.

동구권 최고의 정보기관 슈타지는 각종 공작에 탁월한 능력을 보였 다. 슈타지는 서독 정치인들의 나치 전력, 문란한 사생활, 부정축재 등 의 약점을 잡아 협박하거나 매수하는 방법으로 포섭해 그들의 간첩으 로 만들었다.

미남 공작원을 이용해 서독 거물 인사들의 여비서를 유혹해 정보를 빼내는 미남계도 애용된 수법이었다.

이러한 슈타지의 수법은 너무나 놀라워 같은 공산국가인 소련의 KGB나 북한에서도 배워간 것으로 알려져 있다.

슈타지(Stasi)에서 배워 간 북한의 주요인사 포섭 수법

"방북인사가 아침에 잠자리에서 눈뜨고 보면 옆에 여자가 자고 있는 것을 발견하게 된다. 이미 사진과 동영상은 비밀리에 설치해놓은 카메라로 낱낱이 다 찍어간 뒤였다.

방북인사가 여성일 경우에는, 북한의 꽃 미남 인민배우에게 특별(?)임무를 주어 완전히 기절시켜 버린다.

이들이 귀국할 때 안내원이 기념품을 준다면서 기쁨조와 즐긴 영상CD나 USB를 건넨다. 그 때부터 이들은 완전히 코가 꿰이는 것이다.

잘못 걸려들었다고 생각하지만 이미 때는 늦었다. 귀국한 다음에는 자신의 비밀이 탄로 날 것이 두려워 북한의 지령대로 고분고분 행동하지 않을 수 없게 된다."

– 북한 통전부에서 활동했던 ○○○씨 증언

북한 ○○통일연구소, 탈북민들이 만든 ○○민주화 신문, ○○한국매체 등에 따르면, 북한에 입북하는 주요 인사들이 성 접대를 받고 있다는 소식들은 이미 오래 전부터 흘러 나왔다고 한다.

북한에서 이용가치가 있는 주요 인사들이 방북할 때마다 북한의 젊은 여성들이 성 접대에 동원되며, 이들 중 일부 인사들은 일주일에서 열흘 씩 초대소에서 북한 여성과 동거하다시피 한다고 전했다.

미국 농구선수 데니스 로드먼(Dennis Rodman)도 이 성 접대에 빠져 여러 차례 북한을 방문한 사실은 새로울 것이 없는 이야기다. 물론 북한은 이 단순하고 쉬운 운동선수를 대외 홍보용으로 실컷 우려먹었다.

◀ 무엇에 미쳤는지 북한을 뻔질나게
드나들었던 데니스 로드먼

씨앗심기 공작이란 것도 있다. 얼마 전 북한에서 조선로동당 5과 소속의 기쁨조 (pleasure squad)를 동원한 씨앗심기 작전이 영국의 신문 텔레그라프 온라인 (Telegraph Online)에 의해 폭로되었다.

씨앗심기 작전이란 북한을 방문한 주요 인사들에게 아름다운 북한 여성과 동침케 하여 아이를 갖게 하는 작전을 말한다.

주요 인사들이 북한을 방문하면 통일전선부에서는 이들의 신상을 사전에 면밀히 파악하여 이용가치가 있는 정치인, 종교인, 언론인, 운동권 인사, 재일교포 사업가, 재미교포 사업가 등을 표적으로 삼아 공작을 한다.

통전부에서는 호텔에 가기에 앞서 방북인사들에게 연회를 베풀면서 들쭉술 등을 먹여 얼큰하게 취하도록 한다. 술을 먹지 않는 종교인들에게는 빙두(氷毒/빙독의 중국식 발음; 얼음결정 모양의 북한산 필로폰)라고 하는 마약 알약을 몰래 먹여 정신이 몽롱해지고 성욕이 강하게 일도록 만든다.

통전부 소속 여성들에게는 특별임무를 부여되는데, 이것은 수단과 방법을 가리지 말고 방북 인사와 동침하라는 것이다.

◀ 기쁨조는 16세부터 초대소나 특각 등에 배치되며 25세가 되면 한 물 갔다고 은퇴시킨다.

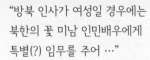

"방북 인사가 여성일 경우에는 북한의 꽃 미남 인민배우에게 특별(?) 임무를 주어 …"

≪본문 중에서≫

◀ 북한 영화 홍길동전의 주연을 맡은 북한의 꽃 미남 인민배우 리영호

임무를 부여받은 여성은 알몸에 코트만 걸친 채 깊은 밤 기습적으로 손님방에 들어가 코트를 벗어 던지고 유혹한다. 만약 거절당하게 될 경우에는 "이대로 나가면 나는 죽는다. 함께 있는 것만이라도 허락해 달라"며 애걸한다.

북한의 미인계에 빠져 밤새도록 꿈만 같은 성 접대를 흠뻑 받고나면, 처음에는 북한에 비판적이었던 주요 인사들도 그 다음 날부터는 태도와 언행이 돌변하여 친북 발언을 마구 쏟아낸다. 적나라한 모습이 비밀 카메라에 촬영되어 약점이 잡혔기 때문이다.

북한 대남초대소에서 식모로 일하다가 탈북한 박 모 씨의 증언에 의하면, 여성 방북자 ○○○의 성 접대에는 북한 노동당 통전부와 북한군 총정치국장이 직접 나서서 북한의 꽃미남 인민배우 리영호와의 만남과 잠자리를 주선했다고 한다. 주사를 맞고 난 효과였는지 그녀는 나중에 탈북자들을 '조국을 버리고 남으로 넘어온 변절자들'이라고 비난했다.
모 여성 방북자는 북한의 성 접대에 맛을 들여 북한을 방문하기만 하면 먼저 북한의 미남인민배우를 지명해 찾는다고 한다.

북한의 통전부에서 일했던 탈북인사들의 증언에 따르면, "지금도 평양시 동대문구역 문수산 기슭에 위치한 륭동1동에는 '현지처 촌'이 있다. 그곳에는 홀로 사는 여인들과 그 자녀들이 사는 단독주택들이 늘어서 있다.
물론 거기에서 사는 여성들의 남편들은 북한에 포섭된 인사들로 이 평양 아내들과 자식들은 인질인 셈이다. 그들에 대한 우대와 관리는 당연히 대남공작부서인 통전부에서 하고 있다."라고 말했다.

북한을 자주 드나드는 사람들 중 상당수는 북한 현지처와 자식들을 만나러 가는 것이다. 수시로 휴대폰으로 보내오는 예쁘고 어린 현지처 아내와 자기 피가 섞인 어린 자식의 사진을 보면 국가 따위가 눈에 들어 올 리 없다. 이들은 갖은 구실로 북한에 드나들며 남몰래 돈을 잔뜩 싸들고 북한에 가서 당에 바치고 며칠 재미를 본 후 모종의 지령을 받고 귀국하게 된다.

이들은 북한에 약점이 잡혀있고 북한에 또 다른 처자식들이 인질로 잡혀 있기 때문에, 북한을 배신하지 못하는 사냥개가 되어 북한의 지령대로 물라면 물고 뜯으라면 뜯는 반역의 길에 앞장서게 된다.

북한이 종주국인양 북한의 눈치를 몹시 살피며 북한에 아부하고 북한을 옹호하며 북한의 대변인 노릇을 한다거나 대남적화통일의 투사로 앞장서게 된다. 북한을 이롭게 하는 말과 행동을 거리낌 없이 한다. 국민의 지탄을 받으면서도 그렇게 할 수밖에 없다는 것이다.

북한의 개 노릇이나 대변인 노릇을 하지 못해 환장하는 자가 있으면, 우선 그 자들이 방북한 적이 있는지를 먼저 살펴보라. 그러면 그 이유를 알 수 있으리라.

🏷️ 남한 내 고정간첩이 5만 명

정보기관은 국가 간 경쟁 내지는 전쟁에 있어서 최선봉에 선다. 때로는 군사력보다도 더 국가의 명운을 결정하는 요소로 작용하는 것이 바로 정보력이다. 모사드Mossad가 없다면 이스라엘이 국가의 존립을 유지할 수 있겠는가!

한 나라를 망하게 하는 가장 쉬운 방법은 그 나라의 정보기관부터 무력화시키는 것이다.

한국 정보기관과 대공기관은 역대 친북○파정권의 이념에 따라 축소 폐지되어 명색만 남아 있는 꼴이다.

김○○은 집권하자마자 오랫동안 실력과 전문적 경험을 축적해온 국정원 대공요원 581명을 강제 해고하고, 대공경찰 2,500명, 기무사 대공요원 900명, 공안전문 검찰 등을 대량 해직시켜 버렸다.

전문요원들을 쫓아낸 대신, 입맛에 맞는 친북○파 운동권 출신을 정보기관 대가리로 앉히고 입만 살아있고 정보에 대해서는 ㄱㅐ뿔도 모르는 민변출신 변호사 등 500여명을 검증절차도 없이 앉혀놓았다.

친북○파가 정권을 잡고 난 이후, 방첩기능의 80%를 수행하던 국정원 대공수사업무도 폐지되었다. 이것은 북한의 간첩활동에 고속도로를 내준 것과 같다. 기무사만 남아 있으나 군사정보수집에도 벅찬 상태이다.

결국 우리의 대공기관이 간첩하나 못 잡는 이빨 빠진 고양이로 전락한 사실을 심각하게 우려하지 않을 수 없다. 월남 패망 당시 외부의 적이 아니라 내부의 적 간첩들의 공작으로 인해 무너지는 모습과 너무나 흡사하기 때문이다.

군이 황장엽의 증언이 아니더라도, 남한 내에서 '가열차게' 적화통일 혁명과업을 수행하고 있는 고정간첩 5만 명의 위력은 ○파정권의 거수기가 된 국회, ○파의 입맛에 따라 저울질하는 사법부, ○파가 장악한 언론사를 보면 알 수 있다.

간첩 검거율도 정권이 바뀔 때마다 4배 이상 차이가 난다. 어떤 정권은 간첩을 잡고, 또 친북○파 정권은 안 잡는다. 못 잡는 것이 아니라 안 잡는 것이다. 오히려 미전향 공산주의 사상범들을 3,538명이나 대거 석방했다.

북한에서 직접 남파한 '직파 간첩'보다 더 심각한 것은 남한에 살며 북한 조선로동당에 가입해 간첩질을 하는 자들이다. 얼마 전에는 몇몇 종북○파 구캐으원과 그 일당이 북한 조선로동당에 '현지입당'한 사실이 언론에 폭로된 바 있다. '대○산 ○○호'라는 코드 명까지 부여받았다.

여기서 '현지現地입당'이란 입당자가 북한의 조선로동당에 가입하기 위해 북한을 방문하지 않고, 남한 현지에서 간첩을 통해 입당한 후, 북한 조선로동당의 추인을 받는 것이다.

■ 김일성 초상화 걸어놓고 행해진 현지 입당식

국정원 수사결과에 따르면, 현지입당식은 직접 제작한 북한 조선로동당기, 김일성·김정일 초상화를 벽에 걸어 놓고 식단 위에는 조선로동당 강령, 규약, 맹세문을 비치해 놓은 가운데 행해졌다.

입당자는 '적기가'와 '수령님께 바치는 충성의 노래'를 제창한 뒤 오른 손을 들고 '맹세문'을 낭독했는데, 그 내용은 다음과 같다.

"나는 수령님께 무한히 충직한 수령님의 전사이다. 나는 영생불멸의 주체사상으로 무장한 주체형의 혁명가이다. 나는 전선의 영예로운 전사이다."

맹세문 낭독 후에는 '조선로동당 입당허가'가 선포되고, '오늘 동지의 맹세가 영원토록 변치 않기를 바란다.'는 다짐을 두는 것으로 마무리되었다.

1993년 3월 안기부가 발간한 '남한 조선로동당사건 수사백서'에 따르면, 남한가수들까지 조선로동당 산하단체에 가입해 '수령님께 바치는 충성의 노래', '김일성 대원수는 인류의 태양' 등과 같은 노래 등을 만들었다. 이 노래들은 간첩들을 통해 북한 조선로동당에 보고된 것으로 알려져 있다.

　가수들까지 조선로동당에 가입할 만큼, 남한이라는 숙주는 이미 머리부터 발끝까지 간첩들로 들끓는 중증이라는 뜻이다.

　마침내 남한 고정간첩들은 국가보안법을 폐지하려 공작을 벌이기 시작했다. 국가보안법 폐지는 간첩들에게 날개를 달아주는 꼴이 되니 남한은 바야흐로 공산화 직전 단계까지 온 것이다.

　한국이 통일되어 판도라의 상자와 같은 북한 통전부의 간첩망이 드러난다면, 우리가 평소 간첩이라고 의심하던 자들이 간첩이었음이 속시원히 드러나지 않을까?

　몸은 한국에 있으면서 철저히 북한의 주구 노릇을 하고 있는 자들, 그들이 바로 간첩이 아니고 무엇이겠는가!

"혁명의 길 개척하신 … 수령님 그 은혜는 한없습니다.
　… 통일의 지상낙원 이루기까지 … 수령님 그 은혜는 한없습니다."

　　　　　　　　　　　　　　　- 수령님께 바치는 충성의 노래 중

"… 붉은 태양은 … 아 김일성 대원수 인류의 태양이시니
　… 대를 이어 이어 충성을 다하리라."

　　　　　　　　　　　　　　　- 김일성 대원수는 인류의 태양 중

📍 애국인사들을 암살하고, 언론도 입 다물게 만들었다

정보기관과 대공기관이 붕괴하자, 월남은 간첩 천지가 되었다. 공산좌익분자들이 정계, 군, 언론계, 종교단체, 시민단체, 학원계 등 각계각층에 침투해 월남이라는 숙주를 쥐고 흔들었다.

대통령 선거가 다가오자, 공산좌익분자들과 간첩들은 공산좌파 후보를 당선시키기 위한 공작을 전개했다.

공산좌익세력은 자신들이 장악한 수십 개의 신문사와 방송사들을 통해 정부에 대한 원색적인 비난과 유언비어를 유포했다. 그리고 민주진영 인사들이나 우익인사들을 '무식한 전쟁광', '미제의 앞잡이', '수구꼴통' 등으로 매도했다.

특히 우익 · 애국인사들이나 반공인사들을 무자비하게 암살했으며, 공산좌파에 불리한 내용을 보도하는 언론도 입막음하기 위해 암살하거나 테러를 가했다.

이 무렵 반공을 외치고, 조국을 위기에서 구해야 한다고 주장하는 우익 · 애국인사들은 다음날이면 시체로 발견되었다. 1973년까지 한 해 평균 840명, 매달 70명이 암살을 당하는 상황이었다.

티우 대통령이 수상으로 지명하려 했던 유명한 애국 반공지도자 응웬 반 봉Nguyen Van Bong; 승용차 폭발로 암살, 사이공대학의 우익 학생지도자, 반공을 주장하는 언론인들이 쥐도 새도 모르게 암살되었다.

자유민주시민들은 공산좌익세력이 언론의 입을 틀어막고 무자비한 암살과 테러를 가하자 굴복할 수밖에 없었다.

'중이 고기 맛을 보고 나면 빈대가 남아나지 않는다.'는 말이 있듯이, 굶주렸다 권력의 맛을 본 공산좌파 패거리들이 권력 맛을 보자 권력에 취했다. 기고만장해서 보이는 게 없었다.

공산좌파의 주특기인 '우리민족끼리, 미군철수, 평화회담' 등의 구호로 선전 선동하며 무차별 공세를 펼침으로써 월남의 '말없는 다수'들은 침묵할 수밖에 없었다. 작금의 남한 상황도 과거 월남의 상황을 연상케 하지 않는가?

북한의 대남공작부서인 정찰총국과 국가보위성이 남한 내 고정간첩들에게 지령을 내린다. 특히 조선노동당 정찰총국 산하 문화교류국문화연락부, 사회문화부, 대외연락부, 225국 등으로 불리다가 명칭을 변경함은 남한 내 고첩망을 구축하고, 35호실은 간첩 양성을 담당한다.

문화교류국이라는 명칭은 위장명칭으로, 문화교류를 하는 것이 아니라 실제로는 간첩을 남파시켜 고정간첩을 심고 지하당을 구축하고 유사시에 무장봉기를 유도하는 소위 '혁명 역량'을 축적시키는 임무를 본업으로 하는 공작 기관이다.

남한 인사들에 대한 요인 암살, 테러, 납치 등을 수행하는 암살조도 가동하고 있다.

문화교류국은 1992년 여간첩 이선실 사건, 1997년 이한영 씨 암살 사건, 2006년 일심회 사건, 2010년 황장엽 암살미수사건, 2011년 왕재산 사건 등 숱한 간첩 사건들을 작전 지휘한 공작기관이다.

　　북한 문화교류국은 1997년 3인조 간첩을 남파시켜 경기도 분당에서 소음기를 부착한 권총으로 김정일의 처조카김정일은 이한영 씨의 이모부 이한영 씨본명은 리일남를 그의 아파트 현관문 앞에서 '북한식 문화교류(?)'를 했다. 이씨가 '김정일 로열 패밀리' 등의 책을 출판해 김정일의 사생활을 낱낱이 밝히며 치부를 폭로했기 때문이었다. 이 간첩들은 북한으로 돌아가 공화국 영웅 칭호를 받았다.

　　또한 2010년에도 두 명의 간첩이 서울 강남구 논현동 안가에 살고 있던 황장엽 전 북한노동당 비서와 '빨갱이식 문화교류'를 하기 위해 직파되었다가 체포되었다.

　　바라건대, 온갖 역경을 딛고 자유를 찾아 한국으로 온 선량한 탈북민들은 내버려 두라. 대신, 북한을 마치 조국인양 너무나 사랑하여 오매불망 북한에 목을 매는 친북·종북좌파들과 '문화교류'를 많이 많이 하기를 바란다.

| 이한영 씨 피살 현장

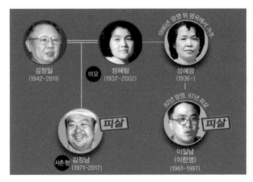

| 북 김정일-성혜림 가계도

🏷️ 시민단체·종교단체는 군복만 안 입은 빨갱이 전위대

월남의 시민단체와 종교단체는 이미 공산좌파가 장악하고 있었다. 이들 월맹 간첩들과 종북좌파 공산세력은 소위 '민족주의자', '평화주의자', '인도주의자'로 위장하고 시민운동을 빙자하여 소위 '개돼지들선전선동에 부화뇌동해 손쉽게 속아 넘어가는 하층국민들을 공산당 지도부에서 얕잡아 부르는 공산주의 용어'을 선동하며 연일 좌경화 데모를 이끌었다.

천주교의 짠 후 탄Tran Huu Thanh 신부, 불교계의 틱 트리 쾅Thich Tri Quang; 釋智光/석지광 승려 등의 공산좌파 종교인들이 주축이 되어 '구국평화회복 및 반부패 운동세력'이라는 단체를 결성해 자유월남의 체제전복을 목표로 투쟁했다.

1973년 1월 평화협정이 체결되어 미군과 한국군을 비롯한 연합군이 철수함으로써 적화통일을 위한 월맹의 남침 가능성이 한층 높아졌다.

그러자 사이공에서는 공산좌익단체들이 100여개의 위장 애국시민단체, 종교단체, 통일운동단체, 수십 개의 좌파 언론사를 양산하여 월남의 좌경화 공작에 앞장섰다.

이 위장 시민단체·종교단체들은 시민연대를 구성하고 극렬 시위를 벌여 공산화에 크게 일조했다. 시민단체·종교단체는 군복만 안 입은 빨갱이 전위대였다.

월남에서처럼 한국에서도 일부 종교인들이 모여 'ㅇㅇ구현신부단', '실천불교전국중회' 등의 단체를 결성하고, 무슨 무슨 노조, 대학생단체, 시민단체들을 연합해 일종의 시민연대를 빙자한 정치세력을 구축하고 있다.

자고로 암탉이 울면 집안이 망하고, 중이 설치면 나라가 망한다고 했다. 역사적으로도 나라가 망할 때는 공통적으로 종교를 빙자한 요망한 세력이 설쳐댔다.

신돈이 그러했고, 러시아의 라스푸틴 신부, 최태○ 목사 등 그 사례는 일일이 열거하기가 힘들 정도이다.

1975년 3월 10일 새벽 02시, 월맹 공산군이 총공세로 남침하자, 그 긴박한 상황에서도 소위 존경받는 종교 지도자이자 민주화 운동의 대부라는 짠후탄 신부Tran Huu Thanh; 그는 간첩이었다.는 "그것은 월맹군의 침략이 아니라 반민주, 반독재에 항거하는 민중봉기다."라고 우매한 신도들을 선동했다.

짠후탄 신부는 월맹군에게 무혈 승리를 가져다 준 공산화의 일등공신이었지만 월남 공산당은 그를 숙청했다. 그는 '인간개조캠프'로 끌려갔다. 자신을 추종하던 친북공산좌파 신도들과 함께.

종북좌파 종교인들은 줄곧 월남 군인들에게 "동족인 월맹군을 향해 총을 쏘지 말고, 미군을 향해 쏘라"고 선동했다. 이에 동조한 일부 월남군은 주적개념마저 상실하여 적군에게 길을 열어주었다.

한국에서도 어떤 정신 나간 정권은 주적은 북한이 아니라 미국과 일본이라고 선동하고 있다.

월남은 월맹 공산군에게 패하기 이전에 시민단체·종교단체라는 군복만 안 입은 빨갱이 전위대에 패한 것이다.

▌틱트리쾅

1963년 5월 8일음력 4월 초팔일은 석가모니 탄신일이었다. 당시 불교계 제2인자였던 틱 트리 쾅Thich Tri Quang; 釋智光/석지광 승려현역 월맹 육군대령 겸 정보 장교로서 월남에 잠입한 간첩는 젊은 승려들에게 반정부 투쟁의 수단으로 소신 공양燒身供養; 부처에게 공양하기 위해 자신의 몸을 불사르는 행위, 불교교리에 어긋나는 사이비 교리이라는 미명하에 사실상 '분신자살'을 하도록 선동했다.

그 결과, 전국에서 26명의 승려가 몸에 휘발유를 뿌리고 분신자살함으로써 나라를 온통 혼란의 도가니에 빠뜨렸다.

 베트남을 파멸로 몰고 간 승려 틱쾅둑의 분신 사건

베트남 전쟁(1954~1975)이 한창이던 1963년 6월 11일, 월남의 고승(高僧) 틱쾅둑(Thich Quang Duc; 釋廣德)은 사이공 시내 미국대사관 부근의 교차로에 가부좌를 틀고 앉은 채 불길에 휩싸였다. 틱쾅둑 스님은 합장한 채 자세하나 흩뜨리지 않았다.

틱쾅둑 스님은 전날 제자들에게 "만약 내가 소신공양 중 앞으로 쓰러지면 나라가 흉하게 될 것이니 그때는 해외로 망명하라. 내가 뒤로 넘어가면 우리들의 투쟁은 승리하고 평화를 맞게 될 것"이라는 유언을 남겼다.

불길이 거세지자 틱쾅둑 스님의 상반신이 잠시 앞으로 기울었다가 다시 허리를 곧추세워 가부좌를 했고, 마지막 순간 뒤로 조용히 넘어갔다.

그러나 틱쾅둑 스님의 예언은 처참하게 빗나갔다. 12년 후 베트남이 공산화되면서, 100만 명이 비인도적으로 잔인하게 살해당했으며, 수많은 사람들이 배로 탈출하다 바다에서 물고기 밥이 되었다. 월남은 과거보다 더 자유가 없으며 종교도 금지되고 인권탄압이 자행되는 공산주의 국가가 되었다.

◀ 틱쾅둑 스님의 분신

이 간첩 중의 선동으로 월남 국민들은 이성을 잃어버렸으며 민심이 반이 일어났다. 승려 한 사람이 분신자살할 때마다 수십 수백만의 국민들이 반정부적으로 돌아섰다.

이처럼 공산좌파의 선전선동은 어떠한 최첨단 무기보다도 파괴력이 강한 것이다. 공산좌파 최대의 무기는 바로 이러한 선전선동 심리전인 것이다.

월남 패망 후, 데모꾼 종교인들, 시민단체인들, 교수학생들이 모조리 체포되어 '정치교화소'로 끌려가 죽임을 당하고 있을 때 반정부 활동의 본거지로 유명한 후에 시 안쾅사원An Quang Temple, Hue City의 틱트리쾅 승려가 월맹의 현역 육군 대령으로 나타나 사람들을 모두 놀라게 했다.

주지 틱 트리 쾅을 보좌하던 상좌승 틱땀차우Thich Tam Chau 역시 월맹 노동당 당원이었고, 틱트리쾅의 오른팔 역할을 했던 여성의원 큐 몽 투 Kieu Mong Thu도 월맹 간첩이었다.

이처럼 간첩들과 공산좌익은 위장 시민단체 · 종교단체를 장악하고 배후에서 '개돼지들선전선동에 부화뇌동해 손쉽게 속아 넘어가는 하층국민들을 공산당 지도부에서 얕잡아 부르는 공산주의 용어'을 선동하여 민족공조를 내세우고 반미 구호를 외치며 촛불시위촛불·횃불은 감성을 자극하는 공산주의 선동수단를 질리도록 해댔다.

월남 공산좌파의 강력한 선전선동
심리전 무기였던 촛불시위.
공산좌파들은
촛불시위를 질리도록 해댔다.

틱낫한Thich Nhat Hanh; 釋一行/석일행이라는 승려도 월남에서 평화를 외치며 연일 극렬한 반미, 반정부 가두시위에 앞장섰던 월남패망의 장본인이었다.

그러나 조국을 망하게 한 중 틱낫한은 정작 월남이 패망하자, 수백만의 동포들이 죽어가고 있을 때 저만 혼자 살겠다고 돈을 싸들고 재빨리 프랑스로 도망가 잘 살고 있다.

그는 1982년부터 프랑스 보르도에 명상 공동체 마을Plum village을 설립 운영하면서 평화 및 불교를 설파하고 있다.

월남에서 그는 평화를 외치던 사람이었다. 그가 외친 거짓 평화는 수많은 월남 국민들을 죽였다.

일반 국민들이 알고 있는 평화와 달리, 그가 외치는 공산좌파의 '위장' 평화는 자유민주주의 자본주의 체제를 타도하고 난 후 사회주의 체제가 완성된 상태를 말한다.

 베트남 스님들의 이름에 '틱(Thich)'씨가 많은 이유는?

베트남 스님들의 이름을 보면, 틱트리쾅, 틱광둑, 틱낫한, … 과 같이 성이 틱씨인 경우가 많다. 이것은 실제 혈통상의 성씨가 아니다. 이것은 법명(法名) 앞에 성처럼 틱(Thich; 釋)자를 덧붙인 것이다.

베트남도 과거에는 한자문화권이었다가 20세기에 들어와 로마자를 차용했다. 따라서 불교의 교조 석가모니(Shakya Muni)의 석가를 베트남어와 한자로 Thich Gia, 釋迦로 쓰는데, 여기서 틱(Thich; 釋)을 따서 성처럼 붙인 것이다.

법명 앞에 성처럼 석(釋)자를 덧붙이는 관습은 4세기 중국 동진시대의 고승 도안(道安, 312-385)이 증일아함경에서 출가하면 모두 석자(釋子; 스승 석가모니의 제자)가 된다는 구절을 근거로 삼아 승려들은 모두 석(釋)자를 성처럼 써야 한다고 주장한 데에서 유래한 동아시아 불교계의 옛 관습이다.

한국스님들도 법명에 석씨를 붙여, 석현각, 석성우, 석용산 등과 같이 쓴다.

틱낫한 중은 수백만의 동포들이 죽어가며 내는 신음소리를 못들은 척 외면하고, 고승인체 위선과 가식으로 위장된 온화한 얼굴로 '화를 다스리는 법' 등을 설하고 있다.

틱낫한처럼 그토록 제국주의 프랑스와 미국을 증오하며 '양키 고홈'을 외치던 사람들이 막상 월남이 패망하자 프랑스와 미국 등으로 도망가 그 나라들의 품에 안겨 풍요로운 삶을 누리며 살고 있다.

어째서 그들은 그들이 그토록 싫어했던 타도의 대상인 자본주의 국가 프랑스나 미국으로 도망쳐 와 그 나라의 덕을 보며 사는지 그 이중적 정신구조를 이해할 수 없는 것이다.

지금도 틱낫한처럼 대한민국의 자유민주 자본주의 체제를 전복시키려 하는 종북○산○파들 역시 같은 상황이 되면, 그들이 그토록 증오하는 제국주의 미국으로 도망가려 할 것이다. 일부 종북○산○파들은 벌써 그 준비로 미국에 부동산을 사 놓고 자식들을 보내 놓고 있다.

월남처럼 적화통일 되면, 그들은 공산정권의 토사구팽식 숙청 속성에 따라 어느 누구보다도 먼저 재교육캠프로 끌려가 비참한 최후를 맞이하게 되리라는 것을 알기 때문이다.

"틱낫한 중은 수백만의 국민들이 죽어가고 있을 때 혼자서만 살겠다고 도망 와서, 고승인체 위선과 가식으로 위장된 온화한 얼굴로 '화를 다스리는 법' 등을 설하고 있다."

≪본문 중에서≫

🏷️ 배은망덕하고 혈맹을 냉대하는 이상한 민족성

"개도 먹이를 주는 손은 물지 않는다."

- 서양속담

'바람과 함께 사라지다' 라는 미국 남북전쟁을 무대로 하는 영화에 나오는 이야기이다.

미남이자 수완 좋은 사업가 레트 버틀러Rhett Butler, 클라크 게이블 역는 아름답지만 버릇없는 말괄량이 스칼렛 오하라Scarlett O'Hara, 비비언 리 역를 아량으로 받아주며 사랑을 쏟는다.

그러나 그녀는 자신에게 잘 해주는 남편 레트에게는 쌀쌀맞게 대하며, 정작 자신에게 아무런 관심도 없는 유부남 애슐리 윌키스에게는 시종일관 애정공세를 퍼붓는다.

열렬한 사랑일수록, 일단 식으면 스토브처럼 더 차갑게 식는 법! 어느 날 레트는 돌연 가방을 챙겨 떠나버린다.

버르장머리 없이 굴어도 일방적으로 자신에게 사랑을 주기만 하던 레트의 싸늘한 이별에 그녀는 그제서야 정신이 퍼뜩 들었다. 그녀는 떠나는 레트에게 가지 말라고 울부짖지만, 그는 이미 마음을 접은 뒤였다.

스칼렛이 자기를 버리고 떠나는 레트에게, "난 이제 어떻게 하죠?"라고 묻자, 그는 "그건 내 알바 아니야!"라고 한 마디 내뱉고는 안개 속으로 떠나 버린다.

"그건 내 알바 아니야Frankly, my dear, I don't give a damn!"

정나미가 떨어진 상대에게 던지는 냉담함과 경멸 섞인 이 말은 미국 영화 100대 명대사에서 1위를 차지한 말이다.

또한 월남 패망 시 도와달라고 매달리는 월남 대통령과 부통령에게 마지막 주월미대사 그레이엄 마틴Graham Martin이 보좌관의 입을 빌어 내뱉은 말이기도 하다.

그런데 이 영화를 보고 한 가지 저자가 도무지 이해할 수 없는 것은 스칼렛의 심리구조였다.

자신을 그토록 사랑하고 행복하게 해주는 남편에게는 이상하게 쌀쌀맞게 박대하며, 자신에게 관심조차 없는 다른 유부남에게 왜 그토록 매달리며 애정을 구걸하는 것인지 그 심리구조 내지는 뇌구조를 도무지 알 수가 없는 것이다.

또 한 가지 알 수 없는 것은 월남 사람들의 심리구조였다. 그들은 자신들을 지켜주고 있는 미군에 대해, 또한 한국군에 대해 왜 그렇게 뻣뻣하게 굴었는지 도무지 알 수가 없다.

미국은 꽃다운 젊은이들 53만 여명을 파견해 전사자KIA; killed in action 58,256명, 부상자WIA; wounded in action 20여만 명을 냈다. 한국은 31만 2853명의 병력을 파견해, 전사자 5099명, 부상자 11,232명을 냈다.

월남사람들은 자기들의 나라와 자유를 지켜주기 위해 이역만리에서 와서 피 흘리며 싸워주다가 산화하는 미군장병들에게 '양키 고우 홈'을 질리도록 외쳐댔다.

　심지어 한국군에게는 '미국의 돈 받고 싸우러 온 용병들'이라는 모욕적이고 배은망덕한 말을 서슴지 않았다.

　또 하나 이해할 수 없는 것은 월남군들은 미군들에게 지나치리만큼 당당하고 추상같은 태도를 취했다는 점이었다. 한 월남전 참전 장교는 자신의 목격담을 이렇게 전했다.

　"우리는 미군이 방문하면 즉시 자리에서 일어나 맞이했는데, 월남군 장교는 사뭇 달랐다. 미군 장성이 찾아왔는데도 씨에스타_{Siesta; 낮잠 또는 낮잠 자는 시간}라며 밖에서 기다리게 할 정도였다."

　수십만의 젊은이들이 피 흘리며 싸워주어도 고마워 할 줄 모르는 월남 민족, 배은망덕하고 혈맹을 냉대하는 이상한 월남민족. 드디어 미국은 마음을 접었다.

"월남사람들은 자기들의 나라와 자유를 지켜주기 위해 이역만리에서 와서 피 흘리며 싸워주다가 산화하는 미군장병들에게 '양키 고우 홈'을 질리도록 외쳐댔다."

《본문 중에서》

그런데 먹이를 주는 손을 무는 이상하고 배은망덕한 민족성까지 월남과 한국은 닮았다.

우리나라를 지켜주고 있는 혈맹은 배척하고, 우리에게 해코지 하는 북한 정권에게는 뺨을 맞고도 헤헤거리며 북한 정권을 옹호하는 남한 ○파정권의 뇌구조는 실로 연구의 대상이다.

(인터넷에 올라와 있는 글을 인용함)

mo18****

두 여학생 장갑차 사건 기억나? 그 때 미대통령 사과부터 책임자 엄벌, 엄청난 보상까지 했었지. 우리나라는 비슷한 시기 아군 수십 명이 전사한 연평해전은 기억치 않으면서 반미시위는 오지게 했었지. 그렇담 미국과 일본은 한국의 적이고, 북한은 한국을 도와줄 우방이냐?

enlw****

빨갱이들이 부추기는 반미감정 선전선동이 대단하긴 해. 애들 수학여행가다 침몰한 사건으로 참 질리게도 울거먹었지. 나라를 지키다 전사한 천안함 전사자는 찬밥신세고, 여행가던 애들은 몇십억씩 보상금인지뭔지 타먹었지? 빨갱이들은 미군 잠수함이 천안함 침몰시킨거라고 한미 이간질시키고. 하여간 연평해전났는데 집권자가 축구경기보러 가질않나 한국국민이 총맞아죽는데 음악회 가질않나 이게 나라냐?

월남의 혈맹 미군과 한국군이 떠나자, 그 응석부리듯 버릇없던 월남은 1975년 4월 30일 패망했다.

천만 명에 가까운 사람들이 총 맞아 죽고, 도망가다 죽고, 재교육 캠프의 이슬로 사라지는 비극을 맞이했다.

그 와중에도 운 좋은 사람들은 미국으로 건너가 미국의 품에 안겨 풍요로운 삶을 살고 있다. 미국을 그토록 증오하던 사람들이!

월남사람들만 이상한 게 아니라 남한의 친북종북 ○파정치꾼들도 이상한 뇌구조를 가지고 있다.

월남의 종북좌파, 사실은 좌파를 가장한 공산주의 종북분자들은 그들이 그토록 증오하는 미국, 그들 말로는 '미 제국주의', '자본주의의 첨병', '학살자 미국'에 가서 살기를 좋아한다.

또한 '사회주의 지상낙원' 북한을 동경하고 미국을 증오하는 ○산주의 종북 정치꾼들이 제 자식들은 북한으로는 안 보내고 반드시 미국으로 유학을 보낸다. 자식들은 물론 당연히 돈을 주고 시민권을 사서 미국 시민권자로 만들어 병역 면제를 받게 한다.

심지어는 자신도 미국에 체류하며, '주적개념 삭제', '국보법 폐기'를 주장하고, '6·25전쟁은 통일을 위한 내전이며 미국이 개입하지 않았더라면 전쟁은 한 달 이내에 끝나고 (적화)통일 되었을 것이다'라고 하는 등 본색을 드러낸다.

이처럼 한국의 혈맹 미국을 증오하며 반미를 외치는 자들이 어째서 실제로는 미국의 품에 안겨 미국의 덕을 보려고 하는지, 이 자들의 그 이중적 정신구조를 이해할 수 없다.

몸은 한국과 미국에서 부와 자유를 누리며 살고 있으면서 마음은 그들의 사상의 조국 북한에 가 있는 종북○산○파들, 그들은 몸은 이 놈에게 있고 마음은 저 놈에게 있는 매춘부와 무엇이 다르랴!

종북○산○파들 역시 반미를 선동하다가 막상 남한이 적화 통일되는 상황을 맞게 되면 누구보다 먼저 미국으로 도망가려 할 것이다. 적화되고 나면, 북한정권에 의해 1순위로 끌려가 제거된다는 사실을 자신들도 잘 알고 있기 때문이다.

📍 공산주의의 '평화'라는 말장난 기만전술에 속다

"잊지 마라. 화해[평화]를 주선하겠다고 나서는 놈이 있다면, 그 놈이 바로 배신자라는 것을!"   - 영화 〈대부(代父)〉에서

'평화'라는 말은 공산주의자들이 자유민주주의자들을 무장 해제시키기 위해 던지는 마약이다.   - 반 티엔 둥 공산월맹 총사령관

'평화'라는 말을 싫어하는 사람은 없다. 공산주의자들은 이 점을 악용하여 '평화'라는 말을 공산화 전략을 수행하기 위한 기만전술 용어로 사용하고 있다.

그러므로 공산세력이 자유 민주세력에게 시도하는 평화를 가장한 일련의 정치적 공세를 '평화공세' 또는 '위장평화공세'라고 하는 것이다.

'평화'라는 기만전술에 속아 넘어가 패망한 역사적 사례는 수없이 많다.

제2차 세계대전 직전 독일 총통 히틀러는 위장평화공세로 전 유럽을 속였다. 그는 입만 열면 평화를 외쳤다.

영국 수상 체임벌린Arthur Neville Chamberlain은 히틀러의 평화공세에 넘어가 체코로 하여금 수데텐란트Sudetenland를 독일에 양도하게 하고, 그 대가로 영국과 독일이 서로 전쟁을 하지 않을 것이라는 평화를 약속 받았다뮌헨협정.

총리는 군중을 향해 히틀러의 서명이 담긴 평화선언 문서를 의기양양하게 흔들어 보이면서 외쳤다. "이제 우리는 확실한 평화를 얻었습니다. 이것이 우리 시대의 평화입니다!"

뮌헨회담에서 악수를 나누는
체임벌린과 히틀러

히틀러에게 속은 체임벌린
"이것이 우리 시대의 평화입니다!"

그는 평화라는 마약에 취해 유화정책에 매달려, 히틀러의 오스트리아 합병을 방관했고, 수데텐란트 위기가 발생하자 체코슬로바키아에 강요하여 독일에 양도하도록 했다.

그는 이렇게 말했다. "나는 히틀러에게서 한 번 약속을 하면 믿을 수 있는 사나이라는 인상을 받았다."

체임벌린은 입만 열면 평화를 외치는 히틀러의 입만 쳐다보다가 뒤통수를 맞았다. 1년 뒤인 1939년 9월 히틀러가 폴란드를 침략하면서 제2차 세계대전이 발발했던 것이다.

이후 평화만을 추구하다 전쟁을 불러들인 체임벌린의 뮌헨협정과 그가 관중들 앞에서 외쳤던 '우리 시대의 평화peace for our time'라는 말은 아주 오랫동안 조롱거리가 되었다.

남한에서도 어떤 정권은 몰래 북한에 막대한 비자금을 바쳐 핵무기 개발에 뒷돈을 대주고 돌아와서는, 국민들에게 이제는 평화만이 있을 것이라고 그야말로 체임벌린 뺨치는 소리를 했었다. 적어도 체임벌린은 제 나라 국민을 겨누게 될 핵무기를 개발할 돈까지 주지는 않았다.

'평화'라는 기만전술에 속아 넘어가 패망한 나라들 중의 대표적 하나가 바로 월남이다.

공산주의 좌익분자들은 '평화'라는 말을 전술도구로 여긴다. 그들은 불리할 때는 평화를 들고 나와 협상을 하지만, 힘이 있을 때는 지체하지 않고 바로 무력으로 점령한다. 그들과의 평화협상이란 힘이 강할 때에만 유효하다.

이것은 중국에서 공산혁명을 성공시킨 마오저뚱毛澤東의 '담담타타' 전술과 한 치의 다름이 없다.

담담타타談談打打의 글자 그대로의 뜻은 상대방과 대화할 때는 대화하고, 칠 때는 친다는 말이지만, 공산주의에서는 자신이 불리할 때는 평화적 대화를 제의하여 위기를 넘기지만, 유리할 때는 평화회담을 파기하고 공격한다는 전술이다.

공산당을 이끌었던 마오는 중국 대륙을 차지하기 위해 국민당의 장제스蔣介石/장개석와 대결을 벌이면서 이 전술을 철저하게 구사했다.

그러므로 공산좌익들이 평화니 협상이니 하는 말을 할 때는 그들이 불리한 상황에 있다는 뜻이다.

월맹 공산주의자들이 자신들이 불리한 상황에 놓이자 그들이 구사한 '평화'라는 기만전술을 보기로 하자.

1973년 월맹은 오랜 기간의 전쟁으로 인해 매년 100만 톤의 식량과 물자부족에 시달리고 있었다. 미군의 북폭北爆과 경제봉쇄로 피폐해져 전쟁 수행 능력을 상실하게 되자, 공산 월맹 측에서 먼저 평화협상을 제의해 왔다.

월맹이 '평화'라는 전형적인 공산주의 기만전술로 나온 것이다. 월맹이 제안한 '평화협정'이란 미군을 쫓아내기 위한 포석에 불과한 것이었다. 미군만 쫓아내면 무장 해제된 월남 따위는 살찐 돼지에 불과한 손쉬운 먹이가 되기 때문이었다.

이것은 북한이 대남전략전술의 일환으로 남한을 상대로 구사하고 있는 평화기만전술과 한 치의 오차도 없다.

북한이 사탕발림하는 '평화공존' 전술은 자기들의 힘이 약할 때는 무력행사가 가능해질 때까지 상대를 평화라는 마약에 취하게 해서 경계심을 이완시키는 전술이다.

'평화' 다음의 포석으로는 '우리 민족끼리'라는 미끼를 던진다. 이건 물론 주월미군, 주한미군 철수를 의미한다. 월남에서, 한반도에서 미군을 몰아내고 남북끼리 대화하자는 것이다. 미군이 철수한 후 무장 해제된 월남을, 남한을 먹어 삼키겠다는 소리다.

공산주의자들의 '평화'라는 기만전술은 '2보 전진, 1보 후퇴' 전술이다. 세계 적화를 위해 그렇게 끊임없이 1보씩 전진한다.

하버드 출신의 박사 키신저, 독일 액센트를 가진 이 지식인도 결국 공산주의자들의 얄팍한 전술에 속았다. 그가 주도한 월남의 평화협정이란, 결국 공산세력에게 적화를 위한 1보 전진을 위해 한숨 돌릴 시간을 준 것에 지나지 않았기 때문이었다.

파리 휴전 및 평화협정1973.1.27의 성과로 키신저와 레둑토는 1974년 노벨평화상 공동 수상자로 결정되었다.

하지만 레둑토Le Duc Tho; 黎德壽/여덕수, 1911~1990는 "베트남에는 아직 '평화'가 완전히 실현되지 않았다."는 이유를 들어 수상을 거부했다.

결국 키신저 혼자서만 뻘쭘하게 노벨평화상을 받았다.

그런데 여기서 레둑토가 말한 '평화'는 '공산화'였다. 일반적으로 평화는 전쟁의 반대개념으로 전쟁이 없는 상태를 의미한다. 그러나 북한을 비롯한 공산주의의 모든 교과서와 사전에는 '평화'란 "지상에서 자본주의가 완전히 말살되고 전 세계가 공산화된 상태"라고 기술하고 있다.

평화협정이 평화를 가져올 것이라는 키신저의 생각은 어리석은 착각이었다. 베트남 평화협정의 주역 키신저, 하버드 출신의 저명한 국제정치학자 키신저는 공산주의자들이 말하는 '평화'란 것이 결국 '공산화'란 것을 그 무렵 깨닫고 뒤늦게 후회했다고 알려져 있다.

파리 평화협정이 조인되자, 월남 국민들은 평화라는 마약에 취했다. 오랜 전쟁 후에 온 달콤한 평화를 거부하는 사람은 없었다. 국방과 안보의 중요성을 강조하는 사람은 전쟁광 내지는 정신 나간 사람 취급을 받았다.

평화협정에 따라 미군이 철수하자, 1975년 3월 10일 월맹 공산군이 중부월남에서 총공세를 감행했다.

동양에서 가장 아름다운 곳이라 하여 '극동의 흑진주'라는 별명을 가진 사이공, '아시아의 파리'라 불리던 항구도시 사이공은 처절한 살육의 도가니로 전락했다.

"키신저가 수상한 노벨평화상은 월남 국민 900만의 시체 위에서 얻은 '비극의 노벨상'이었다.

… 월남 국민의 목숨을 팔아 산 노벨평화상에 침을 뱉아라!"

≪본문 중에서≫

1975년 4월 30일 월남은 순식간에 점령되어 공산화되었다. 월남공화국은 패망하여 지도상에서 사라졌다.

협정을 보증한답시고 거창하고 떠들썩하게 12개국이 서명한 평화 협정문은 불과 2년여 만에 사이공 함락으로 휴지통에 버려지고 말았다. 결국 베트남 평화협정은 국제적 '위장평화 사기극'이 되고 말았다.

파리 휴전협정 체결 과정에서 자유 우방국의 언론들은 키신저가 노벨평화상을 받으려는 명예욕에 눈이 어두워 휴전협정을 너무 서두르고 있다며 우려했다.

이 충고를 무시하고 키신저가 수상한 노벨평화상은 결국 '자유월남의 시체 위에서 얻은 비극의 노벨상'이 되었다.

타임지의 칼럼에 기고한 한 비평가는 "월남 국민의 목숨을 팔아 산 노벨평화상에 침을 뱉아라!"라고 일갈했다.

과연 키신저가, 히틀러에게서 평화선언문을 받아들고 와서는 국민들 앞에서 평화시대가 도래했다고 그 종이쪼가리를 흔들며 환호작약했던 영국 수상 체임벌린을 어리석다 할 수 있겠는가?

아이러니컬하게도 역대 노벨평화상 수상자들 대부분이 실제로는 평화를 경멸하는 인물들이었다. 이 때문에 오슬로에서조차 노벨평화상을 '위선의 노벨평화상'이라 하며, 노벨평화상이란 주로 사기성 농후한 정치꾼들의 액세서리쯤으로 여기는 것이 그들의 속내이다.

그런데도 한반도에서는 노벨평화상이나 하나 받아볼까 하는 속셈으로 평화협정 카드를 들고 기웃거리는 정치꾼들이 한 둘이 아니다.

중국도 북한의 핵미사일에 긴장하고 있다. 북한이 남한을 겨냥한 핵미사일의 방향을 틀면 중국이 타깃이 되기 때문이다. 중국도 북한 핵미사일의 사정거리를 벗어나기 위해 수도 이전을 고려할 만큼 북한 핵에 극히 비판적이다.

이 때문에 중국 네티즌들은 "노벨평화상이 너희 한성서울 시민들의 목숨보다 소중하냐? 북한에 핵개발 자금을 대주어 너희 남한 국민들의 목숨을 위태롭게 하고 국가안보를 팔아 산 노벨평화상에 침을 뱉으라."라고 조롱하는 글을 올렸다.

▌단 한 발로 남한의 수도 서울을 날려버릴 수 있는 북한의 핵미사일

북한 공산주의자들도 자신들이 구사하는 '평화' 라는 말의 기만성을 잘 알고 있다. 그래서인지 북한 음악회에 '우리의 총창銃槍; 총과 창 위에 평화가 있다' 라는 노래가 등장한 적이 있다.

"… 평화가 아무리 귀중해도 절대로 구걸은 하지 않으리. 우리의 총창 우에위에, 우리의 총창 우에, 평화가, 평화가 있다."

이 노래는 군사력만이 '평화' 를 보장할 수 있다는 내용이다. 군사력 없는 평화란 헛소리에 불과하다는 것이다.

역사상 대부분의 평화협정은 '거짓 평화 쇼' 로 드러났다. 한반도 역시 마찬가지다. 북한의 대남적화통일전략은 평화협정, 종전협정, 평화통일 등 그럴싸한 이름으로 포장하고 있지만, 그 실질적 내용은 모두 '위장평화 사기극' 이다.

조지 오웰의 저 유명한 디스토피아 SF 소설 《1984》에도 전체주의 국가에서 집권세력이 '전쟁이 평화다' 라는 신어新語; Newspeak로 '국민', 즉 '개돼지들선전선동에 부화뇌동해 손쉽게 속아 넘어가는 하층국민들을 얕잡아 부르는 공산주의 용어' 에게 세뇌공작을 하는 장면이 나온다.

남한에서 암약하고 있는 종북○산○파들은 북한이 남침할 의사도 없고, 남침능력도 없다면서, 평화협정만이 한반도 평화의 길이며 통일의 지름길이라고 선동하고 있다.

일단 월남에서처럼 평화협정이 체결되기만 하면, 유엔군사령부와 한미연합사가 해체되고 미군 주둔의 명분이 없어진다. 결국 월남에서처럼 미군이 철수하면 적화통일을 감행하겠다는 속셈인 것이다. 이렇게 ○산○파들은 속이 뻔히 들여다보이는 낯간지러운 짓을 하는 속성이 있다.

3 미군주둔 없는 상호방위조약은 휴지조각에 불과

"1975년 4월 27일 저녁, 포성이 들려오는 사이공 교외는 화염으로 휩싸였다. 그것은 '월남'과 '상호방위조약이라는 대의'가 동시에 화장되는 불길이었다.

티우 대통령이 미국에게 구원을 호소했으나 묵묵부답이었다. 나는 미 국방차관보 폰 마아봇(Assistant Defense Secretary Erich von Marbod)을 향해 말했다. "미국 정부가 우릴 지원해주겠소?"

오랫동안 침묵이 계속되었다. '상호방위조약'은 미국이 발을 빼기 위한 연막전술에 지나지 않았던 것이다. 그 침묵은 단 한 마디로 깨졌다. "미안하지만 안 되겠소."

- 월남 전 수상 구엔 카오 키 회고록,
〈Twenty Years and Twenty Days〉에서

휴전협정 당시 월남은 월맹보다 경제력이 월등히 앞서 있었다. 월남 지도부와 국민들은 경제력을 군사력으로 착각하고 상황을 너무나 낙관하고 있었다.

그러나 경제력은 결코 군사력이 아니다. 역사적으로 경제력이 강한 나라가 군사력이 강한 나라를 이긴 적은 없다.

국민이 죽어갈 때 도망친 대통령과 수상

나라가 망하자, 대통령과 수상은 국민들이 처참하게 죽어갈 때 저 혼자만 살겠다고 금괴 16t을 싣고 도망쳤다.

훗날 부통령 겸 수상을 해먹은 구엔 카오 키(Nguyen Cao Ky)는 조국에서 900만의 동포가 학살당한데 대한 죄책감으로 괴로웠는지 자기변명으로 일관하는 회고록 겸 자서전 《Twenty Years and Twenty Days》를 냈다. 굳이 제목을 번역하자면 《월남 20년, 패망 20일》이 될 것이다.

언론에서 그의 자서전은 반성 없는 뻔뻔스러운 변명이라는 신랄한 비난을 받았다.

◀ 키 수상의 회고록 《Twenty Years and Twenty Days》

거지국가 월맹이 살찐 돼지 월남을 집어삼킨 사실, 그 원인과 비참한 결과에 대해서는 이미 앞에서 논했다.

공산 월맹이 경제가 피폐하여 곧 무너진다고 하더니만 오히려 월남이 무능하고 썩어빠진 정권과 공무원들, 그로 인한 민심이반으로 먼저 망해버린 것이다. 정권과 공무원들이 하도 썩어서 그에 대한 반감으로 월맹군이 들어오자 쌍수를 들어 환영한 시민들이 많았다.

거지군대 월맹군을 우습게보던 월남군은 사실상 부패와 비리로 썩어빠진 한심한 군대였다. 저자가 참전용사중령 대대장에게서 직접 전해들은 한 에피소드가 있다.

어느 월남군 보병부대가 월맹군과 치열한 전투를 하던 중, 포 지원 사격을 요청했으나 포병부대는 움직이지 않았다. 포대장에게 돈을 찔러 주자, 그제야 포사격을 시작하더라는 것이었다.

정권의 눈치나 살피고 굽신굽신 납죽납죽 아부하는 정권 지향적 군인들, 자리나 지키며 봉급이나 받아먹는 군인 같지 않은 군인공무원들이 월남군이었다.

또한 북한을 보라. 남한에서는 북한이 경제가 바닥이고 식량과 물자 부족이 극심해 조만간 붕괴할 것이라고 우습게 보는 경향이 있다.

그러나 현실을 보면, 경제력이 하잘 것 없는 북한이 오히려 남한을 살찐 돼지라 멸시하고 마치 종주국인양 남한 정권을 하대하며 쥐고 흔들고 있지 않는가.

연평해전, 천안함 폭침, 그리고 한국시민들이 북한군의 총포탄에 맞아죽어도 남한이 대응하는 것이라고는 '일방적 퍼주기' 아니면 '또 다시 이와 같은 일이 일어나면 단호하게 응징하겠다지금으로서는 아무 것도 못한다' 와 같이 씨도 안 먹히는 식상한 말들을 늘어놓는 일 뿐이다.

미국은 월남과 상호방위조약을 체결하여, 월맹과의 휴전 및 평화협정에 불안해하는 월남을 달랬다.

이제 우리 미군은 철수하지만 만에 하나라도 월맹이 파리평화협정을 위반하고 남침한다면, 강력한 국제적 제재는 물론이고 미국과 월남이 맺은 상호방위조약에 의거하여 즉각 해공군력을 투입하여 북폭北爆을 재개하여 하노이를 위시한 북베트남 주요도시들을 불바다로 만들겠노라며 지원을 굳게 약속했다.

더불어 주월미군은 철수하면서 기지에 미군이 보유하고 있던 전차와 장갑차 400대, 항공기 700대 등 10억 달러 이상의 각종 최신 무기를 모두 월남에 양도해 안심시켰다. (그리하여 그 무렵 월남 공군력은 허울 좋은 세계 4위를 기록했다.)

마치 연속극에서 아이를 버리고 가는 애 엄마가 옷자락을 붙잡고 매달리는 아이를 달래기 위해 큼지막한 막대사탕을 손에 쥐어주며 '엄마, 곧 돌아올게!' 하고는 가버리듯.

월남은 상호방위조약에 속은 것이다. 월남은 '미군주둔 없는 상호방위조약'이란 한낱 휴지조각에 불과하다는 사실을 알지 못했다.

여기서 월남을 남한으로, 월맹을 북한으로 대체시켜보면 오늘날 한반도가 처해있는 상황과 판박이처럼 똑같다는 사실과 사태의 심각성을 알 수 있다.

다시 말해, 국제정세와 미국의 입장이 달라지면 미국은 한미상호방위조약을 언제라도 파기할 수 있으며, 특히 월남처럼 미군이 떠난 뒤의 '미군주둔 없는 상호방위조약'은 휴지조각에 불과하다는 사실이다.

월남에 대한 철저하게 보이는 조치에도 불구하고, 미국의 속내는 달랐다. 닉슨도 키신저도 부패하고 무능한 월남이 오래 갈 것이라고는 생각지 않았다. 그러나 월남이 망하더라도 미국이 비난받지는 않을 만큼 최소한 10년은 갈 것이라고 생각했다.

1975년 3월 10일

새벽 2시, 월맹 공산군은 파리 평화협정을 파기하고 남침 총공격을 감행했다. 월맹군 육군참모총장 반띠엔둥Van Thien Dung 대장이 이끄는 18개 사단 총병력이 17도선 중부월남 고원지대를 뚫고 나와 남으로 밀고 내려왔다.

월맹군에게 허를 찔린 티우 대통령은 국제휴전감시위원단에게 '공산군의 북위 17도선 이북으로의 퇴각'을, 미국에게는 '상호방위공약의 이행'을 요청했다.

그러나 어느 것 하나 제대로 이행되지 않았다. 아니 될 리가 없었다.

3월 26일

전략 요충지이자 월남 제2의 도시인 다낭이 함락되고, 월맹군 18개 사단이 사이공을 향해 무인지경을 달리듯 파죽지세로 월남군을 깔아뭉개면서 남으로 밀고 내려왔다.

월남에 침투해 있던 간첩을 이용, 주민들을 선동하는 동시에 18개 사단이 총공세 감행

월남군은 곳곳에서 전투다운 전투 한번 못한 채 후퇴만 거듭하며 지리멸렬해 버렸다.

권력층이나 부유층의 자제들은 다 살길을 찾아 조국을 등지고 떠났고, 서민들의 자제들만 월남군으로 그야말로 '끌려나와' 불만이 팽배해 있었다.

전투 때마다 전의를 상실한 병사들이 도주하는 바람에 월남군 병력의 50%가 눈 녹듯 사라졌다.

남침 후 한 달이 지난 이때까지도 미국은 상호방위공약을 이행하지 않고 있었다. 애초부터 그럴 의향조차 없었다. 미국은 밑 빠진 독에는 물을 붓지 않았다.

4월 30일

정오, 월맹 공산군 제2군단은 사이공 시내로 진격하여 오전 11시 30분, 소련제 T-54 전차가 월남 대통령궁(1954년 월남 독립 이후 독립궁으로도 불림)의 철제문을 깔아뭉개며 진입해 대통령궁을 점령했다.

월남공화국의 3일간의 대통령 즈엉반민Duong Van Minh/큰 민(183cm/90kg으로 월남인치고는 체구가 커서 Big Minh으로 불림)은 포로가 되었고, 무조건 항복했다.

즈엉반민이 '정권 인계 절차를 논의하자'고 하자, 월맹 공산군 선도부대 지휘관은 '넘겨줄 나라도 없는데 무슨 논의냐! 포로와는 의논하지 않는다!'라고 일갈했다.

제럴드 포드 미국 대통령은 백악관 집무실에 홀로 앉아 TV 화면을 통해 월남의 최후를 지켜봤다. 미국은 구경꾼이었다.

월남공화국 멸망의 순간, 1975년 4월 30일
월맹군의 소련제 T-54 전차가 월남 대통령궁의 철제문을 깔아뭉개며
진입하고 있다.

이로써 군사력과 경제력, 인구 등 모든 면에서 월맹을 압도했던 자유 월남공화국은 결국 공산 월맹의 총공세 이후 50여일만인 4월 30일 지도상에서 사라졌다.

이 와중에서 속칭 '유령 군인들'과 '꽃 군인들'은 그들의 권력층 가족과 함께 배와 비행기로 월남을 탈출하고 있었다.

주하늬 군철수, 그리고 그 후 포르릉은?

'피호봉호(避狐逢虎)'
여우를 피하려다 호랑이를 만난다.

주한미군 철수,
그리고 그 후폭풍은?

주한미군이 철수하면 어떤 일이?

1 주한 미군가족 소개령으로 시작되는 주한미군 철수

📍 전쟁 발발 시 미국시민들의 한국탈출 세부계획

미국정부는 한국에 거주하는 미국인들에게 "한국에서 전쟁이 날 경우에 대비해 항상 탈출용 짐을 싸놓고 미 정부의 소개지침을 따르라"고 당부하고 있다.

한반도에서 전쟁이 나면, 특히 주한미군 철수 후 전쟁이 나면, 한국에 거주하는 미국 시민들은 미국정부가 미리 세워 둔 한국 탈출 세부계획에 따라 행동한다.

20○○년, 주한미군이 전면 철수 한지 6개월이 채 안된 어느 날.

한밤중에 울려대는 긴급훈련 비상전화에 주한미국대사는 곤한 잠에서 깼다. 수화기를 내려놓고, 대사는 굳은 표정으로 캐비닛으로 다가가 미 국방성 문서 하나를 꺼내든다.

그 안에 든 것은 한반도에서 전쟁이 발발할 경우 한국에 있는 미국

시민들을 철수시키는 이른바 '비전투원 철수 작전NEO; Noncombatant Evacuation Operations', 즉 민간인 소개疏開; 피난 작전계획이다.

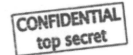

Noncombatant
Evacuation Operations

Much of the general emergency action information, presented through the other emergency action links, is valid anywhere. However, the availability of and access to evacuation routes, safe havens, shelters, and mass notification systems vary more widely outside the continental United States, often depending on the preparedness levels of—and cooperative agreements with—host nations. Noncombatant Evacuation Operations (NEO) is an emergency action used specifically OCONUS.

All members of the Marine Corps community serving OCONUS are encouraged to be proactive in informing and preparing themselves to take effective actions in response to potential hazards in their particular part of the world.

Noncombatant Evacuation Operations (NEO) is the ordered (mandatory) or authorized (voluntary) departure of civilian noncombatants and nonessential military personnel from danger in an overseas country to a designated safe haven, typically within the continental United States. Overseas evacuations could occur under a variety of circumstances, including civil unrest, military uprisings, environmental concerns, and natural disasters. The Department of State (DOS) recommends an evacuation, and the Department of the Army—as the Department of Defense (DOD) Executive Agent for repatriation (RE-PAT) planning and operations—coordinates the execution of NEO.

Noncombatants

U.S. citizens who may be ordered to evacuate an overseas country include—

- Civilian employees of all U.S. Government agencies and their dependents, except as noted below
- Military personnel of the U.S. Armed Forces specifically designated for evacuation as noncombatants
- Dependents of members of the U.S. Armed Forces

U.S. (and non-U.S.) citizens who may be authorized or assisted in evacuation (but not necessarily ordered to evacuate) include—

- Civilian employees of the U.S. Government agencies and their dependents who are residents in the country but express the willingness to be evacuated
- Private U.S. citizens and their dependents

- Military personnel and dependents of members of the U.S. Armed Forces outlined above, short of an ORDERED evacuation
- Designated aliens, including dependents of persons listed above

Noncombatants should maintain accurate and updated contact information with their command and in all relevant Marine Corps databases.

Set your own course through any hazard: stay informed, make a plan, build a kit. Live Ready Marine Corps.

비전투원 철수작전(NEO; Noncombatant Evacuation Operations)
한국에 거주하는 미국시민들을 소개시키기 위한 작전계획
한국에서 전쟁이 날 경우에 대비해 항상 탈출용 짐을 싸놓고 미 정부의 소개지침을 따르도록 당부하고 있다.

| 한국전쟁 발발 시 미국 시민들을 한국 밖으로 빼내는 대피훈련 모습

미 국무성, 국방성 그리고 백악관 국가안보회의NSC; The National Security Council에서 수립한 이 NEO, 즉 민간인 철수 작전계획은 한반도에서 전쟁이 일어날 경우 자국민을 단시일 내에 효과적으로 한국 밖으로 피난시키기 위한 것이다.

한국에서 전쟁이 나면, 미합중국정부와 주한 미국대사관에서는 한국에 거주하고 있는 미국 시민들에게 전화나 메일 등을 통해 구체적인 헬기탑승 장소와 시간 등 관련정보를 통보한다.

특히 미 정부는 미군 방송인 AFNAmerican Forces Network을 통해 미국 시민권자 철수 및 집결 방송 메시지를 내보낸다. 그것은 빙 크로스비의 '화이트 크리스마스'다. 방송에서 흘러나오는 이 노래 메시지를 들은 미국시민들은 약속된 집결지점에 모여 한국을 떠나게 된다.

한국에 거주하는 미국 시민들이 한국을 탈출하기 시작하면, 이른바 'Five EyesFVEY; 다섯 개의 눈; 앵글로색슨 계열의 미국, 영국, 호주, 뉴질랜드, 캐나다 5개국으로 이루어진 정보 동맹체'라 불리는 국가의 한국거주 민간인들도 한국을 탈출하기 시작한다.

북한은 영어방송을 통해 Five Eyes 5개국 정부와 시민들에게 겁을 주며 협박한다.

"니들이 눈이 다섯 개이든 열 개이든, 감히 조선민주주의인민공화국과 동맹국 중국의 이익을 해치려고 한다면 그 눈알을 모두 뽑아 장님이 되게 하겠으니 조심하라!"

국내에 진출한 외국계 기업들도 자체 철수계획을 수립하고 있다. 제너럴 일렉트릭GE과 제너럴 모터스GM 등의 다국적 기업들도 직원들의 비상 연락망을 수시로 가동하고 유사시 집결지 등을 안내하고 있다. 볼보Volvo와 사브Saab, 이케아Ikea 등 국내에 진출한 스웨덴 기업의 모임인 주한스웨덴상공회의소도 전시 철수계획을 수립하고 있다.

일본은, 한국에 전쟁이 나면, 4단계의 일본국민 철수작전을 펼칠 계획이라고 닛케이 리뷰Nikkei Review가 밝힌 바 있다. 일본정부는 미국정부와 상관없이 수송기 편대와 해군함대를 급파해 남한에 거주하고 있는 약 60,000명의 일본 시민들을 철수시킬 계획을 세워두고 있다.

한반도 전쟁 때 미국 민간인 탈출 경로

❶ 서울 용산 개리슨→경기 평택 캠프 험프리스
이동 수단: 차량

❷ 경기 평택 캠프 험프리스→대구 캠프 워커
CH-47 치누크 헬기

❸ 대구 캠프 워커→김해 공군기지
CH-47 치누크 헬기

❹ 김해 공군기지→일본 오키나와 미군기지
C-130 허큘리스 수송기

자료: CNN

미국 정부가 15만 명이 넘는 한국 내 미국 시민들을 일거에 한국 역외지역으로 대피시키는 것은 간단한 일이 아니다. 이 때문에 미국 정부는 실제상황에서 대피시켜야 할 인원의 우선순위 리스트NEO Priority List와 대피수단을 정해두고 있다.

NEO Priority List
전쟁 발발 시 한국거주 미국시민의 대피 우선순위 리스트

1순위: 주한미군의 배우자와 자녀 등 직계가족, 군무원, 정부 관료
2순위: 미국 시민권자
3순위: 미국 시민권자의 직계가족

특히 눈길을 끄는 사항은 이 작전의 대상에 상당수의 한국인이 포함돼 있다는 점이다.

해외주둔 미군 신문 성조지星條紙; Stars and Stripes; 미국의 군사 전문 일간신문에 따르면, 유사시 철수 대상자는 한국에 거주하는 미국시민 15만 명과 일본, 캐나다, 유럽 등 우방국 시민 및 '사전 허가를 받은 한국인' 8만 명 등 모두 23만 명이다.

주한미군은 이 '사전 허가를 받은 한국인'에 대해서는 인적사항이나 기준 등 어떠한 구체적인 내용도 밝히지 않고 있다. 한반도에 전쟁이 났을 때 미국시민과 동등하게 피난을 할 수 있는 생명줄을 확보해놓고 있는 한국인 8만 명이란 대체 누구일까?

이 8만 명에 들어가기 위해 한국의 유력가들이 미군에 줄을 대고 있다는 추측이 끊이지 않고 있다.

8만 명이라면 남한 국민 인구수의 1.8% 안에 드는 사람들인데, 그렇다면 아마도 대다수 들러리 흙수저 국민은 아닐 테고, 금수저들이나 집권세력들이 아닌가 모르겠다. 전쟁나면 전원 옥쇄한다더니!

2 외국인 탈출을 보고 해외로 도피하는 발 빠른 자들

1차 탈출러쉬
- 권력층과 부유층이 먼저 탈출한다

한국 거주 외국인들의 탈출은 권력층과 부유층 탈출 러쉬의 신호탄이다. 한국에 거주하는 미국 민간인들이 한국을 빠져나가는 것을 시작으로 다른 국적의 외국인들도 탈출 행렬에 합류하기 시작한다. 외국인들이 썰물처럼 빠져나가면 한국 국민들의 불안심리가 극대화되고 탈출러쉬는 필사적이 된다.

월남의 경우, 1차 탈출러쉬, 즉 권력층과 부유층의 탈출은 자유월남이 공산화되기 2년 전부터 이미 시작되었다. 권력층과 부유층은 미군이 철수하면 곧 공산화가 되리라 예상하고 일반 서민들보다 먼저 발 빠르게 부동산을 처분하고 자금을 챙겨 국외로 탈출했다.

권력층과 부유층은 일반 서민들과 달리, 월맹의 군사동향과 미군의 철수시기 등 미국 정책의 방향에 관한 정보를 얻기 쉬웠으며, 따라서 그들은 곧 전쟁으로 월남이 적화통일되리라는 것을 미리 내다볼 수 있었기 때문이었다.

월남 국민들의 탈출러쉬
1차 탈출러쉬 : 주로 권력층, 부유층이 탈출 미군철수를 전후로 2년간에 걸쳐 이민형태로 탈출 대상국은 미국, 영국, 프랑스, 캐나다 등
2차 탈출러쉬 : 주로 일반 서민들이 탈출 월맹에 적화통일 되기 직전에 난민으로서 국외탈출 대상국은 필리핀, 인도네시아, 말레이시아, 싱가포르 등

나라가 망하자, 티우 대통령은
금괴 16t을 싣고 망명해 미국에서
억만장자로 잘 살았다.
이 금괴를 비꼬아서
'티우 골드(Thieu Gold)' 라고 불렀다.

월남이 패망한 후, 이를 두고 공산당은 '권력층과 부유층은 일찌감치[1차 탈출시기] 재산을 죄다 챙겨 도망가고 서민 쭉정이들만 남았다' 라고 불평했다.

월남 대통령, 수상 등 고위관료들도 금괴를 챙겨 미국, 영국, 프랑스 등지로 도망가서 억만장자로 잘 살았다.

🏷️ 재산가들은 자본 및 사업거점을 해외로 옮긴다

기업가와 재산가들에게서 양도세, 상속세, 증여세, 보유세, 종합부동산세, 부유세, 부자들 엿먹어봐라세, … 기타 별별 희한한 명칭의 세목가히 황구첨정/黃口簽丁, 백골징포/白骨徵布, 인징/隣徵, 족징/族徵을 연상케 하는 가렴주구을 만들어내며 혈세를 무작정 뜯어내기에 혈안이 되어 있는 통일베트남 공산좌파정권 하에서 기업 활동을 할 바보는 없다.

기업가와 부유층 재산가들은 자본을 해외로 옮겨 갈 뿐만 아니라, 아예 사업 거점도 해외로 옮겨버린다. 그러므로 1차 탈출시기에는 사람도, 돈도 떠나는 '부자들의 탈출' 이 눈여겨봐야 할 사회현상으로 떠오른다.

2014년 포브스Forbes지에 순자산 38억 달러로 억만장자리스트에 데뷔한 호앙큐Hoang Kieu같은 재벌도 이 시기에 발 빠르게 탈출해 성공한 기업인이다.

미군철수 논의가 진행되는 시점에, 이미 벌써 본국에 있는 주식과 부동산 등을 모조리 매각하고 현금화해서 해외 부동산 등을 매입하는 이들이 늘어나고 있었다. 미국이나 캐나다 등지의 부동산 시장이 아시아에서 온 자본으로 간만에 들썩이기 시작한 것은 바로 이 무렵이었다.

세계 유일의 안전지대로 손꼽히는 스위스에 뭉칫돈을 옮기는 일도 흔해졌다.

금괴와 보석, 그리고 고액의 달러화를 거액으로 숨겨둔 자산가들은 미국, 캐나다 등지로 탈출했다.

싱가포르, 말레이시아 등도 주요 탈출목적지였다. 특히 싱가포르는 예나지금이나 중국어와 영어권이면서 세금이 싸서 인기가 높다. 말레이시아는 솔개같이 세금을 뜯어내려는 빨갱이 정권도 없고 저가에 영주권을 획득할 수 있어서 인기가 있다.

공산당 정권이 지배하게 되면 기업과 재산가들에게서 피를 빨고 가혹하게 기름을 짜내려들 것이기 때문에 한 해에 3만여 명의 부자들이 긴급히 떠났다. 4만 명이 넘었다는 설도 있다.

사업가들은 놀라운 감각으로 공산당의 단계와 술수를 알아차리고 뻗쳐오는 공산당의 마수에서 먼저 탈출한 것이다.

🏷️ 대기업들도 본사를 해외로 이전한다

오늘날 대기업의 본사 해외이전은 글로벌 세계의 보편적 현상이다. 기업은 이윤추구를 목표로 하며 그 과정에서 고용을 창출하고 연관 산업의 동반발전을 촉진하는 등, 결과적으로 공익에 결정적으로 기여한다.

따라서 기업은 이윤을 최대로 얻고 각종 세제혜택과 국가적 대우와 사회적 존경을 받는 곳으로 이전하는 것이 너무나 당연한 현상이다.

예를 들어 Burger King은 Canada로 본사를 이전했고, Apple사도 본사를 2015년 Ireland로 이전했다. 심지어는 중국의 IT 대기업 Xiaomi의 지주회사持株會社, Holding company; 지배를 목적으로 다른 회사의 주식 또는 증권의 과반수를 소유하는 회사; 지배회사, 모회사도 Cayman Islands로 옮겼다. 한국에서 영업 중인 ㅋㅍ도 ㅋㅍ의 지분 100%를 가진 ㅋㅍ LLC라는 본사가 미국에 있다. 자동차 회사 피아트-클라이슬러도 본사를 네덜란드로 이전했다.

왜 다국적 기업들은 북한과 같은 공산주의 국가로 기업이전을 하지 않는가?

○파와 그 아류 나부랭이들은 기업과 기업주를 부도덕한 존재로 여기고, 기업의 이윤창출을 죄악시하고, 기업주를 적대시하고 타도의 대상으로 몰아가며, 고용을 노동착취로 왜곡 공격한다.(그 와중에도 제 자식들의 취업 청탁을 하는 등 이율배반적이고도 뻔뻔스러운 짓을 한다.)

혹독한 세금, 툭하면 세무조사, 자본주의를 부정하는 ○파 사상으로 기업을 목 조르면 기업은 활동하기 쉬운 해외로 떠나버리는 것이 당연지사일 것이다.

"앞으로 우리 기업 SONY는
국가의 규제와 간섭을 거부하겠다.
그리고 이윤이 가장 크고 규제는
가장 적은 해외로 이전하겠다."
 −모리타 아키오 소니 회장

대기업, 중소기업들이 모두 떠나버린 국가에는 기업을 못 잡아먹어 설쳐대는 종북○파 정치꾼들만 남는다. 기업이윤창출이 없어 거지 국가요, 고용창출이 없어 실업자가 넘쳐난다. 그야말로 ○파들의 지상낙원이 된다.

소니SONY의 공동 창업자 모리타 아키오盛田 昭夫, Morita Akio, 1921~1999는 1980년대 글로벌 시장에서 돌풍을 일으켰던 '워크맨Walkman 신화'의 주역이기도 하다.

제2차 세계대전 패전 후 일본의 경제부흥을 상징하는 기업인들인 마쓰시타 고노스케, 혼다 소이치로에 이어 모리타 아키오는 지금도 일본인의 존경과 사랑을 받고 있다.

종전 후 일본 기업들이 급속한 경제 부흥을 이룩하게 되었을 때, 공산좌파세력과 좌경화된 매스컴들이 소위 기업 때리기에 나서고 있었다. 기업 활동이 무슨 범죄행위나 되는 것처럼 기업에 대한 마녀사냥 분위기가 일본 열도에 번지고 있었다.

이때 모리타 회장의 한 마디가 공산좌파들의 입에 쐐기를 박아 넣었다. "앞으로 우리 기업 SONY는 국가의 좌파적 규제와 간섭을 거부하겠다. 그리고 이윤이 가장 크고 규제는 가장 적은 해외로 이전하겠다." 라고 단호하게 경고했다.

세계 각국은 타국의 기업들을 자기 나라에 유치하려고 안간힘을 쓰고 있다. 외국 대기업 회장이 자기 나라를 방문하면 미국 대통령 영접하듯 갖은 환대와 정성을 들인다.

다음은 어느 한국의 모 대기업 회장이 베트남 출장 시 경험한 '국빈급 환대'를 직접 술회한 것을 그대로 옮긴 내용이다.

"베트남 정부는 회장 일행의 공항 입국심사를 사실상 면제했다. 차량이 숙소인 호텔까지 가는 동안 현지 경찰이 에스코트했고 신호등을 통제해 단 한 번도 멈추지 않았다.

공식적으로는 사회주의의 국가인 베트남조차 이렇게 한국 기업가를 극진히 환대하고 영접한 것은 이 기업의 베트남으로의 이전이 베트남의 일자리와 소득을 늘리고 궁극적으로는 국가 경제발전에 도움이 된다는 것을 잘 알고 있었기 때문이었을 것이다."

당시 회장은 '공산사회주의 베트남에서도 기업가를 국빈으로 대우하는데, 한국에서는 기업가 알기를 무슨 … 대기업 옥죄기에 시달리느니 기업 본사 해외 이전을 서둘러 추진할 때가 된 것 같다."고 털어놓았다고 한다.

기업가를 국빈급으로 환대하는 베트남 정부
사회주의 베트남에서도 기업가를
국빈급으로 갖은 환대와 정성을 다하며,
경찰이 에스코트한다.

요즈음 SNS와 인터넷상에서는 한국의 대기업들이 본사를 해외로 옮기는 방안을 진지하게 검토하고 있다'는 설이 심심찮게 나돌고 있다. 'ㅇㅇ 해외이전', '** 본사 해외이전' 등과 같은 검색어가 자주 올라온다.

경제적 관점에서 보더라도 대기업은 본사 해외 이전이 여러 가지 면에서 유리하고 타당한 상황이다. 2015년 이래 대기업의 전체 매출 중 해외매출이 차지하는 비중이 90%를 상회한다.

이렇게 대기업들이 대부분 해외에서 외화를 벌어와 한국의 국부國富에 결정적 기여를 하고 있건만, 돌아오는 건 기업인의 애국적 성과에 대한 존경과 찬양이 아니라 압수수색에 기업주 구속이 빈번하다.

세금 측면에서도 대기업들은 대부분의 매출을 해외시장에서 올리고 있지만 본사가 한국에 있기 때문에 거의 모든 법인세를 한국에 낸다.

외국 각국은 "왜 한국 기업들이 우리나라에서 돈을 벌면서 세금은 한국에 내느냐"고 항의하고 있다.

게다가 오늘날 세계 대부분의 국가에서는 기업을 살려 고용을 창출하고 경기를 활성화시키기 위해 법인세를 대폭 낮추는 추세이다.

특히 OECD 회원국 중 미국, 일본, 영국 등 21개국이 지난 10년간 법인세율을 인하한 반면, 왼쪽으로 정권은 거꾸로 대기업에 대한 세금을 '어디 한번 엿 먹어 봐라' 하는 심보인지 징벌적 수준으로 높여가고 있다.

아이러니컬하게도 ㅇ파정권이 법인세율을 올렸지만 법인세 세수는 오히려 감소했다. 많은 기업들이 본사를 해외로 이전해 외국기업으로 변신하고 있기 때문이다.

아일랜드는 법인세율을 12.5%로 낮추었고한국은 65%, 인텔, 마이크로소프트, 구글, 애플, hp, 델, 오라클, 아마존, 페이스북, 트위터와 같은 대형 다국적기업들이 아일랜드로 기업본사를 이전했다.

지금도 본사를 해외로 옮기려고 하는 한국 기업들을 쌍수를 들어 환영하며 모셔가려는 나라들이 줄지어 서 있다. 사실 이미 상당수 한국 기업들은 공장을 국내가 아니라 해외에 짓고 있다.

얼마 전 만난 한 기업인은 "한국에서 공장 신설이나 증설은 아예 생각조차도 하지 않는다."고 잘라 말했다.

종북ㅇ파들은 김일성-김정일-김정은 일가가 독재체제를 세습하는 것에 대해서는 끽소리도 못하고 오히려 찬양하고 갖은 아부와 아양을 떨면서, 기업가에 대해서는 심지어 ㅇㅇ연금 파워를 동원해 대를 이어 피땀 흘려 일구어온 대기업 창업자 일가의 경영권 뺏기까지 시도한다.

옛날 유대인들이 하는 말에, 자식들 중, 머리 좋고 수완 좋은 자식은 기업가를 만들어 넓은 세계로 내보내고, 주변머리 없고 그저 공부만 할 줄 아는 놈은 훈장 만들고, 앞뒤 꽉 막히고 ㄷㄱㄹ 안돌아 가는 놈은 관리를 만들라고 했다.

연작이 대붕의 뜻을 알랴? 남한 좁은 땅이 천하인줄 알고 안주하며 밥그릇 싸움하느라 바쁜 정치꾼들이 전 세계를 무대로 뛰는 기업가들의 다리를 묶으려 한다면 당연히 기업가들은 해외로 무대를 옮긴다.

벌써 상당수 기업들은 기업 본사를 해외로 이전해 창업자들의 소유권과 경영권 보호수단으로도 활용하고 있다. 국내에 있어봐야 경영권이 희석되거나 정권이 뒤에서 트는 ○○연금 따위에 경영권을 빼앗기기 십상이기 때문이다.

예를 들어, ㅋㅍ 등도 미국 본사를 통해 자금조달을 받고 있으므로 경영권 희석에 대한 우려가 없다. 따라서 이런 기업들은 국내에서 과감하게 공격적인 경영을 펼칠 수 있는 것이다. 정권이 여차여차하면 나가면 그만이다. 본사가 해외에 있기에 도무지 잃을 것이 없는 그들이다.

종북○파정권은 경제를 살릴 능력은 없어도 얼치기 경제이론과 주먹구구식 경제운용으로 기업을 죽이고 경제를 거덜 내는 데는 천재적 능력이 있다. 제 자신들이 적폐이면서 적반하장으로 대기업과 기업인들을 '적폐의 대상'으로 몰아붙인다.

자국 기업들을 죽이지 못해 안달인 이상한 정권이다. 툭하면 대기업들을 압수수색하고 세무조사하다가도, 실업자가 늘어나고 각종 경제지표가 하락해 표심이 흔들려 정권유지가 걱정되면 대기업 총수들을 불러 모아놓고 고용을 늘리라고 윽박지르며 협조요청(?)을 한다.

(인터넷에 올라와 있는 글을 인용함)

msip****
얼마 전 별셋기업 등 한국의 대기업 3그룹이 본사 해외이전하려고 하자, 한국탈출러쉬에 놀란 갸들이 바짝 겁먹고 부랴부랴 루머였다고 둘러대고 막았다지? 뒤로 불러다 쪼인트 깠구만.

qhdm****
미쳤다고 이런 나라에서 기업 하냐? 나 같으면 당장 본사 해외이전 해버린다.

기업인들은 이제 지겹다고 한다. 이미 상당수 기업은 해외로 떠나 자리를 잡았고, 다른 기업들도 먼저 떠난 기업들을 부러워하며 기업해외이전을 서두르고 있다. 기업 내쫓는 나라에게 닥쳐올 미래는 어떤 모습일까.

대기업들의 본사 해외이전을 놓고 온라인 공간에서 국민들 사이에서 "이런 나라나 정권이라면 차라리 본사를 과감하게 옮기는 게 낫다"라는 동조론이 힘을 얻고 있는 점은 눈여겨봐야 할 부분이다.

한국의 대기업들은 세계무대에서 한국인의 자신감과 한국의 국격國格을 끌어올린 핵심 주역들이다. 과거에는 외국 공항에서 한국 여권 내밀 때 부끄러울 때가 많았다. 열등국가, 후진국의 시민으로 취급되었기 때문이었다.

오늘날 한국 여권을 당당하게 내밀 수 있게 만든 핵심 주역이 바로 대기업들이다. 여기에 숟가락을 얹은 것이 국민이며, 사사건건 기업의 다리를 거는 게 ○파정권이다.(그 와중에도 기업에 제 자식 취업청탁을 한다.)

대기업들이 끌어올린 한국의 국격을 정치꾼들과 얼치기 사회주의 먹물들이 끌어내리고 있다. 정치가 경제의 길을 터주는 것이 아니라, 정치가 경제의 발목을 잡는 것이다.

이 한심한 정치꾼들이야말로 청산의 대상인 '적폐'이다. 적폐가 자신이 적폐인줄 알지 못하고 사실은 너무나 잘 알고 있다 남에게 '적폐' 운운하는 현실이 바로 적반하장 블랙 코미디가 아니고 무엇이겠는가?

🏷 6.25 전쟁 때도 권력층과 부유층은 밀항선으로 탈출

과거 한국에서도 6.25 전쟁 당시 권력층과 부유층에서는 재산을 챙겨 외국으로 달아난 사람들이 많았다.

당시 한 외무부 국장은 대통령에게, "재산을 챙겨 외국으로 달아나거나 입영 대상자인 아들을 병역기피하기 위해 외국으로 나가려고 여권을 얻으려는 권력층과 부유층의 뇌물공세가 심각하다. 일단 미국 등지로 나가면 온갖 구실로 귀국하지 않는 사람들이 많다."고 보고하고 있다.

개인적인 청탁과 압력에 시달리다 못해 외무부에서는 공무 이외의 해외여행은 일체 접수조차 하지 않는다고 발표했다. 그러나 오히려 이 때문에 관용여권을 얻으려는 뒷돈의 액수만 올라가는 형편이 되었다.

6.25 전쟁이 터지자, 권력층과 부유층은 전란을 피하려 발 빠르게 이미 부산이나 제주도로 피난 간 사람들이 많았다. 역시 그들은 정보입수가 빠른 만큼 행동도 빨랐다.

정부에서 '해외도피 엄금, 제주도 피난 금지'를 발표하자, 제주도와 일본은 물론, 대만이나 미국으로 도피하려는 권력층과 부유층 여권 신청자들이 몰려들어 북새통을 이루고 있었다.

동작이 느리다는 충청도 양반들도 느리기는커녕 거기에 죄다 와 있었다. 저 아래 목포 앞바다와 흑산도 부근의 홍어잡이 배들까지 밀항선_{당시에는 '야미배' 라고 불렀다} 장사로 한 몫 챙기려 모여들었다.

국군이 낙동강 전선까지 밀리게 되자, 부산 앞바다에는 공공연히 도피 밀항선들이 정박하고 있었다. 고위층과 부유층 인사들은 부산항에 배를 대놓고 여차하면 일본으로 탈출할 생각이었던 것이다.

　당시 일본으로의 밀항 비용은 1인당 50만환, 나중에는 두 배로 뛰어올랐다. 참고로 당시 근로자들의 한 달 임금은 약 1만환 정도였다.

　당시 적발된 한 선박에서는 평소 애국을 외치던 유명 정치꾼들은 물론, 영관급 이상 고위 장성만 8명이나 체포되어 국민의 공분을 사기도 했다.

　오늘날 일본 밀항비용은 1인당 1000만 원~1500만 원 정도로 알려져 있지만 전시에는 그 두 배 이상으로 뛰어오를 것이다.

　역사는 반복된다고 했다. 한반도에서 제2의 6.25 전쟁이 나면 권력층과 부유층은 일단 쓰시마나 일본 본토는 물론, 대만 등지로 탈출한 다음, 거기서 다시 항구적으로 머물 미국, 캐나다, 호주 등지로 가려할 것으로 보인다.

고위층과 부유층 인사들은 부산항에 배를 대놓고 여의치 않으면 일본으로 탈출할 계획을 하고 있었다.

3 안보 불안감으로 급격히 무너지는 한국경제

🏷️ 주한미군이 철수하면 국민의 세 부담은 3배로 폭증

2002년 모 대선 후보가 TV 경선토론에서 몸을 굽실굽실하는 제스추어까지 해 보이며 "제가 당선되면 미국에 대해 굽신굽신거리지 않겠다."라고 대놓고 철딱서니 없는 발언을 해서 한미 양국의 관계자들로부터 비난을 받은 적이 있다.

'미국 추종외교 반대', '수평적 대등한 관계정립'을 하겠다고 큰소리치던 그가, 당선 후 미국에 가자마자, "50년 전 미국의 도움이 없었다면 지금 나는 정치범수용소에 있을 것", "머리가 아닌, 마음으로 미국에 호감을 갖게 됐다", '저희 나라' 운운하며 아부성 미국 찬사를 쏟아냈다.

반미주의자였던 그의 태도가 미국에 갔다 와서는 180도 돌변한 그 속사정은 무엇이었을까?

한국국방연구원 국방경제모형KODEM-II의 분석 결과에 의하면, 주한미군 철수 시, 한국의 국방비 부담은 GDP 대비 현재 5%의 3배인 15%로 대폭 증가가 요구된다. 즉 국민이 부담해야 할 세금이 3배 정도로 폭증한다는 뜻이다. 감당할 수 없는 수준이다.

주한미군이 철수하면 국제사회에서 한국의 국가신임도가 하락해 경제 역시 심각한 타격을 받게 된다.

특히 중동의 산유국인 사우디아라비아, 쿠웨이트 등은 전통적인 친미국가로서, 한국에 공산좌파정권이 들어설 경우, 석유수출 제한조치를 하게 되면 한국의 산업은 마비된다.

🏷️ 공산화에 대한 기업인들의 두려움

주한미군 철수 문제가 거론될 때마다, 한국 국민들의 안보불안감은 고조된다.

특히 기업가들은 주한미군의 철수 동향에 촉각을 곤두세우고 있다. 주한미군이 철수하고 나면, 한국이 처한 상황이 6.25 전쟁 직전이나 베트남에서 미군이 철수 한 후의 상황과 너무나도 흡사하게 되기 때문이다.

특히 기업가들은 베트남의 공산화가 내부의 적 베트콩_{한국의 남로당에 해당}에 의해 시작되었듯이, 한국에서도 내부의 적 '남로당'에 의한 좌경화 공작이 어느덧 한국의 자본주의 자유경제체제를 뒤흔드는 지경으로 치닫는 것이 아닌가 하고 경악하며 의심하기에 이르렀다.

6.25 전란 등 기나긴 시련의 세월을 겪으며 힘들게 일궈낸 대한민국의 경제적 성취가 빠른 속도로 하나씩 무너지고 있는 시대다.

경제가 무너지고 안보가 불안해지면서 기업과 국민들의 한국탈출 움직임이 눈여겨봐야 할 사회현상으로 떠오르고 있다.

2018년 이래로 해마다 해외이민이 3.2배로 급증하고 한국 국적 포기자도 급증해 한 해 3만 명을 돌파했다.

정세에 민감한 기업인들도 안보 불안감으로 '헬조선'을 떠나고 있다. 기업의 국내투자는 격감하는 반면 해외투자는 급증하고 있다. 국내 기업의 해외 직접투자액은 478억달러_{약 55조 5000억 원}로 1980년 통계

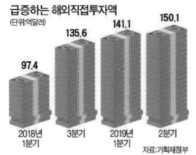

급증하는 해외직접투자액
(단위억달러)

97.4 135.6 141.1 150.1

2018년   3분기   2019년   2분기
1분기   1분기
자료:기획재정부

SOS

한국 기업,
해외투자 43.9% 증가
기업 탈출 러시

이후 최대치다. 이대로 가다가는 한국이 아주 가까운 미래에는 민주자본주의 국가로 남아있지 못할 것이라는 두려움이 낳은 결과이다.

상당수의 기업들이 그동안 해오던 사업의 정리 작업에 들어갔다. 한 번도 '탈脫 한국', '한국 탈출'을 생각해보지 않던 기업들조차 향후 계속 ○파정권이 들어선다면 더 늦기 전에 해외로 떠날 것을 진지하게 고려하게 되었다.

선진국 기업들이 속속 자국으로 투자유턴을 하고 있는 상황에 한국만 나 홀로 이 추세를 역행하는 이유는 좌경화, 사회주의화에 대한 두려움 때문이다.

기업 활동을 시장경제의 기능에 맡기는 것이 아니라 당과 정권이 제멋대로 계획경제식으로 경제를 규제하며, 갈팡질팡 수십 차례 어설픈 경제실험을 해대니 멀쩡한 모르모트라도 죽을 지경이다.

또한 거의 절반을 뜯어가는 약탈적, 징벌적 수준의 각종 세금 등 대기업을 못 잡아먹어 안달하는 ○파정권 하에서 도대체 어떤 기업인이 제 정신으로 기업을 하려 할 것이며 국내 투자를 늘리려 하겠는가?

부자와 기업인이 인민의 적으로 여겨지는 ○파의 세상이라고들 한다. 항간에는 '부자라서 죄송합니다!' 라는 비아냥거리는 우스갯소리마저 떠돌고 있는 실정이다.

'부자는 인민의 적이고, 거지가 일등국민' 인 ○파정권은 1명의 부자에게서 뜯어다 99명의 빈민에게 나누어줌으로써 부자의 1표 대신 빈민의 99표를 얻는 프롤레타리아 포퓰리즘 전략을 구사한다.

"부자 한 놈을 죽여 거지 99놈에게 나누어주라. 다수의 하층민중을 표밭으로 삼는 한 ○파의 집권은 영원하다."

"선거를 앞두고서는 하층민중에게 돈을 아끼지 말고 뿌려라. 인민들에게서 걷은 세금으로 크게 생색을 내고 표를 확보하라. 선거가 끝난 후, 돈은 다시 세금으로 바짝 조여 걷으면 된다." 이 모두 ○○당 선거전략에서 나온 말이다.

○파정권이, 잘 속아 넘어가 선동하기 쉽고 대가리수 많은 소위 '개돼지들선전선동에 부화뇌동해 손쉽게 속아 넘어가는 하층국민들을 공산당 지도부에서 얕잡아 부르는 공산주의 용어' 의 쉬운 표를 얻는 ○○주의 포퓰리즘populism; 인민주의; 일반 대중의 인기에만 영합해 목적을 얻으려는 선동정치의 한 행태; 대중영합주의라고도 함 전략에 매달리는 이유가 여기에 있다.

부자 한 놈을 죽여 거지 99놈에게 나누어주라.

다수의 하층민중을 표밭으로 삼는 한 ○파의 집권은 영원하다.

≪본문 중에서≫

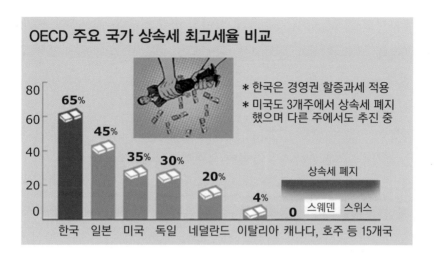

OECD 주요 국가 상속세 최고세율 비교

* 한국은 경영권 할증과세 적용
* 미국도 3개주에서 상속세 폐지했으며 다른 주에서도 추진 중

한국 65%, 일본 45%, 미국 35%, 독일 30%, 네덜란드 20%, 이탈리아 4%, 캐나다, 호주 등 15개국 0

상속세 폐지 스웨덴 스위스

현재 전 세계 모든 국가 중 상속세가 높기로는 한국이 단연 1위이다. 민중들의 표를 얻기 위해 생색을 내며 던져 줄 선심성 돈을 마련하기 위한 재원이 필요한 것이다.

대부분의 국가에는 상속세가 없다. 캐나다, 스웨덴, 이스라엘, 스위스, 인도, 호주, 뉴질랜드, 러시아, 오스트리아, 싱가포르 등 15개국은 상속세가 없다. 미국은 뉴햄프셔주, 유타주, 루이지애나주에서 상속세 폐지하였으며 다른 주들도 폐지를 추진 중에 있다.

상속세가 있던 나라에서도 상속세의 많은 모순 때문에 상속세를 없애거나 크게 낮추고 있다. 이처럼 국제적으로 '바닥으로의 질주race to the bottom'란 말이 있을 정도로 상속세를 폐지 인하하는 추세다.

그러나 한국 ○파정권에서는 홀로 역행해 현재 OECD 36개 국가들 중 가장 높은 수준인 최고 60%의 약탈적 상속증여세율로 사실상 기업을 죽이고 있다.

대기업의 경우, 50% 상속세에 경영권 할증과세할증이라는 말에는 웃음이 나온다를 더해 최고 60%의 상속세를 내게 되면 사실상 경영권을 잃을 수밖에 없다.

비상장 기업의 경우 세금 낼 재산이 없어서 주식으로 대납하면 경영권을 국가가 갖게 된다. 즉 기업이 국유화가 되는 것이다.

개인이 피땀 흘려 일구어 온 기업을 마르크스가 말하였듯이, '반역자 재산을 몰수하듯 국유화하는 것'과 무엇이 다른가? ○파정권 하에서는 기업인이나 부자가 재산을 몰수해야 하는 증오스런 반역자인가?

기업가를 증오하는 ○파가 집권하면 과세가 더욱 가혹하게 강화된다. ○파가 발의한 새로운 법이 통과되어 할증제도가 적용되면 최고세율은 78%가 된다. 이 정도면 사유재산제도를 전면 부정하려는 시도로 해석될 수밖에 없다.

| 세금이란 미명 하에 기업을 약탈하는 공산당의 국유화 정책

최근 한국에서는 많은 회사들이 상속세 때문에 사라지고 있다. 우량 중견기업들을 대를 이어 자식에게 물려주지 않고 차라리 기업을 팔아치우는 것이다.

사유재산을 부정하는 반자본주의, 반시장경제 정책으로 기업인이 자식에게 기업을 물려주면 약탈적, 징벌적 '상속세 폭탄' 때문에 경영권을 잃거나 기업의 가치보다 더 많은 현금을 세금으로 내야 하는 경우가 많다. 그러므로 상속세를 피하기 위해 많은 회사들이 폐업으로 가는 것이다.

물론 이때 기업의 축적된 핵심기술과 경영 노하우도 함께 사라지고 국가 경쟁력도 곤두박질치게 된다. 기업이 폐업함에 따라 물론 일자리도 없어진다. 그야말로 황금 알을 낳는 거위의 배를 가르는 짓이다.

상속인이 상속받는 재산은 그의 부모가 소득세 등의 세금을 내고 모은 재산이다. 부모가 모든 세금을 다 내고 모은 재산을 써버리지 않고 자식에게 물려주었을 때, 이에 대해 세금을 또 부과하는 것은 명백한 이중과세이며 위헌이다. 이러한 이유로 세계 자유민주주의 자본주의 국가에서는 상속세를 폐지하는 추세에 있다.

선진국들이 앞 다투어 상속세를 폐지하는 이유는, 후손들이 회사를 해외로 이전하지 않고, 상속받은 기업을 계속 운영해 축적된 핵심기술과 경영 노하우로 국가 경쟁력을 높일 뿐 아니라, 법인세를 내고, 고용을 창출해 실업을 해결하고, 종업원들은 자기 급여에 대한 소득세를 냄으로써 국가 세수에 기여하기 때문이다.

이처럼 기업이 존속하는 것이 국가적으로 일석이조가 아니라 일석십조의 이익이 되기 때문이다.

베네수엘라를 보라! 좌파가 집권한 나라에서는 회사들이 줄줄이 폐업해 실업자가 대량발생하고, 그러면 국가에서 실업자들에게 실업수당과 재취업 교육비 등의 사회보장비용 등 더 많은 비용을 지출해야 하는 악순환이 반복되고 있다.

베네수엘라 좌파정권은 약탈적 상속세, 부자 증오세 및 부자 징벌세의 변형인 '보유세', '종부세', 보험이란 미명의 또 하나의 부자 징벌세인 '의료보험세' … 기타 별별 희한한 명칭의 세목을 창작해내며 혈세를 뜯어내기에 혈안이 되어 있다. 이에 신물이 난 기업인들은 기업을 처분하고 해외로 떠나버리는 것이다.

옛말에 가정맹어호苛政猛於虎, 즉 가혹한 세금은 호랑이보다 무섭다고 했다. 춘추시대 말 공자가 길을 가던 중 무덤 앞에서 슬피 우는 여인을 만났다. 사연인즉 시아버지, 남편, 아들이 모두 호랑이에게 잡아먹혔다는 것이다.

공자가 '그런데 어찌해 이 산속을 떠나지 않소?' 하고 물으니, 여인은 '그래도 차라리 여기가 낫습니다. 마을로 가면 혹독한 세금 때문에 그나마 살 수가 없습니다.' 라고 대답했다.

이에 공자는 제자들에게 "보라, 가혹한 정치는 호랑이보다 더 무서운 것이니라!"라고 했다.

1894년 전라도 고부에서 일어난 동학혁명의 원인도 가혹한 세금에 항거하여 성난 민중이 봉기한 사건이었다.

공자가 살던 시대보다 더 혹독한 오늘날, 젊은 세대는 가혹한 세금 때문에 호랑이 입속에 머리를 들이민 채 결혼도 포기하고 애도 낳지 않고 사회주의 지상낙원에서 산다.

국민의 존재 이유는 세금내기 위한 것(?)
공산혁명 직후, 러시아 공산당은
권력과 돈의 맛을 알았다.
소득의 50%를 세금으로 뜯어갔다.
가만히 앉아서 국민에게 세금고지를
발송하기만 하면 돈이 들어오고
안 내면 몽둥이를 들었다.

전통적으로 공산좌파들의 세금징수는 혹독하기로 악명이 높다. 6.25 당시 공산당은 세금을 걷으려고 할 때 벼이삭의 낱알 수까지 세었다. 지독했던 일제치하에서도 그런 적은 없었다. 혹독한 공산당의 세금에 농민들의 적개심이 끓어올랐으며 이때 모두가 반공으로 돌아섰던 것이다.

공산주의자들은 경제운용에 젬병이며 기업가나 부자들을 증오하지만, 이율배반적으로 돈을 지독히도 밝혀 기업가나 부자들을 인민의 적으로 몰아 돈을 강탈하는 데는 잔머리를 잘 굴리는 족속이다.

그들은 평등한 사회를 만든답시고 어설픈 주먹구구식 경제운용으로 인민들을 실험용 쥐처럼 괴롭히다가 결국에는 하향평등화 사회를 만든다.

🏷 안보불안으로 주식시장 붕괴

안보상황에 가장 민감하게 반응하는 것이 주식시장이다. 지구 반대편에서 미사일 한 방만 쏴도, 또는 유가관련 뉴스 한 토막에도 전 세계 주식시장은 널뛰기 한다.

북한에서 미사일 발사시험을 하면 남한에서는 당장 코스피, 코스닥 지수가 급락한다. 반대로 빅텍, 스페코, 풍산홀딩스, 한화, 현대로템 등 방산업체들의 주가는 급등한다.

주식은 심리다. 월남에서도 공산주의 월맹과 거짓 평화협정이 조인되자 주식은 급등했다.

그러나 미군이 철수한다는 뉴스가 보도되자마자 주가는 폭락하기 시작했다. 73년 3월 29일 미군이 철수하고, 외국인들도 썰물처럼 빠져나가자 안보불안 심리가 순식간에 확산되면서 주식은 장바닥에 널브러진 휴지조각이 되었다.

1970년대 베트남 미군철수 전후의 주식가격 변동의 추이

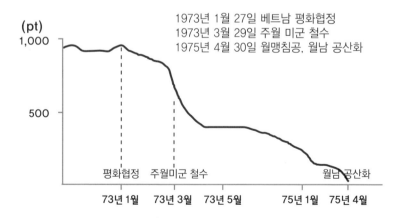

1973년 1월 27일 베트남 평화협정
1973년 3월 29일 주월 미군 철수
1975년 4월 30일 월맹침공, 월남 공산화

한국에서 주한미군이 철수하면, 아니 주한미군이 철수한다는 소문만 퍼져도 국내 주식시장은 즉시 마비된다. 주식은 휴지조각, 종이뭉치가 된다.

▌ 주식은 불타고 있는가?

🏷️ 부동산가격 폭락

　주한미군이 철수하면, 아파트 가격과 땅값은 당연히 폭락한다. 월남에서도 미군이 철수하자, 사이공 시내의 부동산은 일제히 폭락했다. 고급주택들이 헐값에 쏟아져 나와도 거들떠보는 사람은 아무도 없었다.

　적화통일 후에 이 고급주택가의 호화주택들은 공산당 간부들이 차지하게 되었다.

　주택, 토지 소유자들과 건물주들은 유산계급으로 몰려 재교육 캠프로 끌려가 강제노동을 하다가 이슬로 사라졌다. 공산좌파정권 하에서 살아남을 수 있는 것은 거지뿐이리라.

　북한에서도 해방 후 공산당 정권이 들어서자, 토지 소유자들을 지주라는 이유만으로 모조리 총살했다.

🏷️ 금값 폭등

월남 패망을 눈앞에 두고 있던 1975년 4월 18일, 북한의 김일성은 14년 만에 베이징을 방문해 "월남 방식에 의한 남반부 해방도 불사하겠다"고 선언했다.

김일성의 이 말 한마디로 한국의 국내 금값이 두 배로 폭등했고, 반대로 주식시세와 부동산값은 폭락했다.

전쟁이 나면 금값이나 보석 값이 먼저 뛰어 오른다는 사실은 삼척동자도 아는 상식이다. 전쟁이 나면 주머니에 넣고 튈 수 있기 때문이다.

그러므로 일촉즉발의 위기 때마다 시중의 골드바 판매가 급증한다. 주한미군 철수설 등 안보불안 심리가 확산될 때마다, 서울 종로 3가에 밀집해 있는 3,000여 개의 귀금속상에는 수백만 원에서 수억 원 어치의 골드바를 매입하려는 사람들이 몰려든다.

안보가 불안해지거나 ○산○파가 극성을 부릴수록, 사람들이 금을 사들이는 이유는 또 있다. 좌파가 집권하게 되면, 자식에게 부동산 등을 물려줄 경우 절반 이상을 상속세로 다 뜯어간다. 그러나 금으로 자식에게 물려줄 경우, 솔개발톱 같은 좌파정권의 혹독한 가렴주구苛斂誅求; 가혹하게 세금이나 재물을 착취함를 피할 수 있기 때문이다.

또한 적화통일 되면 공산정권이 인민들의 돈을 빼앗기 위해 반드시 실시하게 되는 화폐개혁도 피할 수 있기 때문이다.

유대인들은 항상 그들이 살던 나라에서 전쟁이나 정변으로 언제 추방될지 모르는 불안 속에 살았다. 전쟁이 나면 그들에게는 손쉽게 들고 달아날 수 있는 부피가 작고 값진 금과 보석이 제격이었다. 거액의 돈을 휴대하는 것은 부피도 크고 강탈의 위험에 노출되기 쉬웠다. 그러나 금과 보석은 세계 어느 나라에서나 통하는 만국공통의 화폐였다.

이것이 유대인들이 금과 보석에 특화된 이유다. 오늘날 세계 보석거래의 중심지인 벨기에 앤트워프 국제보석거래시장을 움직이는 것은 유대인들이다.

유대인 성姓에 골드버그, 골드스타인 등이 많은 것도 금과 보석을 다루는 직업을 가진 이들이 많았기 때문이다.

금의 가치는 전시에 확연히 드러난다. 월남 패망 때, 부자들은 너나 할 것 없이 모두 금괴나 골드바를 가지고 외국으로 날랐다. 티우 대통령도 16톤의 황금을 가지고 튀었다.

1986년 미국으로 망명한 필리핀 대통령 마르코스Ferdinand Marcos는 CIA와의 협상을 통해 자기 소유의 막대한 양의 황금을 모두 미국으로 운반해 준다는 조건하에 미국으로 망명했다. 물론 당시 마르코스가 가져간 황금의 양은 지금까지도 공개되지 않고 있으나, 약 2,000톤으로 추정되고 있다.

카다피Muammar Qaddafi 리비아 국가원수의 둘째 부인 사피아Safia도 2011년 리비아 내전으로 카다피 정권이 전복되자 그동안 남편이 무소불위 권력으로 축적해 놓았던 20t의 금과 30억 달러를 가지고 튀니지로 튀었다.

| 마르코스의 약 2,000톤의 황금

| 카다피 리비아 국가원수의 황금

📍 달러화의 폭등과 원화폭락, 그리고 외화 사재기

> 낙엽은 폴란드 망명 정부의 지폐
> 포화(砲火)에 이지러진
> 도룬 시의 가을 하늘을 생각게 한다.
> …
>
> － 김광균 시인의 '추일서정' 중에서

전쟁이 발발하면 즉시 한국을 떠나려는 시도가 있을 수 있다. 이는 사람뿐만 아니라 예금 등에도 해당한다. 그러나 전쟁 발발 시 금융권 예금 인출은 중지된다. 대규모 예금인출 사태가 혼란을 불러일으킬 수 있기 때문이다. ATM기를 이용한 출금도 금지된다.

돈도 돈 나름이다. 망해버린 나라의 돈은 돈도 아니다. 돈 역시 적화 통일되면 휴지조각에 불과하다.

"낙엽은 폴란드 망명 정부의 지폐 …". 김광균金光均 시인의 저 유명한 '추일서정秋日抒情'에 나오는 싯구이다.

시인의 말대로, 적화 통일되면 화폐는 길거리에 굴러다니는 낙엽과 같이 된다. 휴지조각이 된다.

"… 포화(砲火)에
이지러진 도룬 시의
가을 하늘 …"

폴란드 토룬(Torun) 시의
오늘날의 아름다운 모습

낙엽이 되어버린 폴란드 망명정부의 지폐, 100즐로티, 1939년(위)
적화통일 후, 휴지조각이 된 자유월남공화국의 1만동짜리 지폐(아래)

한국에서 북한이 도발해 실제 전쟁이 아닌 준전시 긴장상태만 되어
도 원화가치는 하락하고 반대로 달러화나 엔화 등의 가치는 상승한다.

2010년 3월 26일 천안함 피격사건과 2010년 11월 23일 연평도 포
격사건 등 남한정부의 안보의지와 능력을 떠보기 위해 북한이 국지적
도발을 하자, 이것이 안보불안 요인으로 작용하면서 원−달러 환율이
일시적으로 폭등하는 등 유례없이 큰 파장의 변동성을 보였다.

USD/KRW 2010년 원-달러 환율 변동추이

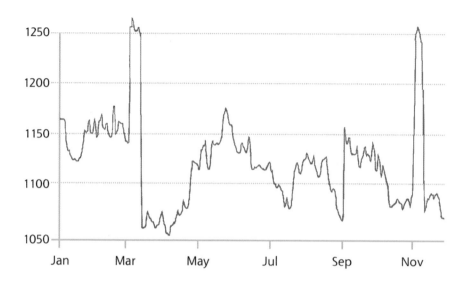

> 2010년 환율 변동추이에서 보다시피, 3월과 11월에는 안보불안으로 원-달러 환율이 1277원까지 올랐다. 즉 원화 가치가 크게 폭락했다.

이처럼 북한의 국지적 도발에도 안보불안으로 원-달러 환율이 요동친다. 주한미군이 주둔하고 있는 상황에서도 이러할진대, 하물며 주한미군이 철수하거나 전쟁이 발발하면 원화 가치가 땅바닥으로 떨어지리라는 것은 자명한 일이다. 전쟁이 나면 한국 원화는 휴지조각이 된다.

그러므로 해외에 투자해두거나 금과 같은 현물을 사두거나 달러화, 엔화, 유로화 등의 외화를 보유하는 것이 분산투자의 의미도 있을 뿐만 아니라, 비상시국에 재산을 안전하게 지키는 방법이 될 수 있다.

주한미군 철수 후, 안보불안으로 원화에 대한 신뢰도가 하락하면 원화의 가치는 더욱 더 떨어진다.

자국화폐 가치 폭락의 결과는 베네수엘라의 경우를 보면 극명하게 알 수 있다. 현재 베네수엘라에서는 경제에 젬병인 좌파정권이 재정적자를 해결한답시고 통화량만 늘여 물가가 무려 1,700,000%나 뛴 초인플레이션hyperinflation; 통제가 불가능할 정도로 극심한 인플레이션을 초래했다. 국민들이 한 달 월급으로 달걀 한 판 밖에 살 수 없는 지경이 되었다.

그러자 좌파정권은 다시금 극심한 인플레이션을 잡겠다고 화폐개혁을 해 결과적으로 서민들만 잡고 있다.

이처럼 평등사회를 외치는 공산좌파는 경제를 파탄에 이르게 하여 국민 모두를 빈곤에서 허덕이게 하는 등 하향평등화 사회를 만드는 놀라운 재주를 지니고 있다.

닭 한 마리를 사는데 필요한 화폐의 양. 양옆으로는 상품 진열대가 텅 빈 모습이 보인다.

시장에 가기위해 돈을 수레에 싣고 있는 시민
손수레를 길가에 세워두면 도둑이 돈은 버리고 손수레만 훔쳐간다는 우스갯소리도 있다.

5장

미군이 철수하면 핵무장을 해야 하는가?

1 핵무장을 할 수도 안 할 수도 없는 한국

한국은 '핵을 든 깡패들이 출몰하는 뒷골목에 버려진 아이'와 같다.

- 지정학자 에드워드 밀러

미군이 철수하면 동아시아에 힘의 공백이 생기고, 남한은 북한, 중국, 러시아, 일본과 같은 핵 강국들과 군사강국에 둘러싸인 가운데 놓인 무주공산의 먹잇감으로 전락해 안보불안에 떨게 된다. 이것이 바로 한국이 처한 현실이다.

과거 박정희 정권 때 한국으로 하여금 핵무기 개발에 나서도록 한 원인제공자는 미국이었다. 역설적으로 한국의 핵 개발을 온갖 방해공작으로 좌절시킨 것 역시 미국이었다.

한국의 핵 개발 추진은 미국의 주한미군 철수정책에서 연유했다. 남북 간 군사적 긴장상태가 극으로 치닫던 1969년 미국 닉슨 행정부는 닉슨 독트린Nixon Doctrine을 발표하고 주한미군 철수 움직임을 본격화했다.

닉슨 독트린의 골자는 미국은 자국의 과중한 군사적 부담을 피하기 위해 아시아에 개입하는 것을 최소화할 것이며, 따라서 아시아 각 국은 아시아 문제를 스스로 알아서 해결하라는 것이었다.

닉슨 독트린으로 직격탄을 맞은 세 나라는 분단 상태로 적과 대치하고 있던 베트남, 대만, 그리고 한국이었다. 1971년 3월 한국에 주둔해오던 미 지상군 7사단이 철수했다. 이에 따라 2사단만 남게 되었다.

베트남은 미군이 1973년 1월 27일 철수한 지 2년 뒤 1975년 4월 30일 월맹군에 무너져 공산화되었으며 1,000만 명 이상의 월남국민들이 희생되었다.

여기서 질문을 한 가지 하고자 한다. 만일 월남이 핵무장을 하고 있었더라면 월맹에 적화 통일되어 천만 명이나 되는 국민들이 비참하게 죽어갔겠는가?

🏷️ 미군이 철수하자, 자구책으로 핵개발에 나선 한국

6.25 전쟁이 일어나게 된 직접적 원인은 주한미군 철수에 있었다.

그런데 카터Jimmy Carter, 미 39대 대통령, 재임 1977-1981가 대통령으로 당선되자 한국은 또 다시 제2의 6.25 사변의 전화를 겪게 될 위기에 처하게 된다. 카터가 선거공약으로 국방비 감축을 위해 주한미군 철수를 들고 나왔기 때문이었다.

카터 대통령은 미국 내에서 거의 짐승에 가까운 취급을 당하는 등 전근대적인 인종차별을 겪고 있는 자국 내의 흑인인권문제나 북한의 비참한 인권상황에 대해서는 한 마디 언급조차 하지 않은 채, 한국에만 인권문제를 제기했다.

이는 그야말로 "남의 눈 속의 티는 보면서, 네 눈 속의 들보는 깨닫지 못하느냐?[마태복음 7:3]"라는 예수님의 질타를 생각나게 하는 행태였던 것이다.

카터는 소위 '인권외교' 운운하는 어설픈 정책으로 주한미군 철수를 들먹여 북한 김일성의 가슴을 설레게 했다.

김일성은 6.25에 이어 다시금 남침할 절호의 기회가 왔다는 생각에 너무 기뻐 밤잠을 설쳤다고 한다.

김일성을 만나 기뻐하는 카터. 1994년 6월 유람선상에서
한국에는 인권문제와 민주화를 요구하던 그가 김일성을
만났을 때는 북한주민들이 처한 비참한 인권상황을 알면서도
그 점에 대해서는 단 한마디 언급도 하지 않았다.
특히 김일성은 신병을 앓고 있던 카터에게 영약 산삼을
여러 상자씩 아끼지 않고 주어 건강을 회복하게 되자
카터와 김일성과의 친교는 더욱 깊어지게 되었다.
산삼 선물 덕분인지, 카터는 100세 가까이 장수하고 있다.

카터 행정부가 주한미군을 완전히 철수시킨다는 정책을 추진하자, 당시 한국국민 사이에서는 안보에 대한 불안감이 전염병처럼 퍼져나갔으며 이민 가려는 권력층과 부유층 사람들이 줄을 이었다.

당시 한국정부는 주한미군의 철수가 현실로 닥치고 북한의 위협 앞에서 더 이상 미국의 핵우산을 믿을 수 없게 되자, 국민의 생존과 국가안보를 위한 자구책으로 핵 개발을 결심하게 된다.

그러나 미국은 핵 보유 강대국 자신들은 핵을 가지면서도 다른 약소국들은 핵을 갖지도, 개발조차 하지 못하게 하는 소위 핵 패권nuclear hegemony을 행사해왔다. 그들의 핵 보유에 대한 논리는 '내가 핵을 갖는 것은 정의를 위한 것이요, 네가 가지면 침략을 위한 것이니 안 된다' 라는 식이다.

미국이 이스라엘, 인도, 파키스탄 등의 핵개발은 유야무야 눈감아주면서, 유독 철두철미하게 핵 패권을 행사하여 핵개발을 막은 대표적 국가가 바로 한국이었다. 한국은 핵이 없는 약소국의 설움을 뼈저리게 당했다.

미국은 북한의 핵에 대해서는 아무런 실질적인 제재조치도 취하지 못하는 무능함을 드러내고 결국에는 사실상 북한을 핵보유국으로 인정하기에 이르렀다.
그러나 유독 한국에 대해서만은 이상하리만큼 무소불위의 힘을 휘두르며 한국의 핵 개발을 막았다.

≪제5, 6, 7장은 《중국, 조선민주주의인민공화국을 접수하다》에서
관련부분을 발췌 인용함≫

2 북핵에 대한 한국인들의 착각

꼬끼요, 꼬끼요,
          ...
간난이 뛰어가 보니
달걀은 무슨 달걀,

고놈의 암탉이
대낮에 새빨간
거짓부리 한걸.

- 윤동주 시인의 '거짓부리' 중에서

🏷 대명천지에 새빨간 거짓부리

종북○파들은 북한의 핵개발은 미국에 맞서기 위한 불가피한 조치일 뿐, 결코 동족인 남한사람들에게 핵폭탄을 쏘지는 않을 것이라고 북한의 대변인 역할까지 한다.

모 선상님은 2009년 6 · 15 선언 뒤 서울공항에서 "이제 전쟁은 없다. 북한은 핵개발을 하지 않을 것이다."라고 거짓말을 했다.

나중에 이 거짓말이 들통 나고 북한 핵이 미국까지 위협하는 심각한 상황이 되자, 한 시사프로그램에서는 시작하자마자 김추자의 '거짓말이야!' 가 배경음악으로 나와 방청객들을 크게 웃겼다.

그러나 북한은 남한 ○파들의 집권기간 동안 소위 '햇볕정책', '달빛정책'을 비웃으며, 남한○파정권이 상납한 핵개발 자금으로 핵무기를 완성해 나갔다. 한편 남한주재 북한 대변인 노릇을 하는 왼쪽으로 정치꾼들은 그들 사상의 조국 북한 감싸기에 바빴다.

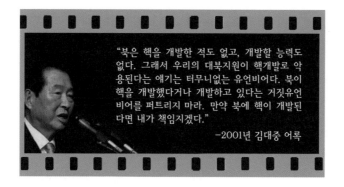

"북은 핵을 개발한 적도 없고, 개발할 능력도 없다. 그래서 우리의 대북지원이 핵개발로 악용된다는 얘기는 터무니없는 유언비어다. 북이 핵을 개발했다거나 개발하고 있다는 거짓유언비어를 퍼트리지 마라. 만약 북에 핵이 개발된다면 내가 책임지겠다."

-2001년 김대중 어록

"북은 핵을 개발한 적도 없고, 개발할 능력도 없다. 그래서 우리의 대북지원금핵개발 자금이 핵개발로 악용된다는 얘기는 터무니없는 유언비어다. 북이 핵을 개발했다거나 개발하고 있다는 거짓유언비어를 퍼트리지 마라. 만약 북에 핵이 개발된다면 내가 책임지겠다."   - 2001년 김대중 어록

"북한은 체제 안전을 보장받으면, 핵 개발을 포기할 것이며 누구를 공격하거나 테러를 위해 핵개발을 한다고 단정할 수 없다."

- 2004년 11월 15일 노무현 어록

이처럼 북한에는 핵도 없고 남한은 북한의 핵 공격을 신경 쓸 필요도 없단다. '말 많으면 ㄱㅅㄷ 아니면 ○○쟁이'라더니, 거짓말 하나는 참 잘한다.

북한은 한국을 주적主敵으로 규정하고 있다. 북한은 지금도 적화 통일되면 남한 국민은 동포가 아니라, 다 죽여야 하는 적이라고 교육시키고 있다.

예를 들어, 북한 사람이 해외에서 일본인이나 미국인을 만나 대화해도 처벌받지 않는다. 그러나 한국 사람을 만난 사실이 발각되면 엄중한 처벌을 받는다.

상품도 일제 TV는 북한으로 반입이 가능하지만 한국제 TV는 북한 세관에서 모조리 빼앗긴다. 남한드라마를 보거나 막대 커피^{남한식 커피믹스}를 마시거나 말하는 밥가마^{한국산 밥솥}를 쓰다가 적발되면 정치범 수용소로 끌려간다.

종북○파들의 사상의 조국 '부카니스탄^{Bukhanistan; 좌파공산독재체제의 북한에 대한 경멸어}'은 오늘도 남녘동포를 일거에 싹 쓸어버릴 핵미사일 개발에 여념이 없다.

여기서 북한 핵무기에 대해 한국민들은 물론 국제사회에서도 흔히 하는 몇 가지 심각한 착각에 대해 살펴보고자 한다. 착각은 자유이나 그 결과는 참담하기 이를 데 없다.

🏷️ 북한은 리비아가 아니다

첫 번째 착각은 미국이 북한의 체제를 보장하겠다고 협상하면 북한이 핵무기를 포기할 것이라는 생각이다. 이른바 '리비아식 핵 폐기 모델'이다.

"북한의 경우는
인도의 경우와 비슷한데도
북핵은 안 되고
인도는 핵무기를 가져도 되는지
나는 이해할 수 없습니다."
북한을 옹호하고 대변하며, 노무현 2006.8.13

미국이 체제보장이라는 미끼를 던지자 덥석 문 경우가 리비아 카다피 정권이었다. 미국은 리비아가 핵 프로그램을 포기하면 카다피 정권의 체제를 보장하겠다고 약속했다.

결국 순진하게도 이를 믿고 핵 포기에 합의한 리비아의 카다피 정권은 무너졌고, 카다피는 처참하게 죽었다.

미국은 한국역사를 공부했어야 했다. 숙제를 좀 더 했어야 했다. 자만한 미국은 일찍이 수·당 두 대제국을 격파했던 고구려인의 기질을 몰랐다. 미국이 북한을 적당히 협상으로 구슬리면 넘어가는 사막나라 리비아의 사촌쯤으로 본 것은 크나큰 실수였다.

미국은 카다피 낚시전략리비아식 핵 폐기을 북한에도 적용하려고 무진 애를 썼으나 결국 실패했다.

오히려 역으로 미국이 북-미 평화협정에 조인하고 북한이 남한을 접수하도록 눈감아준다면, 북한은 미국본토에 핵 공격을 퍼부어 미국 시민들을 대량 살상케 하지는 않겠다는 거래를 하자고 미끼를 던지고 있는 상황이다.

북한은 카다피의 파멸을 보고 배우지 못할 만큼 바보가 아니다. 북한은 핵을 포기하는 순간 스스로의 무너질 것임을 알고 있다. 북한에게는 '핵이 곧 정권' 이다.

사살되기 직전의 독재자
독재자들은 압제받던 시민들의 손에 죽을 것이라는 생각을 하지 못한다. 그는 시민군에게 개처럼 끌려 다니다가 마지막에 목숨을 구걸했으나 사살되었다. 권총으로 사살되기 직전, 저 공포에 질린 눈을 보라!

and there he was reduced to nothing and killed.

📍 미국의 핵우산은 찢어진 우산

두 번째 착각은 핵우산核雨傘; nuclear umbrella에 대한 착각이다. 미국이 제공하는 핵우산이 북한의 핵 공격을 막아준다는 착각이다.

국민들은 핵우산이란, 말 그대로 우산을 써서 비를 막듯이, 패트리어트나 싸드 미사일 등으로 방어막을 구축해 날아오는 북한 핵미사일을 막는 미사일 방어체계 정도로 잘못 알고 있다.

그러나 핵우산은 그런 것이 아니다. 핵우산이란, 핵무기 비보유국한국 등이 핵 공격을 받으면 핵을 가진 미국이 대신 보복해준다는 개념이다. 다시 말해, 한국이 북한으로부터 핵 공격을 당하면, 미국은 미 본토가 공격당한 것과 동일하게 간주해 북한에 핵폭탄으로 보복해준다는 것이다.

아이들로 비유하자면, 동생이 골목에서 놀다가 코피를 흘리고 오면 형이 대신 나서서 그 때린 놈을 똑같이 코피가 나오도록 흠씬 패준다는 얘기다.

미국은 동맹국 한국이 미국의 핵우산 아래에 있는 한, 한국이 핵 공격을 당하면 대륙간탄도탄ICBM, 잠수함발사탄도미사일SLBM, 전략폭격기 등의 첨단 핵 투발수단으로 북한에 철저한 핵 보복을 해줄 것이라고 한국을 다독인다. 사실 핵우산 전략은 핵 확장억제Extended Nuclear Deterrence의 일환인 것이다.

그러나 핵우산 전략에는 치명적인 문제점이 있다. 한국이 미국의 핵우산 아래에 들어가 있지만, 한국이 북한의 핵 공격을 받아야 핵우산이 발동되는 모순된 상황이 벌어진다.

염려 마시오!
동맹국
모두 보호해
주겠소!

핵우산의 문제점은
원님 행차 뒤에 나팔 불기
라는 점이다

　다시 말해, 북한이 발사한 핵무기나 생화학무기에 의해 서울과 주요 도시들이 싹쓸이 당하고 난 후, 미국이 북한에 핵 보복공격을 한들 무슨 소용이 있다는 말인가?

　한국은 지나친 도시화로 밀집되어 있어 북한 핵이 단 한 발만 떨어져도 극심한 파괴와 수천만의 인명피해로 사실상 국가가 사라져버린 뒤일 것이다. 원님 행차 뒤에 나팔 불기라는 이야기다.

　핵우산 전략에는 또 하나의 치명적인 문제점이 있다. 향후 전시작전통제권Wartime Operational Control of South Korea's Armed Forces; 한반도 전쟁 발발 시 주한미군 사령관이 국군의 작전을 통제할 수 있는 권한이 반환되고 한미연합사가 해체되면, 미국의 자동개입은 사실상 없어진다. 따라서 북한이 핵 공격을 하더라도 미국이 보복공격을 하기 위해서는 의회의 승인을 얻어야 한다.

　또한 한미연합사가 해체된 마당에, 한국이 북한의 핵 공격을 받았다 할지라도 미 대통령이 본토의 LA, 뉴욕, 워싱턴 등을 북한의 핵공격에 노출시키는 위험을 무릅쓰면서까지 한국을 위해 핵무기로 평양을 때리는 결단을 내릴 수 있겠는가?

미국의 아킬레스건은 북한이 미 본토에 대한 핵 공격으로 미국시민들이 희생당하는 것을 두려워한다는 점이다. 미 본토가 북한의 핵 공격을 받게 될 위험성에 미국은 몸을 사릴 수밖에 없다. 북한의 핵 도발에 대해 미국은 겉으로는 괜찮은 척 하고 있지만 속으로는 노심초사하고 있다.

북한은 이 점을 이용해 미국과의 빅딜을 노리고 있다. 즉 미국과 북한이 북-미 평화조약 내지는 불가침조약을 맺는 것이다.

그 대가로 북한은 미국본토에 핵공격을 하지 않는 대신, 미국은 과거 월남에서와 같이 한국에서 주한미군을 철수시키고 북한이 한국을 적화 통일시키더라도 한반도에 미군을 파견하는 등의 간섭을 하지 않는다는 물밑거래이다.

북한 핵이 이제는 미국의 핵억제 능력에서 벗어나 미국이 북핵 포기를 강제할 방법이 더 이상 없다는 얘기다.

미 본토가 북한 대포동 미사일에 의혜 핵 공격을 받아 초토화될 상황이 되면 미국이 한국을 돕지 못할 수도 있다.

이 때문에 국제사회에서는 미국의 핵우산이 북한의 핵위협에 제대로 억지력도 발휘하지 못하는 '찢어진 우산' 으로 전락했다는 지적이 나오고 있는 것이다.

🏷 중국을 움직여 북한 핵을 폐기하게 한다고?

세 번째 착각은 중국을 움직여 북핵 문제를 해결할 수 있다는 넌센스다. 중국이 북한의 혈맹이므로, 또는 중국이 북한 대외무역의 90%를 차지하고 있으며 원조도 하기 때문에, 중국이 북핵에 영향력을 행사할 수 있다고 생각하는 것은 잘못된 생각이다.

중국은 패권경쟁을 하고 있는 미국과 직접 맞닿는 것을 껄끄러워한다. 현재 북한은 미군이 주둔하고 있는 남한과 중국 사이에 놓여있다. 즉 북한이 중국의 안보를 위한 지정학적 완충지대 역할을 해주고 있는 것이다.

그러므로 중국은 북한 정권이 붕괴되는 것보다는 차라리 핵을 보유한 북한과 공존하는 편이 낫다고 본다. 이처럼 중국과 북한은 순망치한脣亡齒寒; 입술이 없으면 이가 시리다의 관계이다.

≪중국, 조선민주주의인민공화국을 접수하다, 109-111에서 발췌≫

중국의 한반도 정책은 바뀔 가능성은 전혀 없다. 중국은 인도와 파키스탄, 러시아 등 핵보유국으로 둘러싸여 있다. 그래서 북한 핵무장이 중국에게는 그리 충격적이지도 않다. 한반도 비핵화 따위보다는 북한의 체제안정이 중국에게는 더 중요한 것이다.

중국은 북한의 핵실험이나 전략미사일실험에 불쾌해하는 것은 맞지만 북핵과 핵 투발수단이 궁극적으로는 중국의 숙적인 미국에 맞서는 수단임을 인식하고 있다. 따라서 중국이 북한으로 하여금 핵 폐기를 하도록 압박할 이유는 전혀 없는 것이다.

중국을 움직여 북한으로 하여금 핵 폐기를 하도록 유도한다는 것은 대단한 착각이자 환상이다.

3 한국은 왜 핵무장을 해야 하는가?

🏷 생존을 위한 자주적 핵 억제력

최근 핵 주권이라는 말이 다시 중요한 이슈로 등장하고 있다. 북한을 포함한 핵보유국으로 둘러싸인 한반도 상황에서 한국이 생존하기 위해서는 자주적 핵 억제력이 필요하기 때문이다. 핵무기가 없으면 국가의 주권마저 제대로 행사할 수 없는 것이 현실이다. 힘없는 평화는 환상에 불과한 것이다.

우리는 왜 핵무장을 해야 하는가? 그 대답은 미국과 북한을 예로 보면 간단히 얻을 수 있다.

북한이 미국에 맞서 지금 큰소리를 치고 있는 것은 핵무기를 가지고 있기 때문이다. 북한의 미국본토에 대한 핵 공격 위험성을 의식해야 하는 미국으로서는 북한에 마음대로 대응하기 어렵다.

"북한의 미국본토에 대한 핵 공격 위험성을 의식해야 하는 미국으로서는 북한에 마음대로 대응하기 어렵다."

《본문 중에서》

미국이 북한에게 큰소리치지만
미국도 북한의 핵 공격이 두렵다

북한이 종주국 중국에마저 겁을 주어 중국이 수도를 옮길 생각을 하게 만들고, 또한 자기들보다 수십 배나 경제력이 강하고 잘사는 한국을 하인 보듯 우습게 여기는 것도 핵무기를 가지고 있기 때문이다.

심지어 북한은 핵미사일을 발사하지 않고 가지고만 있어도, ○쪽 ○북정권이 바치는 조공품朝貢品 귤북한은 로동신문에서 이 귤을 '괴뢰가 보내 온 전리품'이라고 표현이 저절로 굴러들어오고 쌀이 저절로 들어와 군량미 문제를 해결하게 해주는 마술을 부리기까지 했다. 그 바람에 남한의 귤값, 쌀값이 크게 오르고 쌀 비축창고가 텅 비게 되었다.

만일 남한 역시 핵무장을 하고 있다면 북한이 감히 지금처럼 남한정권을 하인 부리듯 할 수 있겠는가?

만일 한국이 핵을 보유하고 있어 북한이 감히 넘보지 못하는 상황이라면, 미국이 한국의 취약한 안보상황을 빌미삼아 한물 간 구식 무기를 바가지 씌워 팔아치우는 만만한 시장으로 여길 수 있겠는가?

일본이 독도를 점령한들 한국이 재래식 무기로 뭘 어쩔 것인가? 중국이 영해와 영공을 침범해도, 사드 보복을 해도, 남한정권은 중국 앞에서 설설 길뿐이다. 동북공정으로 고구려 역사와 간도 반환문제 등을 말도 못 꺼내게 밟아놓고, 단군, 김치, 한복, 단오 등 역사문화를 강탈해가도 어찌 감히 종주국 중국에 맞설 수 있으랴?

이 모두가 핵을 보유하지 못한 국가, 소한민국이기 때문에 겪는 수모이다.

한국은 '핵을 든 깡패들이 출몰하는 뒷골목에 버려진 아이' 신세와 같다고 하며, 한국의 안보에 관해 많은 조언을 해 준 에드워드 밀러 박사의 말이 다시금 가슴에 와 닿는다.

4 누가 한국의 핵 개발을 가로막는가?

🏷 바가지 쓰며 재래식 무기나 사다 쓰라는 미국

"한국관계당국이 잘못된 결정wrong decision; 미국 F-15 기종이 아닌 프랑스의 라팔 기종
을 선정을 할 경우, 이것은 38,000명의 주한미군철수로 이어질 수 있으며 한국
에 대한 군사지원도 중단될 수 있다."

- (전투기 입찰 과정에서 미제 전투기 선정을 강요하며)
도날드 럼스펠드 미 국방장관

1993년부터 한국의 차세대 전투기를 선정하는 F-X사업차기전투기(FX;
Fighter eXperimental) 도입사업이 시작되자, 예상했던 대로 한국 국방부 관계자들
은 서슬 퍼런 미국의 압력에 직면하게 되었다.

로비를 위해 내한한 몇몇 상원의원들은 주한미군과 한미관계를 연계
시켜 정치적 압력을 행사했다. 미 국방장관은 수차례 서한을 한국에 전
달해 그 압박의 수위를 더했다.

한국의 영공을 지킬 전투기를 그 성능과 가격을 기준으로 선정해서 구
입하는 것이 아니라, 미국의 횡포에 가까운 엄포와 압력에 의해 우격다
짐으로 구입해야 하는 약소국의 위상과 현실을 일깨워주었다.

무기수입이 미국으로만 편향되는데 대해 가장 자주 들먹이는 이유로
무기의 상호운영성과 더불어 '한-미 공조'란 말이 있다. 한미공조란 한
미 양국은 70년간의 혈맹관계이며 현재에도 주한미군이 주둔하며 한국
안보를 책임지고 있으니 한국도 미국에 합당한 협력사실상 미제 전투기를 비롯한
미국 무기를 구매하라는 압력을 하라는 것이다.

외교적 언사로 말하면 한미공조이지만, 직설적으로 말하면 미국의 강압에 바가지 써가면서 구식무기를 팔아줄 수밖에 없다는 얘기다. 한국의 해외구입 무기의 80% 이상이 미제인 이유이다. 사실상 독점이다.

사실 무기수입선 다변화를 통해 프랑스, 독일, 이스라엘, 러시아 등 해외시장에서 가성비 좋은 무기를 구입할 수 있다. 그러나 현실적으로 무기도입 다변화는 미국의 압력을 무시할 수 없는 우리로서는 쉽지 않은 실정이다. 우리 국방부 관계자들의 고충이 실로 눈물겹기만 하다.

미국이 한국의 핵 개발을 막으려하는 이유 중의 하나는 한국이라는 상당히 짭짤한 전투기 시장이자 군수무기시장을 잃게 되기 때문이었다.

일단 한국이 핵무기를 보유하게 되면 전투기와 기타 재래식 무기구입은 줄어들 것이며, 더구나 한국이 무기 국산화사업을 계속 추진하고 있고 한국의 방위산업이 빠르게 발전하고 있어 미국의 재래식 무기 수출은 더욱 타격을 입게 될 것이기 때문이다.

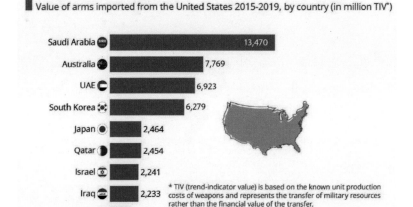

The USA's Biggest Arms Export Partners
Value of arms imported from the United States 2015-2019, by country (in million TIV*)

Saudi Arabia — 13,470
Australia — 7,769
UAE — 6,923
South Korea — 6,279
Japan — 2,464
Qatar — 2,454
Israel — 2,241
Iraq — 2,233
United Kingdom — 1,674
Italy — 1,393

* TIV (trend-indicator value) is based on the known unit production costs of weapons and represents the transfer of military resources rather than the financial value of the transfer.
Source: Stockholm International Peace Research Institute

미국은 한국이 물고기 잡는 법을 배우기를 원치 않는다. 미국이 잡아놓은 물고기를 사 가기를 원할 뿐이다. 즉, 미국의 입장은 한국이 핵무기 개발을 하지 말고, 자국산 재래식 무기, 그것도 한물 간 구닥다리 모델을 비싼 값에 구입해서 쓰라는 것이다.

한국으로 하여금 핵개발을 하지 못하게 하여, 한국을 영원히 미국의 재래식 무기나 팔아먹는 만만한 시장으로 잡아두려는 군산업체의 계산이 깔려있는 것이다.

과거 소련은 북한에 최신 무기를 저렴한 가격과 기술이전을 포함한 좋은 조건에 제공했다. 그 덕택에 북한은 이미 1960년대에 탱크를 자체 생산했으며 소련제 전투기를 조립 생산하는 수준에 올라 있었다.

핵개발에 있어서도 북한은 1956년 핵물리학자 30명을 소련에 유학시킨 것을 시작으로 현재 북한에서 핵 개발을 주도하는 연구 인력은 소련 드브나Dubna 연합핵연구소에 유학한 핵과학자를 포함해 약 3,000명에 달한다.

1965년 8월 영변에 설치된 출력 2000~4000킬로와트의 북한의 원자로 제1호기도 소련이 제공한 것이다.

한편 한국의 혈맹이라는 미국은 무기도입조건에 있어서도 혈맹치고는 지나치게 인색하다. 러시아제 무기에 비해 미제 무기는 비슷한 성능이라도 무슨 금칠이라도 했는지 유독 비싼데다가 기술 이전도 거의 없으며, 선택사양마다 별도의 추가비용이 붙어 어떤 경우에는 배보다 배꼽이 더 크다.

유지보수비용 또한 눈이 튀어나올 만큼 비싸서 전투기 같은 경우 10년만 운용하면 유지보수비용으로 전투기 한 대 값이 다 들어간다. 바가지도 이런 바가지가 없다.

◆ 북한과 종북좌파는 한국의 핵무장이 두려워

한반도의 남북분단 이후, 북한은 한시도 쉬지 않고 무력에 의한 남한 적화통일을 획책해 왔다.

그러나 결국 남북 대결에서 오늘날 남한이 놀라운 경제성장을 통해 막강한 국력을 갖게 된 반면, 북한이 우위를 점하고 있는 것은 군사력 뿐인데, 특히 핵미사일과 SLBM 등에 한정된다.

북한과 종북○파는 한국의 핵무장을 두려워 한다. 한국이 핵으로 무장하게 되면, 현재 경제가 결단 난 북한으로서는 오로지 핵 보유로 인해 가지고 있는 군사적 우위마저 잃게 되고, 또한 적화통일도 멀어지게 되기 때문이다.

1997년 2월 남한으로 망명한 황장엽 전 노동당 비서에 따르면, 미국 말고도 한국 내부적으로, 한국의 핵무장에 걸림돌이 되는 것은 종북○파세력이라는 것이다.

남한에서 암약하고 있는 5만 명의 고정간첩들과 프락치 종북세력이 그들의 사상의 조국 북한이 가지고 있는 핵무기라는 유일한 우위를 잃지 않도록 한국의 핵무장을 결사적으로 막으려 한다는 것이다.

한국이 일단 핵무기를 보유하게 되면, 온갖 잡소리는 소멸되고 북한도 더 이상 안하무인으로 날뛸 수 없게 된다.

안타깝게도 황 전 노동당 비서의 "북한 핵개발에 자금을 몰래 지원한 햇볕정책은 역사상 최대의 기만"이라는 애국·애족적 호소는 친북○파 정권 하에서 압살되고 말았다.

≪중국, 조선민주주의인민공화국을 접수하다, pp211~220에서 발췌≫

미군철수 후에는 공산종북좌파들의 세상

1 미군철수하면 한국은 주변강국들 패권각축장으로 전락

중국은 1988년 이래로 남중국해 스프래틀리 군도Spratly Islands; 중국명 난샤군도/南沙群島와 스카버러 섬Scarborough Shoal; 중국명 황옌다오/黃岩島을 둘러싸고 베트남, 말레이시아, 필리핀, 인도네시아, 브루나이, 타이완과 영토 분쟁을 일으키고 있다.

여기서 우리가 주목할 필요가 있는 한 가지 특이한 현상은 해양 영토를 넓혀가는 데 그토록 광분하고 있던 중국이 유독 필리핀이 실효 지배하고 있던 섬들만은 전혀 건드리지 못했다는 사실이다. 당시 필리핀에는 최강의 미군이 주둔하고 있었기 때문이었다.

이것은 터키가 시리아에 주둔 중인 미군 때문에 섣불리 쿠르드족을 공격하지 못하고 있던 것과 같은 이치다.

그런데 공산좌파의 선전선동에 속아 넘어간 필리핀 기층국민들이 "양키 고우 홈!"을 줄기차게 외쳐대자, 미군은 학을 떼고 떠나버렸다.

필리핀에서 미군이 떠나 남중국해에 힘의 공백이 생기자, 중국은 기다렸다는 듯이 무력으로 밀고 들어와 필리핀 본토 앞의 스카버러 섬을 점령해버렸다.

스카버러 섬 주위는 필리핀 루손Luzon 섬에서 가까운 근해 어장이지만 중국이 무단 점거해 실효 지배하면서 필리핀 어선의 접근을 봉쇄하고 있다.

한국이 필리핀이나 시리아 미군 철수를 강 건너 불구경하듯 할 문제가 아니다. 안 그래도 미국은 군비가 많이 드는 해외 주둔군의 규모를 축소하거나 세계 지역안보에서 발을 빼는 추세이다. 따라서 노골적인 반미성향으로 빨갛게 물든 한국에서 미군철수는 언제라도 갑자기 현실로 닥칠 수 있다.

시리아주둔 미군의 철수는 미국이 과거와 달리 지역안보문제에서 발을 빼려하고 있으며, 주한미군 역시 철수의 득실, 철수의 시기와 명분을 계산하고 있음을 상기시켜준다.

우리는 주위에서 종종 강대국에 반대하는 것이 곧 우리의 주권을 회복하는 애국의 길이라고 착각하는 이들을 본다. 착각도 큰 착각이다.

우리가 필리핀이나 쿠르드족의 경우에서 얻을 수 있는 교훈은 여기에 있다. 즉 주한미군이 철수하면, 힘의 공백이 발생하고 헤게모니를 장악하기 위해 주변강국들이 군사개입을 하여 그야말로 한반도는 주변강국들의 패권각축장으로 전락한다는 점이다. 육지에서는 물론 삼면이 바다인 한국의 제해권을 놓고 각축을 벌일 것이라는 점이다.

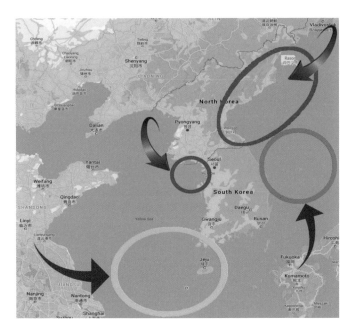

주한미군의 철수로 생긴 힘의 공백을 틈타, 한반도 주변의 강대국들이 몰려들어 한국영토와 영해를 침범하고 점령할 계획이다. 마치 백 년 전 한반도의 모습 그대로이다.

📍 중·러·일·북한에 둘러싸인 사면초가의 한국

주한미군이 철수해 한반도에 힘의 공백이 생기면, 지정학적, 국제정치학적으로 한국은 주변강국들의 위협에 시달리게 되어 있다.

가장 먼저 중국은 이어도와 제주도를 점령해 일본을 견제한다는 내부전략을 세워두고 있다.

중국은 국제수로기구IHO를 조종하여 지도상에서 서해西海; 한반도의 서쪽바다라는 뜻으로, 한국령이라는 뜻라는 용어를 삭제해버리고 황해黃海; 중국 황하의 토사가 유입되는 황색 바다라는 뜻으로, 중국령이라는 뜻; 황해도(고려시대에는 서해도)는 황주·해주의 줄임말로 황해와 관련 없음로 바꾼다. 서해와 남해는 모두 중국해로 바뀌고, 중국어선단의 등쌀에 한국 사람들은 조기, 멸치, 갈치 같은 것은 앞으로는 구경도 못하게 된다.

중국이 백령도와 인천을 교두보로 삼기 위해 점령한다는 미 국방성 정보도 있다. 이곳이 중국 산동반도와 요동반도로 갈 수 있는 중국, 한국, 일본 3국을 잇는 통로이자, 군사적으로 중요한 해상의 요충지이기 때문이다.

북한은 남한 종북○파정권의 NLL^{Northern Limit Line; 북방한계선} 포기 언질을 명분으로, 백령도 등 서해 5개 도서^{백령도 · 대청도 · 소청도 · 연평도 · 우도}를 불시에 무력 점령하고 서해상륙 거점과 서울침공 루트를 확보한다.

미국 허드슨연구소^{Hudson Institute}의 분석에 따르면, 러시아는 북한의 나진, 함흥, 원산지역의 부동항을 확보해 일본의 동해진출을 견제한다. 러시아는 이때에 대비해 점령훈련도 실시했다.

일본은 한반도 유사시 독도를 점령하는 데 머물지 않을 계획이다. 일본은 러시아의 동해 진출을 견제하기 위해 무력으로 울릉도와 독도를 점령한다.

미국 입장에서도 태평양 방어선을 지키기 위해서 일본이 울릉도와 독도를 갖는 편이 낫다. 무엇보다도 미군철수 후 한 · 미 · 일 삼각동맹이 해체되고 나면, 세계 최강국인 미국이 한국의 잠재적 적국으로 돌아서게 된다. 한국의 눈부신 경제성장의 방파제가 깨지는 순간이다.

'동해물과 백두산이 …'의 우리 동해는 러시아와 일본의 군함 함대와 어선단이 뒤섞여 들끓는 각축장이 되어, 러시아해나 일본해로 전락하게 된다.

우리 한국인은 소주 안주로 즐겨먹는 동태찌개나 오징어도 더 이상 먹을 수 없는 날이 올지도 모른다.

2 북한의 눈치를 살피는 정치꾼들과 언론

용공세력과 프락치들이 들끓는 국회

월남패망 직전, 국회의원선거 당선자 137명 가운데는 친북 용공주의자와 공산월맹 프락치들이 25명이나 포함되어 있었다. 이들 프락치 국회의원들이 나라를 혼란으로 이끌고 공산화시키는 전위대가 되었다.

과거 우리나라 제헌국회에서도 국회프락치사건^{남로당 국회프락치사건}이 있었다. 1948년 5월 10일에 실시된 남한 단독선거의 결과로 구성된 제헌국회의원 198명 중 당시 국회부의장 김약수 등 14명의 현역 국회의원들이 남로당^{남조선노동당}으로부터 지령을 받아 암약하며 프락치 활동을 하다 검거된 사건이다.

'프락치'라는 공산주의 전술용어는 러시아어 'fraktsiya^{프락치아}'에서 온 말로, '특수한 사명을 띠고 어떤 조직체나 분야에 들어가서 본래의 신분을 속이고 몰래 활동하는 포섭된 첩자, 끄나풀 또는 간첩'이라는 뜻이다.

이들 국회의원들은 남로당의 조종을 받아 미군철수를 요구하고 미군사고문단 설치에도 반대하였으며, 실제로 6월 말까지 미군이 전면 철수를 하게 되는 상황이 되었다. (현 상황과 흡사하지 않은가?)

1949년 5월부터 1950년 3월까지 14명의 국회의원 프락치들이 체포되어 서대문 형무소에 수감되어 있었으나 한국전쟁이 발발해 인민군이 서울을 점령하자 인민군에 의해 모두 석방되었다. 그리고 역시나 이 국회의원들 가운데 서용길을 제외한 13명이 모두 그들 사상의 조국으로 월북했다.

북한은 관영 로동신문1997년 5월 26일 자을 통해 남조선 국회의원 포섭에 대해 떠들어댐으로써 이 국회 프락치 사건이 자신들의 공작임을 자인한바 있다.

월남패망 직전, 국회의원 137명 중 25명의 친북 용공주의 국회의원들이 주한미군철수를 요구했다. 그것은 약 18%에 이르는 심각한 비율이었다. 국회의원 10명 중 2이 빨갱이였던 것이다.

한편 현재 한국에서도 주한미군 철수를 요구하는 동의안에 서명한 반미종북○파 구캐으원들의 수가 47명에 이르고 있다. 이는 약 26%에 이르는 비율로, 월남에서의 18%보다 훨씬 더 높다. 새빨갛다.

개돼지들공산당 지도부에서 '민중'을 얕잡아 부르는 공산주의 전술용어이 이 높은 수치가 무엇을 의미하는지 알기는커녕 관심이 있는지조차 의심스러울 뿐이다.

🏷️ 북한 대변인으로 전락하는 정치꾼들

오죽했으면 미국 블룸버그통신과 일본 산케이 신문 등이 한국의 ○파 정권을 '북한의 수석대변인'으로 비꼬아 호칭South Korea's Moon Becomes Kim Jong Un's Top Spokesman, Sep. 26 2018 했겠는가. 일본 정치인들은 남한 정권을 '북한의 꼬붕kobun; 子分'이라 부른다고 한다.

주한미군이 철수하고 나면, 한국의 정치꾼들은 '중국의 꼬붕'으로 변신할 것이라고 조롱하고 경멸하고 있다.

주한미군이 철수하게 되면, 국가안보보다 북한이 무서워 북한 심기를 건드릴까 눈치를 살피는 것을 중시하는 정치꾼들이 설쳐대는 종북○파들의 천국이 될 것이다.

주한미군이 철수하고 나면, 국민의 혈세를 김씨 조선왕가의 정권유지를 위해 퍼붓고, 북한이 한국국민을 총 쏘아 죽여도 북한이 무서워 말 한 마디 못하고 월북으로 몰아 변명이랍시고 하며, 그 와중에 태평하게 음악회 공연이나 관람하는 등 북한에 굴종적인 정권이 지배하는 세상이 온다.

주한미군이 철수하고 나면, 국방부의 눈은 게눈처럼 양쪽으로 길게 뻗쳐 나올 것이라는 우스갯소리가 있다. 정권의 눈치도 보아야 하고 북한의 눈치도 보아야 하기 때문이다. 양쪽의 눈치를 게눈처럼 높이 쳐들고 봐야하기 때문이다.

북한이 무서워, 한미동맹 연합훈련조차 제대로 하지 못한다. 북한의 눈치를 살피며 축소하거나 취소한다. 전쟁에 대한 필승의 대비를 하는 것이 아니라 북한정권을 자극하지 않는 것이 더 중요한 것이다.

국방장관이라는 자가 '우리 군의 주적主敵이 누구냐?' 라는 질문에 즉답하지 못하고 머뭇거리는 세상이 된다. '국방백서'에도 '주적'에 대한 언급이 아예 삭제되는 세상이 온다.

북한이 미사일을 날리면, '미사일' 이라고 하지 못하고 '발사체' 라고 얼버무리는 비겁한 짓을 부끄럼 없이 하게 된다. '발사체' 라는 말은 ○파정권이 누구를 추종하고 있는지를 여실히 보여주는 잣대이다.

홍길동전에는 '호형호부呼兄呼父하지 못하는', 즉 형을 형이라 부르지 못하고 아버지를 아버지라 부르지 못하는 당시 조선시대 서자庶子 신분의 억눌린 심정을 표현하는 대목이 나온다.

이처럼 정치꾼들에게 휘둘리며 눈치나 살피는 나약한 자들이 국방부 요직을 차지하고 있는 한 한국의 미래는 암담하다.

알렉산더 대왕의 명언이 있다.

"내가 두려워하는 적은, 사슴이 이끄는 사자들의 무리가 아니라, 사자가 이끄는 사슴들의 무리이다."

겁 많고 눈치나 살피는 지도자가 이끌면 제아무리 강한 군대일지라도 용맹 담대한 지도자가 이끄는 나약한 군대에 패한다는 뜻이다.

🏷 좌파운동권의 눈치를 살피는 판검사들

주한미군이 철수하고 나면, 중국과 북한의 입김이 더욱 노골화되어 ○파세력이 연속적으로 남한정권을 쥐고 흔들게 된다.

○파정권 하의 사법부 역시 해바라기 근성을 보여 용공에 초점을 두고 대한민국 국기國基를 부정하는 판결을 하게 된다.

실제로 광주사태 직후 판결할 때는 법정에 ○파운동권 세력이 입추의 여지없이 들어차, 판결에 앞서 '임을 위한 행진곡'을 연속해 법정이 떠나가도록 합창해 판사를 겁주었다.

해바라기 판사는 바짝 겁을 집어먹어 '정숙!' 명령을 하지도 못하고, 운동권들의 눈치를 살피면서 그들이 원하는 대로 판결해주었다. "판사 잘한다!", "판사(가 말을 잘 들어) 기특하다!"하는 연호 소리가 법정을 메웠다.

○파정권 하에서 검사든 판사든 ○파에 이롭게 판결하는 것이 살아남는 처신법임을 알고 있다. 작금의 대한민국은 사법부, 언론계, 학계, 노동계, 연예계, 종교계 등에도 대세에 아부하는 해바라기들이 큰소리치는 세상이 되어 버렸다.

매달 무더기로 암살되는 애국인사들

🏷️ 한 해 평균 840명, 매달 70여 명씩 암살

정보기관과 대공기관이 붕괴하자, 공산좌익분자들과 간첩들은 우익 애국인사들이나 반공인사들을 무자비하게 암살했으며, 공산좌파에 불리한 내용을 보도하는 언론도 입막음하기 위해 암살하거나 테러를 가했다.

반공을 외치고, 조국을 위기에서 구해야 한다고 주장하는 우익애국인사들은 다음날이면 시체로 발견되었다. 1973년까지 한 해 평균 840명, 매달 70명이 암살을 당했다.

애국반공지도자들, 사이공 대학의 우익학생지도자들, 반공을 주장하는 언론인들이 쥐도 새도 모르게 암살되었다. 무자비한 암살과 테러 위협에 지식층, 중산층, 언론은 침묵할 수밖에 없었다.

┃ 공산좌익분자들에 의해 애국인사들이 매달 70여 명씩 암살되었다.

타이완에서도 미군이 철수하고 난후, 중국대륙 공산당의 간섭의 손길이 더욱 노골화되었다.

　　특히 타이완의 독립을 주장하는 우익애국인사들이나 반공인사들, 언론인들에 대한 암살이 끊이지 않았다.

　　대표적인 예로, 2004년 타이완의 총통후보 첸수이볜Chen Shui-bian; 陳水扁 후보는 유세도중 그를 암살하려는 총격을 받았다. 그는 타이완 독립을 주장해 '하나의 중국' 정책을 고수하는 중국 공산당의 암살 표적이 되었다.

　　남한도 북한의 암살공작으로부터 안전하지는 못하다. 북한 암살공작조가 남한 곳곳에 손을 뻗치고 암살, 테러, 납치 등을 저지르고 있기 때문이다.

　　김정일의 전처 성혜림의 조카 이한영 씨본명은 리일남 암살사건, 2010년 탈북한 황장엽 전 북한노동당 비서 암살시도 등 밝혀지지 않은 사건들이 많다.

　　이런 사건들로 남한에서 종북좌파정권이 제대로 보호해줄 리가 없다고 판단하여 미국으로 망명한 탈북인사들도 많다.

중국 공산당의 암살시도로 총격을 받은 타이완 총통후보 첸수이볜.
운 좋게도 총상이 심하지는 않았다. 그의 부인도 공산당의 암살시도 테러로 인한 자동차 사고로 두 다리를 잃어 휠체어를 타게 되었다.

주한미군만 철수하면
남한은 중국의 속국이 된다

1 미군철수 후, 중국 세력권에 빨려 들어가는 한국

우리는 중국이 동북공정東北工程의 일환으로 북한을 흡수해 속국으로 하려는 '조선성 공정'에 주목할 필요가 있다.

중국은 향후 북한을 만주공업지대인 동북3성東北三省; 요녕성, 길림성, 흑룡강성에 필요한 원료 공급지로 삼아 동북4성 경제권을 구축하려는 것이다. 북한은 동북3성에 이어 '동북의 4번째 성省', 즉 소위 '조선성朝鮮省'으로 편입된다.

중국이 북한과 서울의 한강 이북까지 병합한다는 '조선성 공정'에 대해서는, 저자가 앞서 집필한 《중국, 조선민주주의인민공화국을 접수하다》가 도움이 되리라 확신한다.

┃ 남한은 북한에 먹히고, 북한은 중국에 먹히고

🏷️ 한민족, 중화권에 흡수 소멸되나?

주한미군이 철수하고 나면, 남한의 입지는 대폭 줄어든다. 남한 전체가 중국이라는 거대한 자기장에 빨려들어가 중국의 의도에 맞추어 재 정렬된다. 한국은 중국의 세력권, 즉 저들의 말로 대중화권大中華圈; Great China Region에 빨려 들어가 중국의 56번째 소수민족으로 흡수되는 것이다.

지금도 중국이 한국의 가장 큰 교역상대국으로 자리 잡고 있는 만큼 중국은 한국에게 툭하면 한국 상품을 수입금지 시키겠다고 으름장을 놓으며 한국을 좌지우지한다.

게다가 특히 ○파는 중국 모택동 혁명이 그들의 사상적 본류이며 그에 대한 향수를 느끼는 등 뿌리 깊은 친중 성향을 지니고 있다.

따라서 ○파가 집권하게 되면, 한국은 지금보다도 더 극심하게 중국의 눈치를 살피게 될 것이며 정치꾼들은 더욱 더 중국에 몸을 납작 엎드려 기어야 할 것이다.

동해는 나진항과 원산항에서 출항하는 중국 어선들로 뒤덮여 명태는 이미 치어까지 싹쓸이해가서 씨가 말라버렸고 그 흔하던 오징어는 금징어가 되었다.

주한미군까지 철수하면, 서해와 남해 어장의 조기, 꽃게, 멸치, 갈치 같은 것들은 구경도 못하게 된다.

현재 중국은 단군이 중국인이며 고구려사와 발해사를 중국 내 소수민족사로 편입시켜 버렸다. 따라서 앞으로는 한국역사에서 단군 조선과 고구려사와 발해사를 삭제하고 각 급 학교에서도 가르치지 말라고 명령하게 될 것이 틀림없다.

김치, 한복, 단오 같은 것은 이미 중국 고유문화자산으로 둔갑했다.

한민족이 입게 될 가장 큰 손실은 민족자존감의 상실이 될 것이다. 한반도에 강대하고 융성하는 통일한국을 이룩하고, 광개토대왕의 웅지가 서려있는 고구려의 광대한 영토를 회복해 세계로 뻗어 나아가려는 한민족의 염원과 희망이 영원히 사라져버리는 것이다.

이 모두가 기우로 끝나기를 바라는 것이 어디 저자 한 사람뿐이겠는가? 그러나 현실적으로 이미 중국의 눈치를 살피는 한국의 모습을 보며 통탄과 우려를 금할 길 없다.

한국이 중국의 속국인가?

2008년 8월 중국 베이징 올림픽 폐막식 때의 일이다.

폐막식 한 장면에서 중국, 대만, 홍콩 등 중화권을 제외한 전 세계 모든 올림픽 참가국에서 빛이 솟아나와 북경을 향해 뻗어가서 모이는 집합이라는 형상을 연출했다.

그러나 한국과 북한에서만은 아무런 빛도 나오지 않았다. 대만에서도 빛은 나오지 않았다.

이것은 무엇을 의미하는가? 한국, 북한, 대만 모두 중화권에 귀속된 속국이라는 뜻이다.

뒤이어 펼쳐진 영상장면의 세계지도에는 Sea of Japan이라는 큼지막한 글자가 선명했다.

노래 순서가 되자 중국, 대만, 홍콩, 마카오 등 모조리 중화권 국가의 가수들이 무대에 나왔다.

그 다음 더욱 한심스럽고 모욕적인 장면이 나왔다.

한국인 가수가 나와 중화권 가수들 틈에 끼어 그들과 함께 중국사랑 노래를 열창했다.

그 노래가사에서 '나는 북경을 사랑한다(北京, 北京, 我愛 北京)'라는 대목이 계속 반복되었다.

중화권 가수들만으로 꾸며진 개막식에 일부러 애써 한국인 가수를 포함시킨 것은 과연 무엇을 의미하는가?

의식이 있는 국민들은 중국의 이러한 음흉하고 가증스러운 속셈을 금방 알아챘다. 한국을 중화권에 귀속시켜 속국화하겠다는 야욕을 드러낸 것이다.

중국은 올림픽이라는 세계적 행사를 이용해 한국을 모욕했다.

이것을 보며 한국인들은 무슨 생각을 했을까?

2 미국을 대신한 패권국 중국의 한국 길들이기

◆ 중국 앞에서 알아서 기는 소한민국 ○파정부

전 세계의 자유민주주의국가들이 미국을 중심으로 한 목소리로 반중을 외치고 있다. 이러한 현 상황에서 거꾸로 남한의 ○파정권은 북한처럼 친중노선을 고집하고 있다.

해외언론에서는 지금의 남한정권이 속된 말로 '대가리가 깨져도 반미반일·친중종○ 정권'이라고 배척하는 목소리가 크지만 한 번 정한 노선을 결코 바꾸지 않는 외골수의 특성이 ○파의 특성이다.

한국이 중국의 눈치만 보며 굽실거리는 현상을 해외언론에서는 '한국의 핀란드화'로 비유해 표현했다.

핀란드화Finlandization; 핀란드가 강대국 소련에 대해 취했던 굴종적 외교정책란 제2차 세계대전을 전후로 핀란드가 소련과의 3차례 전쟁 끝에, 결국 독립을 유지하는 대가로 소련에 항복했는데, 이렇게 핀란드처럼 주권의 손상을 입으면서 생존을 택하는 굴종적 외교정책을 말한다. 경멸의 용어이다.

약소국이라고 해서 강대국의 눈치만 살피고 양보만 한다면 그것은 독립국가가 아닌 굴종의 속국과 같은 것이다. 그러므로 강대국과 이웃하고 있는 국가는 핀란드가 걸어온 길을 반드시 피해야 한다고 정치학자들은 경고하고 있는 것이다.

중국은 남한정권이 자기들의 눈치를 살핀다는 사실을 간파하고 철저히 이용하고 있다. 말잘 듣는 착한 남한정권은 중국이 무서워, 위협하지 않아도 속성상 스스로 알아서 기기 때문이다.

중국에 대한 아부는 더욱 가관이다. 예를 들어, 우한 바이러스중국 후베이성/湖北省의 성도 무한/武漢; 武汉; Wuhan에서 발원한 코로나; COVID-19; 코로나 19; 처음에는 '우한바이러스' 라고 불렀다가, 중국이 한 마디 하자 '코로나 19'로 바꾸어 부르고 있다. 확산사태 대처에 있어서 중국에 대한 아부는 한국이 중국의 속국 같은 착각이 들게 한다.

· "중국이 세계에서 가장 안전하게 대처한다." -법무상
· "중국에서 들어온 한국 사람이 문제다." -보건상
· "중국 유학생도 우리 대학생이다." -교육상

정치꾼들의 이 정도의 아부성 발언은 흑역사에 길이 남을 명언(?)일 것이다.

한국국민이 우한 바이러스 양성 확정판결로 입원하면 짐짝 취급하듯 하고 식사도 노숙자들처럼 반찬 한 가지로 때우게 하지만, 중국 유학생들에게는 공항까지 가서 상전 모시듯 굽실거리며 모셔다 무료로 진단 및 치료를 해주고 고급 도시락으로 대우하는 등 중국의 눈치를 살폈다.
중국과 국경을 맞대고 있는 베트남, 몽골, 북한 등의 공산 독재국가들조차도 한 치의 망설임 없이 문을 닫아걸었으며, 중국의 우방 러시아는 중국인들을 추방했다.

한편 그와 반대로, 중국인에게 문을 활짝 열어준 결과, 한국에는 코로나가 급속하게 확산되었다. 그러자 세계는 한국인 입국을 금지했다.
남한정권은 제나라 국민들이 마스크를 구하지 못해 고통을 겪으며 난리치는 와중에도 중국에 마스크 수백만 장을 보내는 등 충성을 다했다. 한때는 중국에 의료진을 파견하겠다고 제 분수도 모르고 꼴값을 떨기도 했다.

그러자 공산주의 사상 종주국의 하나인 중국은 황송하게도 남한○파 정권에 큼지막한 하사품을 내렸다. 바로 코로나 진원지는 한국이라는 누명과 한국인 입국금지 조치였다.

코로나 발생 초기부터 중국인 입국을 금지시키라는 의료전문가들의 일관되게 계속되는 요구를 묵살시킨 ○파정권의 '님을 향한 의지'는 마치 소 힘줄처럼 질기고 소대가리처럼 우둔하고 완고하기만 하다.

친중친○·반미반일의 사상적 토대인 중국의 비위를 맞추기 위해 중국 앞에서 알아서 기는 소한민국 ○파정부의 고집에 국민들이 고통을 당함으로써 그 대가를 치르고 있다.

그러나 정권은 꽉 쥘 수 있으리라. 레밍 떼lemmings; 쥐 떼에게는 지원금 몇 푼만 던져주면 떼거리로 쫓아가는 속성이 있으며, 게다가 무조건적인 덴버 공화국 국민들이 있음에랴!

중국의 한국 길들이기는 성공했다. 중국이 사드THAAD; 고고도미사일방어체계
한국배치를 빌미로 한류 진출금지, 중국인 한국관광 제한, 롯데 등 한
국기업 규제 등을 통해 한국을 길들였으며, 그 성과가 코로나 사태에
서 중국에 납죽 엎드리는 저자세로 여실히 드러난 것이다. 국격은 무너
졌다.

한국은 6 · 25 전쟁 때 북 · 중 · 러에 맞서 혈맹 미국과 함께 싸워 자
유를 지켜냈고 지금도 한미동맹이란 굳건한 장치가 있다. 한국의 핀란드
화를 막는 길은 중국에 굽히는데 있는 것이 아니라 한미동맹 강화에 있다.

🏷 중국이 무서운 당당한 소한민국

중국이 오늘날 막강한 경제력을 갖게 되자, 힘을 휘둘러 자국의 국익에
불리한 국가들을 길들이기, 즉 경제보복을 하는 사례가 늘어나고 있다.
중국은 정치적 목적으로 노골적인 경제 보복을 하는 유일한 나라이다.

"미국만 없었으면
한국은 진작 손봐주었을 나라"

2010년 7월 25일 서해에서 실시된
한 · 미 합동훈련을 놓고도 중국은 한
국에 대해 안하무인적 외교행태와 협
박으로 일관했다.

중국은 주중한국대사에게 외교교섭
이 아닌, 종주국이 속국에게 충고하는
태도로 일관했다.

한 중국 외교관은 서해훈련과 관련,
'서해에는 공해가 없다. 서해는 중국의

내해이다.'라는 망언을 늘어놓았다.

서해 전체가 중국영해, 즉 한반도가
중국령이라는 뜻이다.

심지어는 서해훈련을 강행하면 한국
에 좋지 않을 것이라는 중국 측 발언
에, 한국 외교관이 '좋고 안 좋고 는 한
국이 판단할 사안'이라고 응수하자, '미
국만 없었으면 한국은 진작 손봐주었
을 나라'라고 폭언을 했다.

중국정부는 물론, 주한중국대사관까지 나서 중국에 불리한 발언을 하는 남한 정치인들을 위협하기까지 한다.

한국정부가 중국 눈치를 보며 고분고분 저자세로 일관해 온 결과, 중국이 마치 한국의 종주국인양 행동하며 한국을 우습게 아는 현실을 초래했다는 자성自省이 일고 있다.

중국이 무서워 대만총통 취임식에 몰래 참석해야 했던 국회의원들

중국이 한국 국회의원들을 협박한 사건이 있었다.

중국은 주한 중국대사관을 통해 한국 국회의원들과 당 지도부에 2004년 5월 20일 타이베이에서 열리는 천수이볜(陳水扁) 대만 총통 취임식에 참석하지 말라고 했다.

아울러 "만일 참석해 중국의 감정을 상하게 한 국회의원들에 대해서는 기억해 둘 것이다."라는 협박을 곁들였다.

한 국회의원은 대만에 도착해 "중국대사관에서 가지 말라고 했는데 …. 중국대사관 사람들 모르게 이곳에 오느라 아주 혼이 났네." 하며 가슴을 쓸어내렸다.

후에 중국은 대만총통취임식에 참석한 의원들에 대한 보복으로 비자발급을 거부했다. 한국 국회의원들을 길들인다는 이유였다.

이러한 외교사상 유례없는 중국의 한 국주권 무시와 우롱행위에 대해, 당시 ○○○ 정권이나 국회의원들이나 꿀먹은 벙어리처럼 아무도 문제 삼지 못했다.

여전히 저자세 외교로 일관해 한국을 더욱 우습게 여기게 만들었다.

"남조선 정치인들은 우리말이라면 거역 못한다. 고분고분 말에 순응한다."라고 한 중국대사관 공보관의 말이 기가 막히다.

▌중국이 보낸 국회의원 협박문

3 친중파가 설쳐대는 세상

🏷️ 친중파의 득세

정치꾼이라는 부류는 본래부터 애국 · 매국이니 하는 일반 국민들이 갖는 개념에 의해 움직이는 것이 아니다. 이들은 자신들이 집권하는데 이익이 되기만 하면 그 누구와도 상관없이 손을 잡는 속성을 가지고 있다. 이 자들은 '정권만 잡을 수 있다면 악마와도 손을 잡겠다!' 라고 말한다.

현재 남한 정치판은 친북 · 친중○파가 쥐고 있다. 미래는 중국이 지배하는 시대가 될 것이므로 대세를 따라야 한다hop on the bandwagon, 즉 중국을 따라야 한다는 것이 이들의 논리다. 애들도 중국어를 배워야 산다며 유치원 때부터 중국어 학원에 보낸다.

과거 이들 친중파의 애비들은 '조선이 살려면 일본에 붙어야 한다.' 고 날뛰던 친일파들이었다. 그러나 아이러니컬하게도 이 친북 · 친중파들은 제 자식들을 북한과 중국의 적인 미국으로 유학 보낸다.

친중파는 그 존재조차 감히(?) 북한의 심기를 건드리는 것이다. 일찍이 북한에서는 '중국을 섬기는 친중파는 사대주의 매국노' 라고 질타하며 연안파친중파; 1956년 소위 '8월 종파사건'으로 친중파 9만 명을 숙청를 모조리 숙청한 전례가 있기 때문이다.

한국에 ○파정권이 들어선 후, 한미동맹은 심각하게 훼손된 상태이며 자유진영세력들과의 관계도 매우 소원해진 상태이다. 전 세계의 자유진영이 중국견제를 하고 있는 와중에도 남한의 ○파정권만은 친중화를 가속화하고 있다.

전 세계가 다 중국 영토라고?
중국과 영토분쟁을 하고 있는 나라는
몽골, 북한, 남한, 러시아, 키르기스스탄,
미얀마, 부탄, 인도, 파키스탄, 카자흐스탄,
라오스, 네팔, 타지키스탄, 베트남,
아프가니스탄, 티베트, 위구르, 필리핀,
브루나이, 말레이시아, 인도네시아, 타이완
등 22개국이다.

그러나 남한의 ○파정권은 중국이 한국과 북한을 포함한 전 세계 22개국에게 무력으로 영토분쟁을 일으키고 있는 점에 대해서는 철저히 외면하고 있다.

≪중국, 조선민주주의인민공화국을 접수하다 에서 발췌≫

주지하다시피, 미국은 우리 한국과 함께 피를 흘리며 싸워 공산화를 막은 혈맹이며, 미국의 무역항로를 바탕으로 한국의 수출입 항로를 보호받고 있으며, 그 덕택에 한국 경제는 눈부신 성장을 할 수 있었다.

그럼에도 불구하고, 남한의 ○파정권은 한미동맹을 훼손시켜 왔으며 한국을 반미성향으로 몰고 가고 있으며 한국의 친중화 성향을 가속화하고 있다.

심지어는 '중국의 핵우산에 들어가자', 또는 '중국의 일대일로 전략에 참여하자' 따위와 같은 종북○파들의 막가파식 망발까지 난무하고 있는 실정이다.

중국은 한국전쟁 당시 한국의 통일을 방해한 최대의 적이었으며, 지금도 한국을 지켜주는 주한미군을 철수하도록 획책하는 이간계를 쓰고 있다. ○파 정권으로 하여금 도끼로 제 발등을 찍도록 유도하고 있는 것이다.

"○파 정권으로 하여금 도끼로
제 발등을 찍도록 유도하고 있건만
우둔한 자들은 애써 외면한다."

남한의 친북친중○파가 집권하자, 남한 집권당 일행이 중국 북경 조어대釣魚台에서 열린 공산당 대회2017.12.3에 참석하여 기조연설을 하는 등 중국 공산당의 흥을 돋우어 주는 기쁨조 역할을 하는 지경에 이르렀다.

한술 더 떠, 베이징 대北京大에서 한 연설에서 한국 대표란 자는 "중국은 높은 산봉우리 같은 나라, 한국은 작은 나라"라고 스스로 한국을 비하하며 중국에 납작 엎드렸다.

자기 국가를 비하한 이 연설에 중국 대학생들은 크게 놀랐다고 한다. 대학생 아이들은 "역시 과거 우리 중국의 속국이었던 남조선 빵즈烽子/봉자; '한국 놈'이란 비하 경멸어들은 자존심도 없고 비굴하기 짝이 없는 것들이다. 제 나라를 스스로 '소국'이라고 비하하는 걸 보면 남조선 소통령이라고 해야 할 것 같다."라고 했다고 한다. 대학생 애들의 웃음거리가 된 '소국의 소통령' 이야기가 지금도 대학가 술자리 안주거리로 나돌고 있다.

정치꾼들의 친중 굴신 행태가 이 정도이니, 한국 길거리 경찰서 앞에서 중국인들이 한국인을 폭행해도 제 나라 시민을 보호해 주는데 소극적인 것도 놀랍지 않다.

친중 사대주의 행태가 실로 점입가경이다. 소위 통일부 장관이라는 자가 '사드 배치가 한국외교의 최대 실책'이라고 중국 편을 들어 굽실거렸다.

유인원에 의한 뭔 피해 호소로 사라진 전 한성서울시장, k모, s모, c모 구캐으원이 '사드 배치에 반대한다'고 중국에 아부하자, 중국은 이자들에게 "경의를 표한다!"며 치켜세우는 등 마치 남한 정치꾼들을 애들 다루듯 한 일도 있었다.

오죽했으면 북한 민족주의 학자들이 남한정권을 '조선시대 썩어빠진 중국 사대주의 근성이 남선 ○파정권에서 되살아난다.'고 했겠는가?

친북·친중○파 집권세력은 중국에 대해서는 굴종하지만 남한 국민에게는 군림하려 든다. 반발하는 국민들을 누르기 위해 써먹을 죽창부대를 양성하는데도 열심이다. 정권의 수족으로 부리기 위해 ○무원 수를 최대로 늘리고, 어용 관변단체, 사이비 시민단체, 무슨 위원회 등을 우후죽순으로 만들어 정권지지 세력으로 양성하는 방식이다.

집권을 유지하기 위해 이들 조직을 운용하는데 기하학적 액수의 국민혈세가 투입되지만 내 돈도 아닌데 아까울 게 뭐냐.

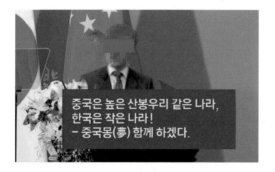

중국은 높은 산봉우리 같은 나라, 한국은 작은 나라
2017. 12. 15 베이징 대(北京大) '소국의 태통령'의 연설

📍 한국에 친중 전위세력을 구축하는 중국

중국은 주변 국가를 지배하거나 병합하고자 할 때는, 반드시 그 나라에 내부협력자 세력친북·친중좌파 앞잡이들을 구축하고 그들의 힘을 이용한다.

내몽고나 티베트 합병의 경우에 있어서도 중국은 내부 협력자들을 이용했다. 이것이 중국이 대외정책에 있어서 친중파 인맥형성을 중시하는 이유이다. 일종의 '꽌시關係; 인맥 중심으로 움직이는 중국인의 문화'인 셈이다.

물론 한-중 양국의 선린외교 발전을 위한 한중단체들도 많다. 그러나 중국의 한반도 접수 공작을 위해 결성되고 이용되는 한중단체들도 수백 개에 이르며, 한국 사회의 각계각층에 알게 모르게 침투해 속속 연계되어 있다.

중국은 친중파 양성수단으로 각계각층과 자매결연 하거나 친선우호단체, 종교단체, 학술단체 등을 만들어 교류하며 체계적 인맥을 형성한다.

공짜 중국관광여행은 중국이 친중파 포섭을 위해 이용하는 가장 효과적인 미끼이다. 중국은 이 미끼를 이용해 공짜라면 양잿물도 마신다는 한국인들을 손쉽게 낚고 있다.

중국은 특히 정치인 단체, 공무원단체, 퇴역직업군인 단체, 지역유지, 교수 등을 남에게서 공짜로 받기만을 바라는 근성을 가진 부류로 분류하고, 이들의 공짜 좋아하는 성향을 십분 이용하고 있다.

중국은 친선교류활동이나 각종 세미나 등의 명목으로 이들을 중국으로 초빙하고, 공짜 관광여행으로 선심 쓰고, 체재비용 전액을 중국정부가 부담하며 친 중국인사로 포섭하고 세뇌시켜간다.

　"… 중국 공산당이 각국의 선거에 개입해 중국이 조종하기 쉬운 정권이 승리하도록 선거조작을 하고 있다 …"

≪본문 중에서≫

　중국은 친중파 인사들의 조직화 및 세력화를 꾀한다. 한국의 중앙에서 각 지방에 이르기까지 전국 지부를 조직하고, 친중파 인사를 선거에 당선시켜 세력을 형성하는 것이다. 그러므로 중국이 남한의 선거에 개입한다는 의혹이 있어왔다. 중국이 비밀리에 막대한 금품살포작전과 사전불법선거 및 부정전자투개표 등으로 선거조작을 한다는 것이다

　중국 공산당이 각국 총선 등 부정선거에 개입했다고 제기된 쟁점사항은 개표기에서 모종의 조작이 일어났으며, 보안이 잘 갖추어진 정보데이터센터를 사용하지 않고 중국이 제어하는 악명 높은 화웨이 장비를 사용했으며, QR 코드의 사용, 인쇄지를 사용해 조작을 쉽게 했다는 등이다.

　미국 최고정보기관인 국가정보국DNI; Director of National Intelligence; 중앙정보국/CIA · 연방수사국/FBI · 국가안전보장국/NSA 등 15개 정보기관을 총괄하는 미국의 최고 정보기관은 중국 공산당이 각국의 선거에 개입해 중국이 조종하기 쉬운 친중 좌파정권이 승리하도록 선거조작을 하고 있다는 정황과 물증을 잡고 수사 중이다.

　중국 공산당의 해커부대가 심지어는 미국 대통령 선거에도 조직적으로 개입했으며, 대만의 경우에서도 선거조작에 개입하고 있는 것으로 알려져 있다.

한국이 중국의 영향권에 깊이 빨려 들어가면 갈수록 친중파의 움직임이 눈에 띄게 활발해진다.

과거 대한제국이 망해가면서 일본의 세력권에 들어가게 되자 일본을 등에 업고 한몫 챙기려는 친일파들이 날뛰며 '조선이 살려면 일본에 붙어야 한다!'고 바람을 잡았었다.

일본이 미국과의 전쟁에서 패망하자 그 친일파들은 이번에는 친미파로 변신해 영화를 누렸다. 그들은 친일파를 청산할 의지와 자정능력을 잃은 한국사회에서 오히려 한국의 상류사회를 형성하고 지금까지도 잘 먹고 잘 살고 있다.

한국 매국노의 대표격인 이완용은 위정척사파 → 친미파 → 친러파 → 친일파로 변신을 거듭한 카멜레온 같은 자였다.

전광용의 단편소설 《꺼삐딴 리》는 일제시대에서 해방을 거쳐 대한민국 초기를 살아가는 어느 의사의 이야기를 통해 사대주의적이고 기회주의적인 한민족성을 조명하고 있다.

외과의사 이인국은 돈과 권력을 지향하며 시대 변화를 재빨리 읽어 시류에 편승하는 인물이다. 그는 일제강점기에는 철저한 친일파였는데 해방 후 북한에 소련군이 진주하자 친소파로 변신했다가 6.25 전쟁 통에 남한에 정착해서는 재빨리 친미파로 변신한다.

생존능력 겨루기

꺼삐딴리
매국노 이완용

최강의 생물
바퀴벌레

또은 정몽주

그의 마지막 말은 "나보다 더한 놈도 더 있는데 뭘, 나쯤이야."였다. 나보다 더한 놈, 즉 이완용같이 나라를 팔아먹은 친일파 매국노, 나라를 북한에 넘겨주려는 빨갱이 매국노, 나라를 중국에 넘겨주려는 사대주의 친중파 매국노 … 이런 수많은 매국노들이 들끓고 있는 현실에 대한 자기변명 내지는 고발이었던 것이다.

시대의 물결을 바꾸어 탈 줄 아는 친일파의 뛰어난 시대적응 유전자는 그 후손들에게도 잘 이어져왔다.

과거 친일파의 후손들은 성큼 다가오는 중국의 냄새를 맡고 '이제는 중국이 지배하는 시대가 온다. 앞으로 살아남으려면 중국에 붙어야 한다.'라고 되뇌며 친중파로 변신을 꾀하고 있다.

한편 매우 드문 경우이긴 하지만, 한국인의 핏속에 흐르는 썩어빠진 사대주의 근성을 질타한 선현도 있다. 조선중기의 시인 겸 문신 백호白湖 임제林悌, 1549~1587는 죽기 전 자식들에게 유언으로 저 유명한 임종계자물곡사臨終誡 子勿哭辭를 남겼다.

四夷八蠻 皆呼稱帝   사이팔만 개호칭제
唯獨朝鮮 入主中國   유독조선 입주중국
我生何爲 我死何爲   아생하위 아사하위
勿哭   물곡

사해제국 오랑캐들이 다 스스로를 황제라 칭했는데도
오직 우리 조선만은 중국을 섬기는 나라이다.
이같이 못난 나라의 내가 살아간들 무엇을 할 것이며
죽은들 무엇이 아깝겠느냐. 내가 죽거든 곡을 하지 마라.

저주 통일시 벌어지는 숙청자[어부]과 그 참상

'피호봉호(避狐逢虎)'
여우를 피하려다 호랑이를 만난다.

적화통일 시 벌어지는
숙청작업과 그 참상

8장

너희들만의 천국, 국민들의 지옥

1 적화통일 시 한국민들의 국외 탈출 러쉬

🏷 서민들은 2차 탈출러쉬

자유 월남이 공산화되기 전, 권력층과 부유층은 이미 1차로 탈출했다. 앞서 4장에서 권력층과 부유층의 탈출1차 국외탈출러쉬은 월남이 공산화되기 2년 전부터 이미 시작되었음을 언급했다. 권력층과 부유층은 미군이 철수하면 월남이 곧 공산화될 것을 미리 알고 일반 서민들보다 먼저 가족들과 재산을 챙겨 국외로 탈출했던 것이다.

일반 서민들이 한꺼번에 떼 지어 국외로 탈출한 비극의 드라마는 사실은 2차 탈출이었다.

일반 국민을 비하해서 '궁민' 이라 한다. 돈만 궁한 게 아니라 정보에도 궁한 계층이란 뜻이다. 일반 궁민들은 정보에 어두워 자신들이 처해있는 상황을 제대로 파악하지 못하여 적절한 행동을 할 시기를 놓치는 경향이 있다.

궁민들은 '삶겨지는 개구리'처럼 자신들이 처해있는 상황을 파악하지 못하고 있다가 눈앞에 지옥 같은 광경이 닥치면 그제야 허둥지둥 떼지어 탈출하려는 속성이 있다.

김정일 국방위원장은 '적화통일 낌새가 보이면 도망갈 만한 놈들은 일찌감치 다 도망가고, 적화통일 시에는 남한 서민들이 떼 지어 탈출할 것'으로 예상했다.

그는 이런 남한서민들의 떼 지은 탈출을 '쭉정이들의 탈출', '개돼지들의 탈출'이라고 경멸하여 말한 바 있다.

 ## 삶겨 죽는 개구리 증후군(Boiling Frog Syndrome)

▲ 물의 온도가 80℃, 93℃로 올라가도 안주하던 개구리(왼쪽)가 마침내 물이 끓어올라 삶아지고 있다. 머리는 눈을 뜬 채로 아직 살아있다.

개구리를 끓는 물에 넣으면 (앗 뜨거워! 하면서) 즉시 뛰쳐나온다. 그러나 찬물에 개구리를 넣고 서서히 데우면 조만간 닥쳐올 위험을 인지하지 못하고 안주하고 있다가 탈출시기를 놓쳐 결국 뜨거운 물에 삶아져 죽게 된다.

좌파는 남한에서 급격한 공산화를 시도하면 아무리 벌레 같은 국민들일지라도 꿈틀하며 들고 일어난다는 사실을 안다. 그러므로 서서히 야금야금 사회주의화, 공산화를 착착 진행해 나간다. 그러다보면 무지하고 무관심한 국민들이 현실에 안주하고 있다가 공산정권을 타도할 시기를 놓쳐, 결국에는 자신들도 모르는 사이에 공산화되고 만다. 국민들이 사태를 파악했을 때는 이미 자신들이 인민공화국의 인민이 되어 있음을 발견하게 되는 것이다.

남한의 ○산○파들이 경애해 마지않는 김정일 국방위원장은 "남조선이 공산화되면 1,000만 명은 도망갈 것이고, 2,000만은 숙청시키고, 나머지 2,000만과 북조선 인민 2,000만으로 통일공산국가를 세우겠다."고 공언했다.

김정일 국방위원장의 적화통일 시의 공언, 즉 "남조선이 공산화되면 1,000만 명은 도망갈 것이고, …"의 실제적 양상은 월남탈출의 경우를 보면 예상하기 쉬울 것이다.

미국 대사관과 NSC의 자료에 따르면, 월남 패망 당시 월남정부에는 최소한 약 60만 명의 공무원과 30만 명의 직업군인과 그들의 부양가족을 포함한 총 5백만 명이 탈출해야 할 사람들이었다. 이들 모두는 사이공 점령 후 바로 공산군의 무자비한 보복대상이 되기 때문이었다.

곧 닥쳐올 공산주의자들의 보복과 대규모 숙청이 있으리라는 사실을 알고 있었기에 시민들이 공포에 휩싸인 채 탈출은 필사적이었다.
평시에 그토록 질리도록 반미시위를 하던 시민들도 공산주의 지옥이 시시각각으로 다가오자 두려움에 떨며 살려달라고 달려간 곳은 아이러니컬하게도 미 대사관이었다.

평시에 그토록 질리도록 반미시위를 하던 시민들이 공산주의 지옥이 다가오자 살려 달라고 달려 간 곳은 아이러니컬하게도 미 대사관이었다.

| 필사적으로 살길을 찾아 미 대사관으로 난입하고 있는 시민들

흥남철수
공산당의 학정을 피해 북한동포들이 미군 함정을 타고 구사일생으로
월남할 수 있었다. 피난민 가운데는 골수 공산분자들도 끼여 있었다.
현인 선생의 저 유명한 《굳세어라, 금순아》는 이 당시를 노래한 것이다.

월남인들의 마지막 탈출은 필사적이었다. 1만 명 이상의 시민들이 한꺼번에 몰려들어 미 대사관으로 난입했다.

멀리서 월맹군의 포성이 들려오는 가운데, 헬리콥터들이 미국 대사관 옥상과 앞바다 해상에서 대기하고 있는 미 해군 항모 사이를 오가며 탈출 난민들을 실어 날랐다.

그러나 탈출에 실패한 시민들, 특히 정치가, 공무원, 경찰, 군인들은 공산 월맹군의 철저한 보복의 대상이 되어 현장에서 즉결 총살되거나 재교육센터라는 미명의 강제노동수용소에서 굶주린 채 강제 노역하다가 아사했다.

미 대사관 옥상 위에서 사람들이 헬기에 서로 먼저 타려고 아귀다툼하는 와중에 떠밀리거나 헬기에 매달렸다가 떨어지는 지옥 같은 장면.
주한미군 철수 후, 한국에서도 똑같은 상황이 일어나지 않는다고 장담할 수 있을까?

당시 사이공 대학생이었던 리우 딘 중Lieu Dinh Dung; 후에 1985년 탈출은 그 때의 심경을 자신의 수기에 시로 적었다.

멀리서 공산주의를 바라보니	Looking at communism from afar,
금강석처럼 반짝이기에	Like a diamond, as it shines,
무엇인가 궁금하여	Curious what it is,
가까이 가서 보니	I got closer and saw
그것은 피로 범벅이 된 눈물이었네!	Those are bloody tears!

🏷 미국비자는 생명 비자, 암거래 극성

월맹 점령군의 포성이 가까이 들려올수록 월남인들의 탈출은 더욱 필사적이 되었다.

미국 비자는 생명보장 티켓이나 마찬가지였다. 불과 얼마 전까지만 해도 반미시위를 하던 시민들이 이제는 제국주의 미국의 비자를 발급 받기 위해 혈안이 되어 있는 어이없는 상황이 벌어지고 있었다.

국외로 탈출하기 위한 위조여권을 만드는데 드는 비용이 무려 6배로 뛰었으며 위조미국 입국비자를 내는데 드는 비용은 부르는 게 값이었 다. 탈출을 위한 배편 비용은 3배로 뛰었다. 위조여권 브로커들이나 탈 출 배편 브로커들은 달러화나 귀금속으로만 받았다.

국외로 탈출하기 위해 위조여권도 만들었다.
영화 The Killing Fields의 한 장면

● 종군기자들의 체험담

우리는 여권 검열을 위해 미국여권을 들고 긴 줄을 서서 초조하게 기다리고 있었다. 옆에 앉아 담배를 물고 있는 종군기자들끼리 나누는 이야기 소리가 들려왔다.

"여기 대사관 말고도 미 공군 기지 근처에도 사람들이 모여 들고 있어요. 미군과 결혼한 월남 여자들이나 군속들 틈에 끼여 미군 수송기를 타려고 하는 사람들이지요."

프랑스 특파원이 낮은 목소리로 말했다.

"이 참에 한몫 잡으려는 미군 브로커들이 티켓을 판다는 정보가 있어요. 한 장에 10만 달러라는 말도 있고, 달러가 없으면 금이나 보석으로 대신 받아주기도 한대요."

"장사 잘 되겠군. 땅이나 건물만 가지고 있던 사람들이 안됐어. 땅을 짊어지고 도망갈 수도 없고 건물을 싸들고 갈수도 없을 테니 말이야."

🏷️ 보트피플

적화 통일이 되자, 정치꾼, 군인, 경찰, 공무원과 부유층 등은 모조리 반동으로 몰려 즉시 총살되거나 수용소로 끌려가 강제노동에 혹사당하다가 죽었다.

그 결과 1975년부터 1988년까지 약100만~400만 명이 조국을 버리고 자유를 찾아 배에 몸을 싣고 탈출했다. 보트피플, 즉 배를 타고 베트남을 탈출한 난민들이 많이 발생한 지역은 다낭Da Nang이었는데, 이 곳은 베트남 최대의 상업도시였고 부유층과 중산층이 밀집한 도시였다.

일반 보트 피플은 별도의 방법 없이 바다 위에서 2,000km 이상을 떠돌았으며, 이 과정에서 해적을 만나 살해당하거나 팔려간 난민의 수만 약 50만 명에 달했다.

 부르는 게 값인 월남 탈출 배편

◀ 사막에서 가치 있는 것은 금은보석이 아니라 물이듯이, 적화 통일된 월남에서 탈출하려는 난민들에게 중요한 것은 돈이 아니라 승선권이었다.

"나는 월남패망 직후, 평소 알고 지내던 월남군 중령을 만났다. 그는 싱가포르 행 밀항선을 타고 탈출하려다 1인당 1,000달러를 내라는 갑판장의 요구에 '너무 비싸다'며 값을 깎으려다 결국 승선하지 못했다. 그의 가족은 모두 5명이었다.

그는 공산정권의 숙청작업이 조여 오자 뒤늦게 후회됐던지 나에게 '지금이라도 그 돈을 줄 테니 탈출을 알선해줄 수 없느냐?'고 부탁했다. 그건 물론 불가능한 일이었다. 그 후 중령의 일가족을 다시는 만나지 못했다. 나중에 들려온 소문으로는 일가족이 모두 어딘가로 끌려갔다고만 들었다."

🏷 공산화를 앞둔 홍콩인들의 1차 탈출

홍콩에 대한 영국의 99년간의 조차기간1898년-1997년이 끝나고 중국에 반환일1997년 7월 1일이 다가오자, 홍콩시민들의 10% 정도가 해외로 탈출했다. 이것이 1차 탈출이었다.

중국정부는 홍콩을 일국양제一國兩制; 1국가 2체제의 특별행정구로 선포했지만, 공산주의의 속성을 아는 시민들은 탈출했다. 공산주의 기만전술 상 처음에는 사유재산을 인정해주며 시민들을 회유하지만 결국 차츰차츰 목을 조여 가며 재산을 강제로 빼앗아 갈 것을 알고 있었기 때문이었다.

특히 재벌, 기업들은 자산을 해외로 이전하고, 고액 자산가들과 부자들은 부동산을 팔아치우고 자금을 빼내 미국, 캐나다, 싱가포르와 일본 등지로 이전했다.

홍콩 반환 당시, 하도 많은 홍콩 자산가들이 캐나다 밴쿠버Vancouver, Canada로 몰려오는 바람에 밴쿠버 부동산 가격이 거의 2배로 폭등했다. (2020년 홍콩의 공산화를 앞둔 홍콩인들의 2차 탈출로 부동산 가격은 또 한 차례 폭등했다.)

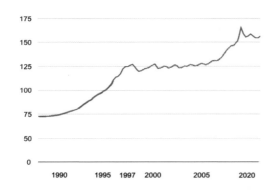

밴쿠버의 부동산 가격은 홍콩 시민들의 1차 탈출시기(1997년)와 2차 탈출시기(2020년)을 전후하여 폭등했다.

밴쿠버의 고급 자동차 시장은
홍콩 이민자들이 큰손이다.

홍콩 부자 이민자들이 많아 밴쿠버 시내에서는 백인 운전사가 홍콩출신 '왕사장'이나 '리사장'을 모시고 다니는 고급 세단들을 쉽게 볼 수 있다. 밴쿠버의 상류층은 홍콩 사람들이고 백인들은 중하류 층으로 밀려났다.

이때부터 밴쿠버는 홍쿠버Hongcouver라는 별명으로도 불리게 되었다.

🏷 공산화를 앞둔 홍콩인들의 2차 탈출

중국이 마침내 2020년 7월 1일부터 홍콩보안법이란 이름으로 홍콩 접수를 강행함으로써 중국이 2047년까지 홍콩에 보장하겠다고 공언해 온 일국양제는 사실상 사탕발림이었음이 드러났다. 중국 공산당은 숨기고 있던 발톱을 드러내고 홍콩의 공산화에 본격 착수했다.

홍콩이 공산화로 치달으면서 홍콩인들의 제2차 탈출 행렬이 늘고 있다. 영국, 호주, 뉴질랜드, 대만 등 영주권을 제공하겠다는 국가들이 홍콩인들의 대체지로 주목받고 있다. 일부 대기업 인사들은 미국 등지에 지사를 세워두었다가 여차하면 튄다는 탈출대책을 세워두고 있다.

이미 홍콩에 주둔한 많은 글로벌 기업들이 이탈을 가속화하고 있다.

홍콩의 공산화가 가속화되면서, 자본주의 시대 홍콩의 금융도시로서의 위상도 몰락하고 있다. 오랫동안 홍콩은 뉴욕, 런던과 함께 세계 3대 금융의 허브였다. 그러나 이제 홍콩은 금융의 '허브'에서 금융의 '허당'으로 전락하고 있다.

해외언론들은 마음 놓고 국제 금융을 할 수 있는 경제적 인프라가 구축되어 있는 일본이 중국 공산당의 탄압으로부터 도망치는 홍콩 금융 인력들을 끌어 모을 수 있는 매력적인 국가라고 평하고 있다.

일본 언론들은 일본이 향후 '아시아의 금융허브가 될 수 있을 것이며, 그와 반대로, 조선반도는 좌경화 정권이 자본가와 기업가들을 혐오하여 양도세, 상속세, 증여세, 재산세, 각종 부동산세 등 별별 명칭으로 세금을 뜯어내기에 혈안이 되어 있는 등 자본을 이탈시키는 기피 국가'라고 전했다.

전략전술가들은 향후 적어도 2025년까지는 홍콩이 완전히 공산화될 것으로 예상하며, 중국의 공산화 공정의 다음 목표는 대만이 될 것으로 확신하고 있다.

이미 대만 기업인들도 결국 가까운 미래에 대만도 홍콩에 이어 중국에 병합되어 공산화 될 것으로 보고 기업의 해외 이전을 서두르고 있다.

홍콩의 공산화를 앞두고 홍콩에 이민 열풍이 불어 홍콩달러를 달러화나 유로화, 엔화로 바꾸는 사람들이 많다. 여차하면 홍콩을 떠나야 하기 때문이다. 미국이나 싱가포르 은행에 계좌를 신설하는 사람들도 늘고 있다.

이민 서비스 전문 업체에는 해외이민 문의가 최근 평소 10배 이상 급증했다.

2 밀려드는 한국난민을 막아라

🏷️ 쓰시마, 나가사키의 한국난민수용소

일본 정부는 한국의 적화통일 시 남한에서 800만~1000만 명이 배를 타고 탈출하여 서해, 남해와 동해를 건너올 것으로 예상하고 있다.

일본 정부는 대량으로 밀려드는 한국난민 처리대책으로, 한반도 유사시 해안에 감시초소를 대폭 늘이고 해상보안청 순시선의 연안 경비를 강화한다. 또한 소형선박 등은 레이더로 포착하기 어렵기 때문에 어선과 연안 주민들의 신고 등 협력을 구하고 각 지역 주민들까지 동원하여 치안협력대를 조직하여 거점항구 이외에 한국난민이 상륙하는 것을 막는다는 내부지침을 마련해두고 있다.

한국난민들의 상륙 유입이 예상되는 여러 곳에 거점항구를 선정하고 한국 난민들을 임시 수용한다.

거점항구에서는 피난민들에게 물과 식품 등 긴급물자를 제공하고 경찰의 신원파악과 검역관을 동원해 검역을 실시한다. 아울러 입국관리국과 세관, 검역소가 상륙절차를 밟은 피난민들을 임시 수용시설로 보내게 된다.

한반도 전쟁 발발 시 일본으로 몰려들 남한난민 1000만 명을 임시로
수용하기 위해 일본이 계획하고 있는 난민 수용소 위치와 난민캠프

무엇보다도 쓰시마對馬島/대마도는 한반도와 가장 가까운 섬으로 부산에서 약 50km의 거리에 불과하다. 날씨가 좋은 날에는 육안으로도 볼 수 있을 정도다.

따라서 예로부터 쓰시마 섬은 한국과 일본 열도 사이의 중계지로서의 역할을 해왔다. 오늘날 쓰시마에 한 해 40만 명이 넘는 한국 관광객들이 몰려드는 것도 당연하다.

일본정부는 한반도가 적화 통일되면 쓰시마 섬이 한국판 보트피플, 즉 한국 난민들의 1차 상륙 유입지가 될 것으로 예상하고 긴장하고 있다.

6.25 전쟁 때도 권력층과 부유층이 밀항선으로 도망쳐 온 곳이 쓰시마였다. 지리적으로 일본과 가까운 여수나 통영, 거제도, 제주도, 부산은 물론, 목포 등지에서 와서 쓰시마를 통해 밀항하는 경우가 많았다.

6.25 전쟁 기간인 1950년부터 1952년까지 적발된 한국인 밀항자들을 전담 수용했던 저 악명 높았던 나가사키 오무라 수용소大村入國者收容所의 통계수치가 약 12,000명이 넘는 것을 보면, 부산 근해에 있던 쓰시마 섬에는 그보다 훨씬 많은 수의 한국 난민과 밀항자들이 있었음을 알 수 있다.

한국인 밀항자들을 수용했던
악명 높았던 오무라 수용소

한 때 한국에 반미반일 · 친중종북 ○파정권이 집권하면서 반일정책과 반일감정으로 쓰시마에 오는 한국 관광객이 10% 수준으로 격감했을 때, 쓰시마 중의원 후보로 나선 한 인사는 유세에서 주민들을 위무하면서 다음과 같이 말했다.

"한반도에 또 다시 전쟁이 나면 한국 관광객 40만 명 정도가 아니라 1000만이 넘는 한국 난민들이 한꺼번에 쓰시마로 몰려온다. 그들은 모두 달러화와 귀금속을 들고 온다. 6.25 전쟁 때 일본이 누렸던 전쟁 호황이 다시금 오는 것이다."

쓰시마 섬 주민들은 1000만의 한국 난민들이 한꺼번에 쓰시마로 몰려들면 유망업종은 특히 금은보석상, 환전상, 여권사진관 등이 될 것으로 보고 있다.

한편 중국도 한반도에서 전쟁이 일어날 경우 대거 몰려들 북한난민 대책을 강구하고 있다. 중국정부는 전쟁을 틈타 대거 중국으로 도망쳐 올 북한난민들을 수용하기 위해 북–중 국경지대 길림성 장백현Changbai에 100만 명을 수용할 5개의 난민 수용소를 설치를 비밀리에 추진하고 있다.

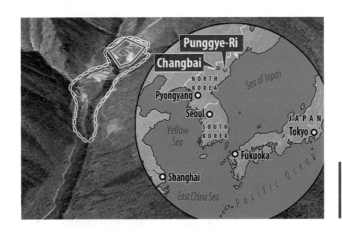

중국이 비밀리에
추진하고 있는
한반도 전쟁 시의
북한난민 수용소

3 남한국민 계층 간의 상호 살상전쟁

예나 지금이나 정권이 일당독재를 하면 오만방자해지고 안하무인에 후안무치해져 필연적으로 부정부패하게 되고 결국은 체제전복을 당하는 것이 공식이다.

체제전복體制顚覆; subversion은 집권세력이나 체제를 뒤집어엎거나 제거하는 것을 일컫는다. 이는 반란이나 혁명프랑스 시민혁명이나 루마니아 시민혁명, 전쟁 등을 통해 발현된다.

집권세력 일당이 완장차고 권력 휘두르는 재미에 도취해 자신들을 국민 위에 군림하는 계층으로 착각하고, 국민을 말장난으로 우롱할 수 있는 우민이자 피착취계층으로 하시하고, 국민들을 혹독한 가렴주구苛斂誅求; 가혹하게 세금을 거두는 등 백성의 고혈을 짜냄의 대상으로 여겼을 때, 필연적으로 민심이반과 체제전복이 일어났다.

이때 '이 놈의 세상 엎어져라!', '저것들을 모조리 잡아 ○○○ 한다!'와 같은 말들이 떠돌았다.

바로 루마니아의 차우셰스쿠Nicolae Ceaușescu 정권말기의 얘기다. 독재는 부패를 낳았고 체제는 전복되었고 독재자는 개돼지처럼 시민혁명군에 끌려가 총살된 채 버려졌다.

한때 권력을 잡았을 때는 당당하던 독재자들의 최후의 모습

◀ 총살 직후의 독재자 차우셰스쿠

차우셰스쿠 대통령 부부에게 3명의
군인들이 탄창 6개에 30발씩 모두
180발의 총알을 발사했다.

그들 부부는 바로 3m 앞에서 총탄
세례를 받고 벌집이 되어 죽었다.
국민들의 증오가 극에 달했기
때문이었다.

▲ 단두대에서 처형된 독재자 로베스피에르

형리가 로베스피에르의 잘린 목을 들고 보여주고 있으며
땅바닥에는 목이 잘려나간 로베스피에르의 몸이 내던져져있다.
왼쪽에는 독재자의 처형을 기뻐하며 춤추는 시민들이 보인다.
개까지 덩달아 기뻐하고 있는 듯하다.

차우셰스쿠의 최후는 과거 프랑스혁명 당시 로베스피에르가 단두대에서 목 잘려 죽은
것과 더불어 독재자들의 최후를 극명하게 보여주었다.
북한의 김정일 국방위원장도 차우셰스쿠가 총살당하는 장면을 영상으로 보고 바짝 겁을
먹고 더욱 더 체제유지에 매달렸다고 한다.
우리 옛 노래가사의 뜻을 조금만 음미했더라면 하는 아쉬움이 있다.
"화무는 십일홍(花無十日紅)이요, 달도 차면 기우나니나(even the moon waxes
and wanes)."

📌 민심은 잠재적 화산

1592년 임진왜란 발발 직후 불과 보름 만에 왜군이 한양 인근까지 북상하자, 무능한 왕과 관리들은 백성을 버리고 황황히 북쪽으로 도망쳤다.

그런데 왕과 관리들 일행이 궁을 빠져나가자마자, 왜군이 채 오기도 전에 도성 안에서 큰 불길이 치솟았다. 왕과 고위관료, 집권세력 일당이 자기들만 살겠다고 도망치자, 분노한 민중들이 궁궐에 불을 지른 것이었다.

조선왕조실록은 이 불로 경복궁, 창덕궁, 창경궁이 불탔으며, 특히 최하층 민중이 처음 불을 지른 곳은 장예원掌禮院; 조선시대 노비문서를 관리하던 관청이었다고 기록하고 있다. 최하층 민중들이 그곳에 보관되어 있던 자기들의 발목을 묶고 있던 족쇄 같던 노비문서를 불태웠던 것이다.

외적이 쳐들어와 백성을 도륙하고 있는데 백성을 보호하기위해 외적과 맞서 싸우기는커녕 자기들만 살겠다고 백성을 버리고 도망친 무능하고 부도덕한 통치자, 백성을 억압하고 고혈을 짜내던 집권층, 집권층에 빌붙어먹던 양반계층에 대한 백성들의 분노가 거세게 터져 나온 것이었다.

"한양은 불타고 있는가?"
"백성들의 분노의 불길이 더
무섭게 타오르고 있나이다!"

　불타오르는 궁궐을 보며 춤을 추고 목이 터져라 환호했던 하층 민중들의 섬뜩한 분노가 무엇으로부터 비롯되었는지를 되새기게 한다.

　이때 궁궐만 불탄 것이 아니라 한양도성에서는 그야말로 체제전복, 즉 세상이 완전히 뒤집혀 조선 백성 계층 사이의 상호 살상전쟁이 예외 없이 일어났다. 즉 상놈들이 양반들을 낫과 쇠스랑으로 무차별적으로 찍어죽이고 재물과 가축을 약탈하고, 하인들이 주인들을 때려죽이는 하극상이 곳곳에서 자행되었다.

　민심은 불길과 같다. 집권세력은 백성을 세치 혀로 선전 선동하여 기만하고 이용해 먹을 수 있는 무지렁이 계층이라 여기지만 민심이반이라는 사나운 불길에 타죽기 십상이다.

　역사적으로 백성은 흡혈충에 피를 빨리면서도 반항하지 못하는 소나 개돼지들_{국민을 얕잡아 지칭하는 공산주의 전술용어} 취급을 받았으나, 이들은 때가 이르면 화산처럼 분노의 불을 분출하여 기득권층을 뒤엎는 잠재적 변혁계층임을 증명해왔다. 민심은 단숨에 기득권층을 불태워 버릴 수 있는 잠재적 화산인 것이다.

🏷 6.25, 또 하나의 한국민 사이의 상호 살상전쟁

6.25 전쟁 당시 적 치하에서도 한국민은 또 한 차례의 체제전복과 국민계층 사이의 상호 살상전쟁을 겪었다.

다수의 역사소설에도 빨갱이들이 묘사되어 있듯이, 전라도 지리산 지역이 인민군의 점령지역이 되자 '세상이 바뀌었다!'며 붉은 완장들이 떼 지어 나타났다.

전쟁이 나기 전까지만 해도 서로 인사하며 지내던 사람들이 하루아침에 안면을 바꾸고 붉은 완장을 두른 좌익으로 돌변하여 그 지역을 지배하며 날뛰기 시작했다.

소위 좌익 붉은 완장과 죽창부대는 떼로 몰려가 공무원들과 경찰관들과 국군 가족들을 무자비하게 살해했으며 젖먹이까지도 살해했다. 심지어는 그 집의 개까지 죽였다는 증언도 있다. 전남 순천의 경찰관들은 좌익들의 몽둥이에 맞아 비참하게 순국했다. 공산좌익들이 얼마나 두들겨 팼던지 한 공무원은 눈알이 튀어나오고 혀까지 나와 늘어지고 말았다.

좌익 붉은 완장과 죽창부대는 공무원과 경찰관과 국군가족 여자들의 경우, 여성기에 죽창을 찔러 죽이는 등 그 수법이 너무나 잔혹하여 여기서는 그 증언의 인용을 생략한다.

전남 여수의 어떤 좌익분자는 평소 개인적 감정이 있는 같은 마을 사람을 반동으로 몰아 죽이고, 그의 아내까지 강제로 취하여 그 아내는 실성해 자결하고 홀로 남겨진 5살 난 아들은 거지가 되어 거리를 떠돌았다.

지주들은 한 동네 머슴들이 악덕지주라고 인민재판에 고발하여 즉결처분을 받고 머슴들의 죽창에 찔려죽고 몽둥이에 맞아 죽었다.

공산좌익들에 의해 살해되어 순천 교외에 버려진 공무원들의 시체

아이를 업은 한 공무원의 아내가 희생된 남편의 시체를 확인하고 있다. 공산좌익들이 살해하기 전 개 패듯 패서 얼굴이 뭉개져 확인이 쉽지 않았다. 공산좌익들은 공무원을 가이새끼[개새끼의 북한식 욕설]로 호칭했다.

탱크로 깔아뭉개 죽이는 공개처형

사형선고를 받은 사상범을 즉시 탱크로 깔아뭉개 형체도 없게 만들어버리는 오늘날 북한의 공개처형방식. 북한방송.

인민재판에서 지주들을 죽창으로 찔러 죽이는 머슴 죽창부대. 《장마》

좌익들은 인민재판에 끌려나온 지주들을 처형할 때 총알을 아끼기 위해 완장을 두른 머슴들에게 죽창을 들려 죽창으로 찔러 죽이게 했다.

국면이 바뀌어, 유엔군이 인천상륙작전1950. 9. 15으로 서울로 진격하자, 경찰과 치안대 등이 패잔인민군 소탕과 부역자 체포에 나섰다.

메뚜기도 한 철이라고 영원할 줄로만 알았던 빨갱이 세상이 금세 끝나자, 빨갱이들은 당황했다. 그동안 공산치하에서 붉은 완장을 두르고 날뛰던 부역자들은 군인과 경찰에 사냥 당하듯 끌려와 유치장에서 맞아죽거나 고문으로 죽거나 대부분 총살되었다.

저자가 어린 시절 미등굴미등골이라는 응달 지는 고갯길을 가끔 지나다녔는데, 그 때마다 음산한 기운이 느껴져 특히 저녁 무렵에는 발걸음을 서둘렀던 기억이 있다.

과거 6.25 때 완장 두르고 날뛰던 부역자들과 그들의 가족들이 어린 아이들까지 모두 끌려가 그곳에서 집단으로 총살당했다고 들었던 탓인 것 같다. 지금도 그 황톳길은 마치 피를 머금은 듯 유난히 붉은 빛이다. 주톳길朱土-이다.

또 거기서 북쪽으로 2km 쯤 떨어진 곳에 '남뜸' 이라는 특이한 이름을 가진 마을이 있다.

그 마을에서는 공산군이 내려와 점령했을 때는 좌익 붉은 완장들이 우익을 죽이고, 다음에 국군이 올라와 수복되었을 때는 우익이 좌익분자와 부역자들을 보복으로 죽였다. 그 통에 동네 이름이 아예 '남뜸'으로 불리게 되었다. '남' 자가 아주 씨가 말라 '뜸' 하게 남아있게 되었다는 뜻이다.

지방에서 지주들이 인민재판에서 악덕지주로 몰려 죽창에 찔려죽고 몽둥이에 맞아 죽었듯이, 도시에서는 기업주들이 종업원들에게 악덕기업주 자본가로 몰려 죽었다.

인민재판(People's Court)

　사람들은 인민재판이라 하니 마치 인민들이 주도하는 합법적 재판인 것으로 착각하기 쉽다. 그러나 인민재판이란 용어 자체가 공산주의 기만전술의 일부로서, 공산당이 반대파를 제거하고자 할 때 인민이란 말을 끌어다 붙임으로써 마치 인민의 뜻 인양 기만하는 재판의 탈을 쓴 반대파 학살극이다.

　이것은 남한의 정치꾼들이 자기 사리사욕을 채우고자 할 때, 으레 '국민'을 끌어다 붙여 '국민의 뜻' 운운하며 국민을 속이는 것과 같은 기만전술이다.

　공산군 치하 서울에서의 인민재판으로 가장 널리 알려져 있는 사건은 소설가 팔봉 김기진(八峯 金基鎭, 1903~1985) 선생의 경우일 것이다.

　그는 출판업을 하던 중 인쇄공으로 잠입해 있던 남로당 전라도 조직책 김봉두 등 2명의 고발로 인민재판에 회부되었다. 인민재판의 검사, 판사, 증인이라는 것들이 모두 인쇄공들이었다. 그들은 교육받지 못하고, 분별없는 아이들이고, 부자에 대해 증오심을 가진 가난한 자들이었다.

　군중 사이사이에 끼어있는 좌익분자들이 먼저 "죽여라!"를 외치자, 그는 미리 각본에 짜인 대로 즉결처분을 받고 바로 그 자리에서 몽둥이에 맞고 죽창에 찔려 죽었다. 좌익 붉은 완장들은 그의 시체 발목에 전깃줄을 묶어 2km를 끌고 다니다가 길바닥에 버렸다. 그러나 그는 닷새 후 기적적으로 되살아났다.

　6.25 전쟁 동안 남한에서 인민군의 지원을 등에 업은 좌익세력이 인민재판이란 학살극을 자행하여 총 122,799명의 무고한 사람들이 희생되었다.

　북한에서는 지금도 공산당이 주민통제를 위해 인민재판이란 선전선동 정치 쇼를 이용하고 있다.

▲ 인민재판을 받고 있는 팔봉 선생
　그의 복부에 꽂혀있는 죽창이 좌익의 실체를 적나라하게 보여주고 있다.

4 전쟁나면 외국으로 도망칠 수 있을까?

예로부터 전쟁이 나면 왕과 고위관리, 집권층은 도망치기 급급했던 반면, 서민의 자제들만 전쟁에 끌려 나가 최전선에서 적과 싸우다 죽어갔다.

6.25 전쟁 당시 이승만 정권 때는 물론, 월남전이나 그 후의 크고 작은 전투나 무력충돌에서도 그랬다.

오늘날의 약아빠진 세대에게는 '충성'이니 '애국'이니 하는 말들로 세뇌시키기가 한계가 있는 모양이다. 왜냐하면 인터넷을 보면 이런 댓글들이 난무하고 있기 때문이다.

'전쟁나면 집권층이나 부유층이 먼저 도망갈 텐데 내가 왜 목숨을 걸어야 되나!'

'전사자에 대한 예우가 배타고 놀러가는 애들만도 못한데 너라면 총 들고 나가 싸우고 싶겠냐?'

'전사자 영결식은 외면하고, 대통령이란 자가 월드컵 구경하러 가질 않나, 음악회 가질 않나! 전쟁나면 차라리 국외로 탈출하고 싶다!'

그러나 실제로 전쟁이 나면, 국민들이 도망가지 못하게 이중삼중으로 길을 막는다.

🏷 공항을 통한 국외 탈출

전쟁이 났을 때 공항을 통해 해외로 빠져나갈 수 있을까? 우선 전쟁 발발 시 공항이 폐쇄되고 출국금지조치가 내려져 국민이 해외로 빠져나가지 못하게 막는다. 여권을 준비해서 공항에 가도 출국수속자체가 이루어지지 않는다.

또한 공항, 항만 등의 국가기반시설은 전쟁이 터지면 군에 의해 통제된다. 공항은 해외 증원미군의 입국, 군수물자 하역이나 한국거주 외국인의 소개 등 군사목적 위주로 사용되게 되며, 민항기의 이착륙은 전면 통제된다.

사실 기업 등이 보유하고 있는 헬기나 개인 항공기를 이용할 경우 일본이나 중국까지 갈 수 있는 충분한 항속거리를 가지고 있다.

그러나 군이 영공을 통제하고 있는 전시상황에서 레이더 추적을 따돌리고 지상 관제소의 명령에 불응하고 국외로 도망가는 개인 항공기를 공군이 가만히 놓아 둘리는 만무하다.

✔ 항구를 통한 국외 탈출

그러면 배를 타고 도망가면 될까? 항구 역시 전쟁 발발 시에는 군에 의해 통제되며, 군수물자 하역, 주한외국인의 소개 등 군사목적으로 최우선으로 사용된다.

한국국민은 출국금지조치가 내려져 정상적인 방법으로는 해외로 나갈 수 없다. 배편으로 국외탈출을 하는 방법은 사실상 밀항밖에 없다.

그러나 요행히 해군의 감시망을 뚫고 한국을 탈출하더라도 일본 영해에 들어가면 일본 해상자위대와 해상보안청에 체포되어 난민캠프에 수용될 가능성이 많다.

✔ 육로 이동은 가능한가?

전시에는 전국도로와 주요 길목마다 헌병 검문소와 초소가 배치되어 차량을 통제 및 감시하기 때문에 육로 이동이 쉽지 않다. 무엇보다도 많은 차량들이 쏟아져 나와 도로가 마비되어 차량을 이용한 이동이 사실상 불가능해진다.

그러므로 전시에는 모터사이클이나 자전거 등이 유리하다. 이들은 일반 차량이 접근하기 어려운 좁은 사잇길이나 길이 없는 곳도 전천후로 갈 수 있기 때문이다.

🏷️ 전시 징집대상자

전쟁이 나면, 18세~45세의 한국 남성은 자동적으로 소집대상 또는 징집대상자가 되어 출국이 금지된다.

현역은 당연히 자대로 복귀해야하고 공익근무병도 병역법55조에 의거하여 현역병으로 징집된다. 예비군과 민방위도 징집대상이 된다.

전황이 악화되면, 남자 고등학생 역시 병역법11조에 의거하여 징집대상이 될 수 있다.(이 정도면 사실 나라가 망했다고 보면 된다.)

해외의 징집대상 유학생들 역시 당연히 징집에 응해야 한다. 유학생들에게는 자동적으로 귀국명령이 내려지게 되며, 이들을 실어 나르기 위해 전세기가 운용된다.

만일 특별한 이유 없이 징집에 응하지 않은 유학생의 경우, 전후 병역법 위반으로 처벌될 수 있다.(전쟁이 끝난 뒤의 처벌이므로 얼마나 소집에 응할지는 의문이다.)

병역면제 등급 및 5급 이하 남성들은 전쟁이 터져도 군대에서 끌어가지 않는다.

권력층에 병역면제 신체등급 판정을 받은 자들이 유달리 많은 점은 참으로 신기하다. 저자가 젊은 시절 군 입대 신체검사를 받을 때, 어느 모병관이 이런 점을 비꼬아 던진 말이 지금도 귀에 쟁쟁하다.

"워매, 정부 고위관료가 될라거나 구캐으원 될라믄 우선 신체가 온전치 못해야ㅂㅅ이 되어야 하는 갑네~잉!"

🏷 전시소집 및 징집거부 시 처벌

대한민국 예비군이나 민방위대원 등은 전쟁발발 시 소집통지서에 적힌 곳으로 집결해야 한다. 만일 소집 대상자가 소집을 거부하고 도망가면 헌병대가 추적하며 7년 이하의 징역에 처한다.

전시에 징집되어 현역으로 편제된 후 적전 도주 시에는 즉결처분으로 총살이 가능하며 상황에 따라 7년 이상 30년 이하 징역형이다.

또한 전시에는 헌병대에서 탈영병 체포조DP; Deserter Pursuit; 군무이탈체포조를 상시 운용하며 탈영병 및 병역기피자 등을 색출 체포한다.

특히 공산국가나 독재국가일수록 탈영병에 대한 처벌이 가혹하다. 제2차 세계대전 당시 소련군이나 독일군은 탈영병을 현장에서 총살하거나 징벌부대를 조직하여 지뢰지대 개척반이나 총알받이cannon fodder로 썼다.

9장

적화통일 되고 나면,
친북 · 종북좌파를 가장 먼저 숙청한다

1 배신자를 먼저 죽인다

배신자는 반드시 죽여야 한다. 한 번 배신한 놈은 또 다시 배신하기 때문이다. 자본주의를 배신한 놈은 사회주의도 배신한다.

- 월남 공산화의 주역 호치민Ho Chi Minh; 胡志明의 유언

공산월맹은 적화통일을 달성하자마자, "한번 반역한 자는 또 다시 반역한다."며 밤낮으로 반미 미군철수를 외치며 데모하던 월남의 종북좌파 정치꾼들, 좌파 언론인, 종교인, 교수와 학생 등 소위 민주 인사들을 가장 먼저 처형했다.

이렇게 배신자를 이용하고 나서는 가장 먼저 숙청하는 토사구팽이 러시아 공산혁명을 성공시킨 블라디미르 레닌 이후 공산주의자들의 전형적인 숙청 수법이다.

📍 종북좌파들이 가장 먼저 숙청된다

월남이 패망하던 날, 월맹 공산군이 사이공에 입성하자 종북좌파들은

월맹국기를 들고 나와 열렬하게 환영했다. 그들은 그토록 바라던 적화통일이 이루어지자, 자기들의 세상이 온 줄로만 알았다.

반미·반체제 투쟁을 벌이며 월남 패망에 앞장섰던 공산좌익분자들은 월남이 공산화되자, 포상을 받고 또 논공행상을 거쳐 한 자리씩 차지하게 될 줄로 알았다.

그러나 막상 월남이 공산화되자, 공산월맹이 행한 남반부 청소작업에서 반체제 활동을 했던 자칭 '민주화 투사들'은 물론, 간첩활동을 했던 종북좌파 정치꾼들, 공산게릴라들한국의 남로당 빨치산에 해당, 좌파 종교 지도자, 반정부 시위가 전부인 것처럼 날뛰던 학생운동꾼들은 가장 먼저 처형되었다.

제발 살려만 주세요! 울면서 애원하고 있는 종북좌파들
공산화 직후 월맹에 협조했던 종북좌파들이 가장 먼저 처형되고 있다.
총살현장에서 차례를 기다리는 동안, 살려 달라며 무릎을 꿇고 싹싹 빌며 울면서 애원하고 있다. 이들은 모두 처형되었다.

이것은 월남의 공산화 직후 약 900만~1500만 명을 숙청한 대량학살극의 서막이었다.

자본주의 사회에서 온갖 혜택을 누리며 살면서도 그 사회를 배반하고 미군철수 등 반정부 활동 및 간첩활동을 한 소위 '민주 인사들'은 공산화된 베트남에서 또 다시 반역할 수 있다는 이유로 살처분殺處分; 전염병이나 어떤 불온사상의 확산방지를 위해 감염된 동물이나 불온사상에 물든 자들을 죽여서 처분하는 처리법; stamping out 되었다.

그들이 체포되어 끌려 간 곳은 '재교육센터'라는 그럴듯한 이름의 인간개조학습소강제노동수용소; 한국의 삼청교육대 비슷였는데, 실제로는 인간으로서는 견딜 수 없는 생지옥이었다.

수용자들 대부분은 그곳에서 죽을 때까지 턱없이 적은 식량공급을 받으며 가혹한 노동에 처해져 아사하거나 수시로 갖은 구실을 붙여 솎아내기 식으로 총살되었다.

공산월맹의 종북좌파 숙청작업은 대규모 학살이었다. 월남 패망 직후 단 이틀사이에 무려 26만 명이 학살되었다.

월남패망의 1등 공신이었던
제1야당 대통령 후보 쯔엉딘주
(Truong Dinh Dzu, 1917-1980s)

그는 월남패망 후 간첩으로 밝혀졌다. 그러나 공산월맹에 협조한 그도 역시 숙청되어 재교육센터에 수감되었다. 그곳은 하루 100g의 배급을 받으며 중노동에 시달리다가 아사하도록 의도된 곳이다. 배신자들을 이용하고 나서는 숙청하는 공산주의 전술을 알지 못했던 종북좌파의 비참한 말로였다. (먹성 좋게 생겼는데 하루 100g이라니! 성인남녀 1일 권장량은 900g이다.)

공산화 직후 종북좌파들의 총살
❶ 총살대에 묶는다
❷ 발사
❸ 북베트남 장교가 권총으로 일일이 머리에 확인사살을 하고 있다.

❙ 남한좌파들의 총살. 북한 공산당에 철저히 토사구팽 당했다.

당시 하도 많이 죽여서 월남 패망 후 2~3개월 동안 학살당한 사람들의 수가 지난 15년간의 월남전 기간1960~1975 동안 사망한 사람들의 수보다 더 많았다.

오죽했으면 공산월맹과 같은 공산국가 우방이었던 소련이 UN을 통해 항의하기까지 했겠는가?

🏷️ 종북좌파들이 총살당하면서 마지막으로 외친 말

월남국민들의 반미시위에 진절머리가 난 미국은 월남이라는 수렁에서 발을 빼고 싶었다. 미국은 서둘러 철수하면서, 공산월맹이 평화협정을 파기하고 침공하면, 즉각 해공군력을 투입하고 미군이 다시 오겠다고 전혀 신빙성 없는 공수표 약속을 던지고 갔다.

그리고 미군이 철수하자 월남은 곧 공산화되었다.

그동안 자유월남에서 반미 미군철수데모를 일삼던 월남의 종북좌파들은 막상 월남 패망 후 공산월맹의 재교육센터 정치범 강제노동수용소로 끌려가자, 월남이 공격을 받으면 미군이 다시 참전하겠다고 한 약속에 일말의 희망을 걸었다.

종북좌파들은 강제노동수용소에서 죽음을 기다리며 생의 마지막 순간까지도 미군이 다시 와 주기만을 기다렸다. 반미데모, 미군철수 데모로 일생을 보낸 그들이 마지막 죽는 순간에는 미군이 다시 돌아와 주기를 애타게 기도하는 아이러니가 연출된 것이다.

미군철수를 외치던 종북좌파들이 월남패망 후 인간개조 학습소에서 총살당하면서 외친 마지막 말은 '미군은 왜 안 오는가?' 였다.

"미군은 언제 오나?"
"미군은 왜 안 오는가?"
"미군은 왜 안 오는가?"
…

🏷 배신과 반역의 고장 ○○도를 숙청하라

통일 과업이 완료되면 반역의 고장 ○○도는 그냥 둘 수는 없는 일이다.
반드시 씨를 말려라.

- 조선민주주의인민공화국 김정일 국방위원장의 사망 시 유훈

김정일 조선민주주의인민공화국 국방위원장의 유언이 일반에 알려지
게 된 것은 그의 처남이자 조선민주주의인민공화국 최고 존엄의 고모부
인 장성택張成澤, 1946~2013, 함경북도 청진 태생이 처형되자 그의 측근들이 중국
등 외국으로 도망쳐 망명하면서였다.

남한의 종북○파들이 흠모하고 경애해 마지않는 김정일 국방위원장은
평소 살아생전에 간부회의에서 ○○도는 예로부터 배신과 반역을 일삼
으니 그곳 출신들은 고위직에 써먹어도 안 되고 수도 평양에 발도 못 붙
이게 하라고 했다고 전해지고 있다.

그는 "북조선에 맞서 대항하는 정당과 세력들은 그 나름대로 나라를
걱정하는 사람들이니 협조만 한다면 살려둬라.

그렇지만 몸은 여기 있으면서도 마음은 저기에 가 있는 배신을 밥 먹
듯 하는 ○○도 반역자들은 물론, '민주 인사', '민주화 투사' 라는 그럴
듯한 이름으로 포장한 박쥐같은 간신배들은 배신과 반역의 유전자가 골
수에 박혀 있는 종자들이니 아예 다 총살시켜버려라.

그 자들은 통일과업이 완료된 뒤에도 반역 음모와 공작질을 할 테니
무조건 살려둬서는 안 된다."라고 사망 시에 북한 고위직들한테 훈시했
다고 전해지고 있다.

조선 후기의 실학자 이중환李重煥이 전국을 다니면서 지리·사회·경제를 연구하여 저술한 지리서《택리지擇里志, 1751》에서도, ○○도 사람들은 반역과 음모를 꾸미는 기질이 강하고 떼거리 짓는 근성이 있으며 배신을 손바닥 뒤집듯 하는 속성이 있다고 말하고 있다.

역성혁명으로 고려왕조를 뒤엎고 조선을 개국한 태조 이성계가 ○○도를 배척한 이유는 '한번 배신 한 놈은 두 번 세 번 배신한다.'라는 이유에서였다.

이성계 자신이 고려왕조에 배신하고 반역한 당사자로서 그가 가장 두려워한 것은 바로 자신과 같은 제2, 제3의 배신자, 반역자들이 나오는 것이었다.

이러한 속성을 너무나 잘 아는 이성계이기에 자신이 창업한 조선조에서 아이러니컬하게도 자신의 출신지 함○도 지역을 천대하고 배척했던 것이다.

"… 그 지역 사람들은 위선적이고, 교활하고, 저열하며, 자기들의 이익만 추구하고, 이익을 얻을 수 있다면 언제든지 가장 비열한 배반행위도 서슴지 않고 하는 사람들이다."

이것은 프랑스 선교사 달레Charles Dallet, 1829~1878가 저술한 기념비적 저서《조선교회사Histoire de l'Église de Corée》에 적혀 있는 한 대목이다.

장성택은 ○○도 태생이었다.

2 토사구팽으로 끝나는 종북좌파들의 말로

월남의 통일은 월맹 정규군 단독으로만 이룬 것이 아니다. 월남의 지하조직인 인민해방전선NLF, 약칭 비엣콩 Viet Cong: 한국의 남로당에 해당의 역할이 절대적이었다. 월남군ARVN: Army of the Republic of Vietnam: 베트남공화국육군, 미군 그리고 한국군이 정글에서 전투한 상대는 대부분 비엣콩이었다.

옛말에 '토끼를 사냥하고 나면, 사냥개는 삶긴다兎死狗烹/토사구팽: 狡兎死 走狗烹/교토사주구팽'고 했다. 북쪽의 공산주의자들에게 남쪽의 친북·종북 분자들이란, 필요할 때 써먹을 만큼 써먹고 난 후 이용가치가 없어지면 버려지는 '사냥개'와 같은 것이었다. 결국에는 팽烹 당하는 것이 친북·종북 용공분자들의 공통된 운명이라는 것은 역사가 증명하고 있다.

🏷 북쪽 빨갱이들에 토사구팽 당한 남쪽 빨갱이들

월남에서의 사례를 보면 한반도에서의 토사구팽이 어떠하리라는 것은 쉽게 미루어 짐작하고도 남음이 있다.

예를 들어, 민족해방전선Viet Cong/베트콩에서 수립한 남베트남임시혁명정부PRG: the People's Revolutionary Government, 즉 소위 베트콩 정부의 법무장관을 지낸 쯔엉 누 탕Truong Nhu Tang 의 진술을 보면, 남베트남을 공산화하기 위해 목숨을 바쳐 싸운 민족해방전선, 즉 베트콩 전사들이 적화통일후 모조리 '정치교화소'로 끌려가 비참하게 죽었다.

이것은 북한에서 6.25 전쟁이 끝난 후, 더 이상은 이용가치가 없어진 남로당 당수 박헌영과 그 일당을 모조리 숙청시켜 버린 것과도 같다. 역사는 반복된다고 하지 않았던가!

적화통일 후 철저히 팽烹당한 베트콩 투사의 예를 보자.

쯔엉 누 탕Truong Nhu Tang은 월남 해군 장교로서 호치민에게 포섭되어 사이공에서 민주투사, 평화운동가로 위장하여 피나는 공산화 투쟁을 하며 베트콩 법무장관으로 활약하는 등 월맹의 승리를 위해 일생을 바친 공산당 투사였다.

월남의 적화통일을 위해 일생을 바친 그는 마땅히 공산화된 베트남에서의 당당한 예우를 기대했다.

그러나 1975년 5월 15일 사이공시, 아니 이제는 호치민시에서 성대하게 거행된 베트남 해방 기념식장에 참석한 그에게는 앉아야 할 좌석마저 배정되지 않아 그는 행사가 끝날 때까지 서 있어야만 했다. 비로소 이용만 당한 자신의 초라한 모습을 발견한 것이다.

이것은 한 예일 뿐, 적화 통일 후의 다른 모든 예우나 이익 등 논공행상에 있어서도 북쪽 공산당이 모조리 독식했으며 남쪽 공산당 동지들은 철저히 무시되고 밀려났다.

공산월맹 정권은 제 나라 월남을 배신한 놈들은 언젠가 또 다시 공산화된 월맹도 배신할 수 있는 부류이기 때문에 초장부터 싹을 자른다는 것을 그는 비로소 알게 되었다.

그의 두 형제들도 재교육센터에 끌려가 투옥되었다. 그도 역시 결국 수용소로 끌려갔으나 총살당하기 전에 달아났다. 그는 보트를 사서 탈출하여 인도네시아를 거쳐 프랑스로 망명하는데 성공했다.

그는 사냥이 끝나고 난 후의 사냥개의 운명을 읽을 수 있었던 것이다.

적화통일 후 철저히 팽烹당한 베트콩 정부의 예를 보자.

그 해 11월 15일 밤, 남베트남 임시혁명정부, 즉 소위 베트콩 정부의 주석 응웬 후 또Nguyen Huu Tho는 남베트남 임시혁명정부의 각료 전원을 사이공시현 호치민시 중심가의 렉스호텔로 초대하여 만찬회를 열었다.

남베트남 공산당 측에서 북베트남 공산당 정치국Politburo; 베트남 공산당 최고정책결정기관의 팜 홍Pham Hung 및 그의 일행을 초대했으나, 북베트남 공산당 측에서는 남베트남 공산당 측의 만찬초대를 무시해 버리고 단 한 명도 참석하지 않았다. 북베트남 공산당에게 이미 헤게모니 싸움에서 밀려난 남베트남 공산당은 하찮은 사냥개 무리에 불과한 것이었다.

쓸쓸한 최후의 만찬이 끝난 후, 북베트남 공산당은 남베트남 공산당의 임시혁명정부를 은밀하게 해체시켜 버렸다.

그 후 남베트남 공산당 출신자들한국의 남로당 출신자들에 해당은 하나씩 둘씩 숙청되다가, 1979년 초 대규모로 숙청되었다. 적화통일 후, 남부지역의 정부기관과 산하 기관에서 일하고 있던 남베트남 공산당 출신 직원들의 약 70%가 숙청되어 쫓겨나 하루아침에 알거지 신세가 되고, 대신 북베트남 공산당 측의 현역군인들이 자리를 차지했다.

남쪽 빨갱이들이 북쪽 빨갱이들에게 철저하게 토사구팽 당한 것이다.

공산주의자들의 소모품으로 전락해 이용만 당하고 배신당하고 버려진 소위 '민주 인사', '민주화 투사'들의 비참한 말로는 이러했다.

🏷️ 북한에 토사구팽 당한 남로당 박헌영 일당

김일성은 6.25 전쟁을 계획하면서 남한 내의 공산세력을 남한 내부 폭동세력으로 써먹기 위해 남한 공산당, 즉 남로당 당수 박헌영朴憲永, 1900~1955을 부주석 자리에 앉힌다.

박헌영은 남조선에 쳐들어가기만 하면 남로당원들의 호응으로 남조선은 3일 만에 무너질 것이며 지리산과 내장산 등에서 활동하는 2~4만의 남한 빨치산partisan/파르티잔; 유격전을 수행하는 비정규군; guerrilla 이 호응할 것이라고 주장했다.

여기서 6월 28일부터 박헌영이 행한 남한의 남로당원들 및 좌익세력에게 폭동을 선동하는 방송을 들어보기로 하자.

"우리 인민군은 여러분 남조선 인민을 구출하러 왔습니다. … 모든 남반부 인민들이 어째서 총궐기를 안 하십니까, 무엇을 주저하십니까? …
적의 후방에서는 하나도 폭동, 둘도 폭동, 셋째도 폭동입니다. 전력을 다해 대중적 정치적 폭동을 일으키십시오!"

"잉크는 독가스, 펜은 기관총"이라고 외친 레닌 괴벨스의 선전선동전술을 따라하다 보니 해골모양의 외모까지 괴벨스를 닮게 된 좌파 시민도 있다.

우리 사회에 횡행하는 좌익의 선전선동 전술은 레닌이 정립하고 나치스정권의 선전장관 괴벨스가 발전시킨 공산주의 선전선동 전술을 그대로 가져온 것이다. 공산좌파들은 말한다. '거짓말이어도 좋다! 계속 반복하라! 그러면 진짜가 된다.' 공산좌파들에게 거짓말은 죄가 아니라 가장 효과적인 전술이다.

6 · 25 때 서울시민들은 인민공화국 치하에서의 3개월 동안 거의 매일 강제집회에서 김일성과 스탈린 우상화 세뇌교육을 지겹도록 받았다.

역시 선전선동으로 민중의 폭동을 유도하여 국가의 전복을 기도하는 공산당의 전형적인 전술은 예나 지금이나 변함없이 없다. 아니, 더욱 더 교활하고 극심해졌다.

그러나 박헌영의 호언장담과는 달리 민중봉기는 없었다! 그것은 무엇보다도 거짓 선전선동만 늘어놓으며 말과 행동이 판이하게 다른 공산당에 대해 민심이 돌아섰기 때문이었다.

또한 6.25 전쟁 직전에 여수 · 순천 반란사건 등 대대적인 좌익 소탕으로 남한에서 남로당과 빨치산은 이미 와해되었기 때문이었다.

1953년 7월 27일 정전협정으로 한국전쟁이 휴전되자, 즉 사냥이 끝나자, 사냥개들은 필요가 없어졌다. 이제 사냥개들을 삶아 죽이는 일만 남게 되었다. 휴전 직후 8월 한 달 동안 체포된 남로당원이 무려 2천 명에 달했다.

더 이상 이용가치가 없어진 박헌영을 비롯한 이승엽6.25 때 서울시장, 이강국한국판 마타하리 김수임 사건으로 잘 알려져 있는 김수임의 애인; 북한 초대 외무상 등의 남로당 떨거지들은 차별대우를 받다가 결국에는 모두 처형되었다.

그들 모두가 조선민주주의인민공화국을 위해 일생을 바쳤지만 결국에는 토사구팽 당한 것이다.

1955년 박헌영은 야간에 지프에 실려 가 평양시내 변방 야산기슭에서 총살당했다. 북한을 위해 그리고 남한의 공산화를 위해 투쟁하며 일생을 바친 남한 빨갱이 박헌영은 말로는 비참했다. 미제의 스파이로서 미국과 내통하여 6.25 남한봉기가 실패하게 했다는 죄목을 붙였다.

그러나 그가 총살형이나 교수형이 아닌, 굶주린 개떼를 풀어 물어뜯어 죽게 하는 견살형犬殺刑으로 죽었다는 소문도 떠돌았으며, 그가 처형당한 뒤에 그의 시신을 사냥개에게 먹이로 던져줬다는 소문도 있었다.

어쨌든 남한 빨갱이 박헌영은 이렇게 비참하게 팽 당했다.

6.25 당시 적 치하에서의
서울시장 이승엽

김수임은 미군 간부 베어드와 동거하며 애인 이강국에게
각종 기밀을 제공했다.
소문과 달리 그리 대단한 미인은 아니었던 것 같다.

휴전 후 이용가치가 없어진
월북한 남로당계 공산당원들을
대대적으로 총살하는 장면,
영화의 한 장면

곧 이어 북한 공산당은 박헌영만 믿고 월북해 와서 활동하고 있던 남로당계 인사들도 빗자루로 쓸듯 쓸어버렸다.

이것은 바로 자유대한에 기식하며 온갖 혜택과 단물을 쪽쪽 빨아 먹으면서도 종북 충견노릇을 하고 있는 ○산○파들의 미래일 수 있는 것이다.

한국이 적화 통일되면, 종북 ○산○파들이 북한 정권으로부터 어떤 취급을 받을 것인지는 누구라도 쉽게 알고도 남음이 있기 때문이다.

북한에서 죽음을 무릅쓰고 탈출한 한 탈북자가 남한의 종북○파들에게 던진 말이 지금도 귓가에 생생하다.

"나는 적화통일이 되면 종북좌파들이 북한에 의해 철저히 숙청될 것이라고 확신한다. 그게 공산주의자들의 속성이기 때문이다.

또한 그들은 북한 독재정권에 협조한 부역자들로서 북한주민들에 의해서도 처단될 것이다."

적화통일 후,
남한국민에 대한 숙청작업과 그 참상

1 통제 할 수 있게 남한인구의 절반을 제거하라

"나는 남한 점령군 사령관으로 가겠다. 남조선이 적화 통일되면 1,000만 명은 도망갈 것이고, 2,000만 명은 죽일 것이며, 남은 2,000만과 북조선 인민 2,000만으로 통일 공산주의 국가를 건설하면 될 것이다."

‐ 조선민주주의인민공화국 김정일 국방위원장

남한의 종북○파들이 흠모하고 경애해 마지않는 조선민주주의인민공화국 김정일 국방위원장은 통일된 후 한반도에 존재할 나라는 공산주의 국가이어야 하며, 순수한 공산주의 사회를 건설할 것이라고 공언한 바 있다.

그렇게 하기 위해 철저히 자본주의에 물들어 있어 공산주의 사상을 주입시켜 교화시킬 수 없는 2,000만 명을 제거하겠다귀순한 전 북한 핵방위국 군관 이충국 씨가 1994년 일본에서 발간한 '김정일의 핵과 군대; ISBN 9784062072380'에서는 김정일이 전쟁발발 시 남한 인구 4천만 명의 학살을 지시했다고 밝힘고 했다.

이것은 남한 인구의 절반으로 줄여 북한 인구수와 대등한 통제 가능한 2,000만 명으로 만들겠다는 뜻이다.

🏷 공산화 된 베트남, 캄보디아, 국민의 1/3을 살해

전쟁에서 적국을 점령했어도 적국 국민의 수가 아주 많거나, 또는 아군의 수보다 포로로 잡힌 적군의 수가 더 많을 경우, 오히려 역습을 당하기 쉽다.

역사적으로, 이런 경우, 역습이나 봉기를 막고 통제를 쉽게 하기위해 점령지 국민이나 포로를 죽여 수를 줄인 예가 드물지 않게 있었다.

백년전쟁 당시 북프랑스의 아쟁꾸르 전투The Battle of Agincourt/Azincourt에서 영국의 헨리 5세는 6,000의 영국군으로 병력수가 무려 6배나 많은 36,000의 프랑스군을 물리치고 대승을 거두었다. 이때 프랑스군 약 7천명이 포로가 되었다.

수적으로 열세였고 지쳐 있었던 영국군은 자기들보다 훨씬 더 많은 수의 프랑스군 포로들이 전장에 내버려진 무기들로 재무장하고 봉기할 경우 오히려 역습당할 수 있다는 두려움에 휩싸였다.

마침내 헨리 5세는 포로 전원에 대한 학살을 명령했다. 3개의 영국 대장기 주변에 시체가 사람 키만큼 쌓였다.

아쟁꾸르 포로학살
포로가 너무 많아 역습당할까
두려워 학살했다

자국의 인구보다 적국의 인구가 훨씬 많아 통치에 버거움을 느낀 것은 공산 월맹북베트남도 마찬가지였다.

1975년 공산화 직전, 당시 총 인구 5,000만의 90% 이상이 베트남 남반부인 월남에 있었고 북반부 월맹이 지배하는 지역의 인구는 단 10%에 불과했다. 그러므로 공산화되자, 인구 10%의 월맹이 인구 90%의 월남을 통치해야 하는 버거운 상황이 되었다.

다음 수순은 생각한대로이다. 공산 베트남정권은 인구수를 통제 가능한 수로 줄이기 위해, 자본주의의 때를 벗겨내고 적폐를 청산한다는 명목으로 1975~1977년 사이에 베트남 남반부 국민의 1/3을 참혹하게 살해했다.

은밀하게 진행된 대학살, 공공연한 처형, 재교육센터라는 미명의 강제노동교화소, 부르주아계층 청소 등으로 공산화 이후 1년 동안 죽은 사람들의 수가 지난 15년간의 월남전 기간1960~1975 동안의 희생자 수보다 몇 배나 많았다.

월남이 공산화되자 인접국 캄보디아Cambodia, 1953~1970, 1993~; 크메르/Khmer, 1970~75; 캄푸치아/Kampuchea, 1975~93와 같이 국호를 자주 바꾸었음 역시 공산화되었다. 1976년 폴 포트본명은 살롯 사르/Saloth Sar가 이끄는 크메르 루즈Khmer Rouge, 프랑스어로 '붉은 크메르'라는 뜻; 캄보디아의 급진공산좌익 무장단체 정권이 집권하면서 국명을 '민주 캄푸치아'로 바꾸었다.

폴 포트의 크메르 루즈 정권도 곧 공산좌익의 본성을 드러내고 가장 먼저 적폐청산이란 명목으로 대대적인 국민학살에 착수했다. 그들은 통제하기 쉽게 전 국민의 1/3에 해당하는 300~350만 명을 참혹하게 살해했다.

킬링필드(the Killing Fields)
'죽음의 들판' 이란 말 그대로 집단 학살지를 일컫는 말이다.
크메르루주 정권이 1975년~1979년까지 약 4년에 걸쳐 저지른 대학살을 말하기도 한다.

종북○파들이 경애하고 흠모해 마지않는 조선민주주의인민공화국 김정일 국방위원장도 남조선이 적화 통일되면 남한 인구의 1/3을 죽여 없애겠노라고 공언한 바 있다. 남한인구가 북한인구보다 많으면 통제하기 어렵고 언제라도 폭동이 일어날 수 있기 때문이다.

따라서 남한인구가 2천만으로 줄어들 때까지 처형하며 나머지는 강제노동에 처한다. 가혹한 강제노동과 적은 식량공급월남의 경우 하루 100g으로 서서히 굶겨 죽이려는 의도인데, 대부분 1~3년 이내 사망한다. 한꺼번에 대량으로 죽이면 유엔이나 국제사회의 비난에 직면하게 되기 때문이다.

하긴 제 나라 국민을 200만이고 300만이고 탱크로 깔아뭉개 죽여버리겠다는 자도 있는데, 하물며 북한이 남한국민 2000~3000만 쯤 죽이는 건 일도 아닐 것이다.

킬링필드 도살자의 악마의 미소

2 적화통일 되면 누가 가장 먼저 처형되나?

다음의 내용은 월남 패망 후 월맹정권이 10년간 자행한 숙청작업, 크메르 루즈의 숙청작업, 소련, 중국, 북한에서의 숙청작업, 탈북자들의 진술 등을 요약한 것이다.

🏷 공산종북좌파 배신자들을 먼저 죽인다

이 점에 대해서는 앞에서 다루었으므로 생략한다.

📍 어용 관변단체 기식자들을 먼저 죽인다

관변단체官邊團體; 관/官에 기생하는 단체라는 의미는 시민이 낸 세금을 정부지원금의 형태로 지원받아 운영되는 어용단체이다. 이 단체들은 '시민의 이익을 위한 비영리단체 '비영리'라고 하지만, 사실은 자신들의 이익을 위해 '악어와 악어새'처럼 정권에 기식하며 국민의 혈세를 빤다.' 라는 명분 아래 정권유지를 위한 도구로 활용되므로, 정권이 의도적으로 지원·육성한다. 각종 정권용호 캠페인과 시위에 적극 참여한다.

공산주의에서는 이들을 우선 박멸해야 할 흡혈충 거머리라 부른다.

🏷 정치꾼, 공무원, 군인, 경찰 등은 우선 처형 한다

공산주의자들은 의회의원 등 정치꾼은 '사기협잡꾼'이며, '공무원은 제국주의의 개', 경찰 및 정보요원은 '제국주의의 앞잡이', 군인은 '제국주의의 하수인', 판검사는 '길들여진 개'라고 부른다.

월남이 적화 통일되자, 스탈린의 표현에 따르면 '인민의 살을 뜯어 먹고 피를 빨아먹는 흡혈귀 같은 정치모리배 정치꾼' 들은 물론, 월남의 공무원, 권력층 인사들은 모두 적대 계층으로 분류되어 승자의 보복 대상이 되었다.

이들은 재교육을 통한 개조가 아닌, 처형의 대상이 되었다. 그들의 가족까지 포함하여 100만 명 이상이 숙청되었다.

250,000명의 전 월남군인ARVN들도 수용소reeducation camps; 재교육센터로 보내져 거기서 11년에 걸쳐 지속적으로 고문하고 매일 일정 인원을 솎아내 살해하여 숫자를 줄여나갔다.

전 월남군인들을 지뢰지대에 몰아넣어 지뢰를 제거하는데 사용하기도 했다. 그들은 무더기로 죽어나갔으며 시체는 표식도 없는 커다란 구덩이에 던져 넣고 묻어버렸다.

캄보디아에서도 적화통일 직후, 전 정권의 정치꾼, 공무원, 군인들이 대량학살을 당하고, 그들의 가족들도 반동세력으로 몰려 학살당했다.

공무원들의 총살
수시로 고문하고 매일 일정 인원을 솎아내 총살하여 숫자를 줄여나갔다.

죽음의 수용소로 끌려가는 공무원들

학살당한 이들의 시체로 덮인 거리

인간개조 사상학습소인 재교육장으로 끌려가는 월남군 포로들
자신들의 운명을 걱정하는 표정의 월남군 포로들과 대조적으로 그들을 호송하는 월맹군의 의기
양양한 발걸음과 승자의 여유 있는 미소가 인상적이다. (원 안은 총살되고 있는 정부군 군인들)

 월남군 포로들을 게임 판의 말로 삼아 내기한 월맹군들

월맹군들은 월남군 포로들을 게임 판의 말로 삼아 지뢰지대 앞에 일렬로 세워놓고 자기
들끼리 돈을 건 다음 100m까지 달리게 한다. 살아남는 말에 돈을 건 자가 돈을 따는 것
이다. 말, 즉 포로가 지뢰지대에 들어가지 않으려고 버티면 뒤에서 총을 쏘아 죽이고 다른
포로로 말을 교체한다.

포로들은 거의 다 지뢰를 밟고 죽었다. 살아남아도 게임이 끝나면 뒤에서 총을 난사하여
사살했다.

(이 잔학행위가 영화에도 등장하는데, 영화 람보(Rambo)에서는 포로들로 하여금 지뢰
를 던져 넣은 논을 달리게 하는 장면으로 변형되어 나온다.)

▲ 지뢰를 논에 임의로 던져 넣고(왼쪽) 포로들을 달리게 했다.(오른쪽)

판 후이 꽛
월남공화국 4대 수상

응웬 반 록
월남공화국 6대 수상

공산 베트남정권은 눈에 핏발을 세우고 공무원 사냥대를 풀어 피신한 공무원들을 사냥했다.

전 남베트남 수상 판 후이 꽛Phan Huy Quat, 1908~1979; 구엔 카오 키 수상의 전임자은 월남패망 시 주저주저하다 국외로 탈출할 기회를 놓치고 숨어 지냈다.

그러나 그는 불과 4개월 만에 피신 공무원 사냥대에 잡혀 그의 늙은 부인과 아들, 딸, 사위, 며느리 그리고 3세~5세의 어린 손자, 외손자 할 것 없이 모조리 사이공 찌호아Chi Hoa 감옥으로 끌려갔다. 그는 그곳에서 고문으로 죽었다.

역시 남베트남의 총리를 지냈던 응웬 반 록Nguyen Van Loc, 1922~1992도 국외로 탈출할 기회를 놓쳤다. 그러나 그는 불굴의 탈출 시도를 한 끝에 마침내 1983년 15번째 시도에서 싱가포르로 탈출하는데 성공한다. 그는 후에 프랑스로 망명했다.

영화 《빠삐용-Papillon》에서 감옥에 갇혀있으면서도 자유를 갈구하던 주인공 빠삐용Steve McQueen 역이 8번의 탈출시도 끝에 성공한 것에 비하면, 실로 응웬 반 록은 빠삐용을 능가하는 불굴의 의지의 사나이라 아니할 수 없을 것이다.

🏷️ 자본주의 사회의 악질들을 우선 처형한다

러시아의 소설가 도스토예프스키Dostoevskii, 1821-1881의 소설 《죄와 벌》에서 주인공 라스콜니코프는 악질 사채업자, 즉 고리대금업자를 도끼로 찍어 죽인다.

영국의 극작가 셰익스피어도 그의 희극 《베니스의 상인》에서 유대인 악덕 사채업자 샤일록Shylock의 고리대금업을 저주하고 있는데, 유럽인들의 이러한 저주와 분노가 훗날 나치독일에서 유대인의 대량학살로 이어지게 된다.

마르크스주의자들은 "사채업자를 처단하는 것은 공산주의자의 도덕적 의무이다. 따라서 공산사회 건설을 위해 사채업자를 죽이는 것은 정당하다."고 말한다.

공산주의 북한은 물론 중국에서도 사채업자loan shark; 고리대금업자들을 '자본주의의 악질 쓰레기들' 이라고 불렀다.

그러므로 공산주의 사회에서는 사채업자들을 공개처형할 때 총알이 아깝다고 몽둥이로 쳐 죽였으며 처형장에 대기하고 있던 의사들이 장기를 모조리 적출해갔다.

자본주의 악질 쓰레기들의 처형
산뚱성 악질사채업자 金起雲과 악질 사기범 全世英, 萬洙 일당의 처형. 총알이 아깝다하여 몽둥이로 쳐 죽이고 발로 밟아 죽였다.
처형이 끝나자마자 대기하고 있던 의사들에 의해 그들의 장기가 적출되었다(아래).
신선도를 위해 그들이 숨이 덜 끊어진 상태에서 그들의 장기와 각막이 뜯겨나갔다.

총살대원들이 피가 튀는 것을 피하기 위해
몸을 숙이고 있다. 추출할 장기에는 손상이
가지 않도록 머리 부분만 살짝 날린다.

사채업자를 특수부대 살인실습용으로
사채업자를 풀어주고 달아나게 한 다음
특수부대원이 살인실습으로 사냥해서 죽인다.

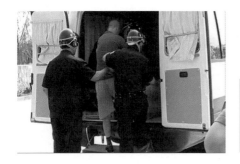

처형 및 장기추출작업용 밴
보통의 병원차량 밴처럼 위장되어 있지
만 이 안에서 장기적출 작업이 이루어진
다. 처형될 사채업자, 사기범 등을 마취
시켜놓고 그들의 장기를 적출한다.

중국의 경우, 중범죄를 저지른 장기수들은 식량만 축낸다고 하여 제
거해버린다. 조직폭력배, 강도, 성폭행범, 마약범 등은 본보기로 공개
처형한다. 이들을 총살할 때는 머리 부분만을 살짝 날려 적출할 장기에
손상이 가지 않도록 한다.

조직폭력배, 강도 등은 지금도 특수부대에 실제 살인연습용이나 총
검훈련용으로 제공된다.

📍 언론인은 우선 처형한다

월남이 공산화되어 세상이 바뀌자, 어제까지만 해도 구 정권에 영합
하던 언론인들이 하루아침에 공산주의 선전 나팔수로 변신하여 공산정
권 찬양의 나팔을 빽빽 불어대기 시작했다.

선전선동의 대가 괴벨스(Goebells) 히틀러재단이사장과 그의 최후

　본래 공산주의자들은 체제유지를 위해 언론의 선전선동을 무엇보다 중시한다. '선전선동은 곧 공산주의다' 라는 말이 있을 정도이다.

　그럼에도 불구하고, 적화 통일되면 공산정권은 정권의 나팔수 어용 언론인들을 우선 처형한다. 역사적으로도 정권에 아부하다가 배신하고 변절하기를 반복하는 신문인, 방송인, 기자 등 어용 언론인들의 속성을 꿰뚫어 보고 있기 때문이다. 공산주의자들의 표현에 따르면, '앵무새_{어용 언론인} 목을 비틀어 죽인다' 는 것이다.

　실제로 정권이 바뀜에 따라 언론의 태도가 달라졌던 예는 수없이 많은데, 특히 프랑스 혁명 당시 하루하루 정세에 따라 입장을 극적으로 바꾼 '모니퇴르 신문le Moniteur universel'이 대표적으로 풍자의 대상이 되고 있다.

언론사 사주들의 총살
프랑스는 적에게 부역한
언론사 사주들을 철저히 총살했다.
관련내용 248~249 참조.

실각한 나폴레옹이 1815년 2월 26일 유배지 엘바 섬을 탈출해서 3월 20일 파리에 입성할 때까지 불과 20여 일의 기간 동안, 모니퇴르 신문의 1면 헤드라인에 실린 나폴레옹에 대한 호칭이 멸칭에서 점점 경칭으로 바뀌는 점을 보면 가히 언론인들의 민낯을 보는 것만 같다.

처음에는 나폴레옹을 욕하며 현 정권 루이 18세에게 충성심을 나타내던 이 신문이, 그 후 어떻게 변절자의 진면목을 드러냈는지 그 헤드라인을 살펴보기로 하자.

1815년 3월

09일자 : 식인귀, 유배지 엘바 섬에서 탈출

10일자 : 코르시카 출신 괴물, 쥐앙(Juan) 만에 상륙

11일자 : 맹호, 가프(Gap)에 도착

12일자 : 괴물, 그르노블(Grenoble)에서 야영

13일자 : 폭군, 리옹(Lyon)을 통과

18일자 : 찬탈자, 파리에서 60마일 거리까지 진군

19일자 : 보나파르트, 강행군으로 전진, 파리 입성은 절대 불가

20일자 : 나폴레옹, 내일 파리 도착 예정

21일자 : 황제께서 퐁텐블로 궁에 도착하시다.

22일자 : 어제 황제 폐하께옵서 충성스런 신하들을 거느리시고 공식적으로 튀를리(Tuileries) 궁전에 듭시었다. 만백성의 기쁨 한이 없도다.

실로 정권에 영합하는 신문, 방송, 언론인들이란 몸을 파는 창녀보다 더 저속하고 비루한 자들이다. 그들은 인간 품격의 한 요소인 지조를 판 자들이기 때문이다. 언론인 허스트의 말이다.

언론이 정권에 영합하고 아부하는 처세술은 카멜레온을 뺨치게 한
다. 신문, 방송 등의 언론이 집권세력에 기생하며 정권의 나팔수 역할
을 함으로써 소위 기레기기자+쓰레기의 합성어라고 경멸당해도, 언론인들은
'펜은 총보다 강하지만, 밥은 펜보다 강하다' 라고 믿는 먹고사니즘먹고
사는 일이 가장 중요하다고 생각하는 가치관으로 자기를 합리화할 뿐이다.

언론의 배신과 변절 나아가 매국 행위를 보여주는 대표적인 사례는
한국 신문과 방송의 역사에서도 쉽게 찾아볼 수 있다. 역시 모니퇴르
뺨치는 배신과 변절의 행보를 보였고 지금도 그 고질적 습성을 버리지
못하고 있다.

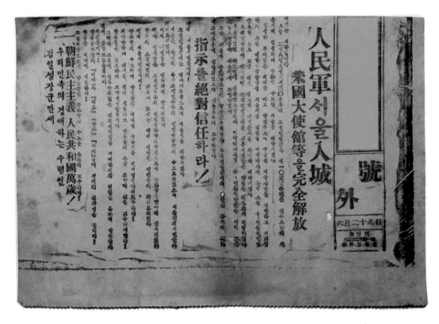

인민군이 서울을 점령한 1950년 6월 28일자 모 신문의 호외(號外)
특히 호외 마지막 부분의 "조선민주주의 인민공화국만세!", "우리 민족의 경애하는 수령인
김일성장군 만세!"라는 문구가 가히 충격적이다.

"人民軍(인민군) 서울 入城(입성)

米國大使館(미국대사관) 等(등)을 完全解放(완전해방)

…

조선민주주의 인민공화국 만세!

우리 민족의 경애하는 수령인 김일성장군 만세!"

6.25 전쟁이 발발하고 북한군이 서울에 입성하자 한국 언론이 발행한 긴급 호외에 실린 글이다.

언론은 "김일성 장군 만세"를 외치며 열렬히 환영했다. 이것은 명백한 빨갱이 찬양이었고, 누가 정권을 잡든, 어떤 체제이든, 자신들에게 이익만 된다면 무슨 짓이라도 할 수 있다는 전형을 보여준 것이다.

일제 강점기에 철저히 민족을 배신하고 "천황폐하 만세"를 외친 언론

우리 민족을 압살하고 수탈하는 일제에 충성하며, 일제에 빌붙어 사주와 자신들의 배를 불리는데 주저하지 않았다. 특히 언론의 변절과 민족배신 은 일반인의 그것과 차원이 다를 뿐 아니라 죄질이 더욱 악랄하다.

🏷️ 예수 믿는 자는 우선 처형한다

종교는 인민의 아편이다.
- 칼 마르크스

주한미군이 철수하면 한국교회는 거대한 피바다가 된다. 북한에서 기독교인은 철저한 박멸의 대상이기 때문이다. 예수 믿는 자는 이미 머릿속이 예수로 세뇌되어 있어 사상개조가 불가능하기 때문에 불온 사상범으로서 우선 처형한다.

적화통일 되면, 북한은 남한의 1400만의 기독교인들을 우선적으로 처형한다. 그 이유는 기독교가 주체사상과 사상적으로 정면충돌하며 북한체제를 위협하기 때문이다.

다시 말해, 북한에서는 통치자를 신격화, 우상화하여 독재체제를 유지하고 있는데, 기독교가 들어와 또 다른 신을 섬기는 것은 북한의 신 김일성·김정일에 대한 숭배, 충성, 권위에 도전하는 것이 되기 때문이다.

북한의 하늘아래 두 개의 태양이 있을 수 없듯이, 두 신이 있을 수는 없는 것이다.

▌김일성 신 vs 예수 신

북한에서는 성경책을 가지고만 있어도 간첩으로 몰아 공개 처형한다. 가족들까지 밤에 몰래 어디론가 끌려가 사라진다.

북한은 작년 한 해에만 기독교인 120여명을 처형했다. 최근 탈출한 한 탈북자는 그가 살던 마을에서는 적어도 한 달에 한 번 공개처형이 행해졌다고 증언했다.

기독교인의 처형은 본보기로 공개처형한다. 처형을 당하는 사람의 가족들은 7살짜리 아동인 자녀를 포함한 모든 가족들이 강제로 처형을 지켜보게 한다. 처형은 가족들의 3m 눈앞에서 총살로 집행하며, 3명의 사격수가 3발씩 3회, 총 9발을 쏘아 죽인다.

시체는 가족에게 돌려주지 않고 암매장해버린다.

▎처형장으로 끌려가는 기독교 성도들. 원 안은 총살되어 머리를 떨군 성도

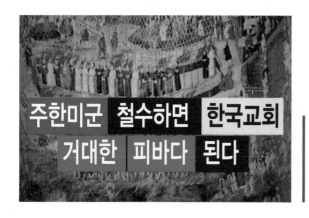

주한미군 철수하면 한국교회 거대한 피바다 된다

적화통일 되면, 기독교인은 모조리 색출하여 처형한다.

인구조사 시, 종교란에 기독교라 적지 말고 '없음'이라고 써넣는 것이 살아남는데 유리할 것이다.

3 허울 좋은 재교육센터, 실체는 숙청 지옥

🏷 베트남판 굴라그, 인간개조 수용소

남한이 적화되고 나면, 공산정권은 필히 남한출신자들에 대한 인간 개조작업을 실시한다. 월남의 경우를 보면, 남한출신자들이 끌려가게 될 재교육센터의 진면목을 알게 된다.

공산 월남정권은 재교육 수용소re-education camps; hoc tap/학 탑를 설치했는데, 이것은 월남판 굴라그Gulag; 1930~55년 소련의 정치사상범 강제노동수용소; 이곳에서의 참상은 The Bamboo Gulag라는 책에도 잘 나와 있다.였다. 이것은 과거 ○공 군사 쿠데타 정권의 소위 '삼청교육대'를 떠올리게 한다.

월남 전국 각처에 재교육 수용소가 설치되어 적대계층으로 분류된 사람들을 잡아 가두고 사상개조 명목으로 고문과 처형을 자행했다.
인간개조가 안 되는 사람들은 수시로 솎아내 수용소 건물 뒤 언덕에서 하루에도 수십 명씩 총살해버렸다. 수용소장의 그날 기분에 따라 홀수 날이면 홀수 번호의 수용자들을 골라내 총살하기도 했다.

❙ 적대계층으로 분류된 사람들은 고문과 처형으로 수십만 명이 죽어갔다.

1975년 5월 1일 밤 12시 공산통일 베트남정권은 라디오 방송을 통해 중대 성명을 발표했다.

"구舊 월남의 의회의원, 공무원, 군인, 종교단체 지도자, 학생운동 지도자들은 몇 주간의 새로운 통일조국건설에 걸맞은 재교육을 받기 위해 자발적으로 전원 출두하여 신고하고 공산주의 정치사상 재교육센터에 입소하라."는 공고였다.

재교육을 필하고 나온 사람들에 대해서는 과거 구 월남정권에서의 일체의 공과를 논하지 않겠다는 말도 덧붙였다.

야간에 트럭에 실려 극비리에 재교육센터로 이송된 입소자들은 그제야 공산주의 기만전술에 또 다시 속은 것을 알고 전율했다. 허울 좋은 재교육센터는 사실은 정치범 수용소였으며, 수감기간도 몇 주간이 아니라 무기한이었다.

공산정권 당국은 곧 이어 입소한 정치범들의 가족들까지도 추가로 체포하여 수용소에 투옥하기 시작했다.

자유월남 시절, 공산화를 위해 월맹에 충성하며 투쟁했던 공산종북 정치꾼들과 간첩들은 물론 미군철수를 부르짖으며 시위했던 대학생들도 속속 체포되어 끌려와 투옥되었다.

이 재교육센터라는 이름의 베트남판 굴라그는 전국에 분산 설치되었는데 58개의 각 성省; tinh/틴마다 1개소 이상 설치되었다. 각 수용소마다 약 2,000명 정도씩 수용되었다.

재교육센터, 즉 정치사상범 강제노동수용소는 탈출을 막기 위해 도시에서 멀리 떨어진 깊은 밀림지대에 위치시켰다.

수용소에서는 '반역자와 반동분자들을 사회주의 혁명에 동참할 선량한 국민으로 개조하기 위해서는 노동을 통한 재교육이 필요하다'고 하며, 가혹한 육체노동을 강요했다.

작업 후에는 바로 잠을 자게 하는 것이 아니라 공산주의 사상교육을 위한 학습모임을 갖는다. 야간학습은 공산주의답게 지도자 동지를 찬양하는 구호로 시작해서 구호로 끝났다.

식량은 그날그날 작업실적에 따라 급식량이 결정되었다. 성인의 일일섭취량은 최소 900g을 넘어야 하는데 수용소에서는 하루 100g만을 지급해 고의로 굶주려 죽게 했다.

한 끼 식사로 나오는 밥에도 간수들이 일부러 모래를 섞어 넣어 이빨이 다 나가 물을 부어 건져 먹어야 했다. 자본주의의 물을 뺀다는 것이었다. 그나마도 하루에 두 끼만 주고 한 끼는 굶겼다. 부식은 소금국이 고작이었다.

재교육센터, 즉 정치범 수용소는 공산정권이 제거해 버리고 싶은 적대계층의 사람들을 제거하기 위해 강구해 낸 교묘한 장치였다.

수감자들은 영양실조와 가혹한 노동, 지뢰제거작업 등에 내몰려 대부분 3년 내 사망했다. 게다가 밀림지대에 만연하는 말라리아, 이질 등

의 열병과 뱀, 전갈 등의 독충과 미래가 보이지 않는 절망감 등으로 많은 사람들이 죽어갔다. 물론 의료혜택은 전무하여 병에 걸리면 바로 죽어갔다.

구태여 유엔이나 국제사회로부터 비난과 항의를 받아가면서까지 처형하지 않더라도 공산혁명에 방해가 되는 사람들은 이렇게 자연스럽게 제거되었다.

밀림 속에 격리되어 있는 수용소에서는 수용소장이 왕이었고, 간수들은 생사여탈권을 제멋대로 휘두르는 망나니들이었다.

간수들은 심심풀이로 수감자들을 각종 고문과 가혹행위로 괴롭혔다. 머리가 소대가리 같다고 해서 여물을 먹게 하고, 쩝쩝대며 말하는 소리가 귀에 거슬린다고 입을 막대기로 쑤셔 고문했다. 얼굴이 해골같이 생겼다거나, 한 사이공 재단이사장 출신의 시민은 인상이 간사하게 보여 재수 없다고 몽둥이로 머리를 쳐 죽이기도 했다.

어떤 간수는 그날 기분에 따라 수감자가 마음에 들지 않으면 수용소 철창에 거꾸로 매달았다. 거꾸로 매달린 수감자는 피가 아래로 쏠려 비명을 지르다가 이내 몸속의 것을 모두 쏟아내고 기절해버린다. 그래도 간수는 그대로 내버려 두었다가 한참 후에 풀어준다. 다시 깨어나면 그만이고 숨이 끊어졌어도 그만이다. 시체는 수용소 밖의 밀림에 내다 버리면 그만이었다.

이처럼 자유월남 시절, 공산혁명을 위해 투쟁했던 공산종북좌파 정치꾼들과 간첩들은 물론 미군철수를 외치며 시위했던 대학생들도 개죽음보다 못한 죽음을 맞이했다.

4 크메르 공산화 후의 숙청참상, 처형방법

🏷 공산좌익이 만들어낸 지옥의 킬링필드

캄보디아가 크메르 루즈Khmer Rouge; '크메르 빨갱이'란 뜻; 캄보디아의 공산좌익 무장 단체에 의해 공산화 되었을 때 폴 포트 정권은 곧 공산좌익의 본성을 드러내고 가장 먼저 적폐청산이란 명목으로 대대적인 국민학살에 착수했다.

공산좌익 크메르 루즈는 전 국민의 1/3에 해당하는 300~350만 명을 고문하고 참혹하게 살해했다.

의회의원, 변호사, 군인, 공무원, 지식인, 교사와 교수, 말 많은 언론인 등은 형식적 재판절차조차도 없이 모조리 처형되었다. 다만 무지렁이 노동자와 농민은 부려먹기 좋은 부담 없는 계층이라는 이유로 살려두었다.

특히 의사와 교수들은 모조리 살해당했는데, 유엔 보고서에 따르면, 대학살 이후 전국에 살아남은 의사는 단 7명뿐이었다.

공산좌익은 캄보디아라는 국가를 완전히 파괴시켜 버렸다. 3백만의 도시민들을 시골로 강제 추방하여 노예 노동에 몰아넣었는데, 그 과정에서 고문과 학살과 기아, 질병으로 인해 최소 100만 명이 목숨을 잃었다.

또한 중국의 문화혁명에 영향을 받은 폴 포트는 교사, 글을 읽을 수 있는 사람, 영어를 할 수 있는 사람, 안경 쓴 사람, 손에 못이 박히지 않고 부드러운 사람, 외국서적을 가진 사람, 양담배를 피우는 사람 등은 부르주아로 분류하여 처형했다.

공산좌익은 입으로는 인민을 위해 '천국의 집단농장'을 만든다고 외치며 실제로는 '지옥의 킬링필드'를 만들었다.

공산좌익세력이 자행한 양민 학살의 형태와 방법은 너무나 참혹하여 단연코 '인간은 본래 악마'라는 확신을 갖게 할 정도였다.

총살형은 그나마 고통 없이 죽으니 행복한 죽음에 속했다. 공산좌익은 총알이 아깝다는 이유로 도끼로 목을 쳐 살해했다. 고위 공무원의 부인 여사님들은 산 채로 머리에 드릴을 박아 처형했고, 정치꾼들은 큰 구덩이를 파고 한꺼번에 몰아넣고 흙으로 묻어버리는 생매장을 하기도 했다.

그밖에도 몽둥이로 때려죽이기, 죽창으로 찔러죽이기, 머리에 못 박아 죽이기, 비닐봉지를 얼굴에 씌워 질식사시키기, 목을 삽날로 밟아 죽이기 등 인간이 상상할 수 있는 거의 모든 방식을 총동원하여 그야말로 버라이어티하게 살해했다.

살아 있는 사람들을 컨테이너에 가득 실어 바다 한 가운데 빠뜨려 죽이기도 했다.

이 학살극이 국외로 알려져 국제사회의 격렬한 비난을 받게 되자, 이 사실을 은폐 위장하기 위해 공산좌익이 생각해낸 용어가 '이민 보내기' 였다. 이른바 공산당의 주특기인 '용어물타기전술' 이었다.

한국에서도 왼쪽으로 삐딱한 당이 ○○승 성폭력 사건을 성폭력 '피해 호소인' 이라는 식으로 눈 가리고 아웅 하는 저열한 선전선동 용어전술을 쓴 적이 있다.

어쨌든 크메르 루즈는 자국 국민들을 계속 컨테이너에 실어 열심히 '이민' 보냈다.

크메르 루즈, 즉 캄보디아 공산좌익은 전국에 196개소의 집단수용소를 설치하고 고문과 학살을 자행했다. 그 중에서도 고문과 학살로 가장 악명 높았던 대표적인 곳이 바로 뚜얼 슬랭Tuol Sleng; S-21 수용소 수용소였다.

1976년~1979까지 이 수용소 감옥에는 약 1만7천명이 수용되어 있었으나 살아나간 사람은 단 12명에 불과했다.

뚜얼 슬랭은 원래 중등학교 건물이었으나 크메르 루즈가 집권하면서 수장인 폴 포트Pol Pot; Pol Pot는 그의 본명이 아니라 프랑스어 Politique Potentielle(=Political Potential)의 앞 글자를 딴 말로 '정치적 가능성' 이란 뜻; 본명 살롯 사르/Saloth Sar는 피부가 흰 소년이라는 뜻으로 조상이 중국계로 추정됨의 지시로 제21 보안대 본부인 S-21Security Office 21로 사용되었다.

현재는 뚜얼 슬랭 대학살 박물관Tuol Sleng Genocide Museum으로 운영되고 있다.

공산좌익은 손쉽게 용의자들을 색출해 내는 공산주의식 방식을 활용했다. 즉 수용소 감옥으로 끌려온 사람들에게 견딜 수 없는 가혹한 고문을 가하여 다른 세 명의 이름을 자술서에 적게 했다. 결국 이런 식으로 연결되어 잡혀 들어오는 사람들의 수는 기하급수적으로 늘어났고, 이들은 거의 다 고문에 의해 죽었다. 살아남아도 처형되었다.

종교는 박멸되었으며, 교육은 공산당 학습으로 대체되었으며, 의학은 폐기처분되었다.

대중가요나 문화의 경우에도 과거에 유행했던 모두가 부르주아 잔재로 낙인찍혀 모두 금지되었다. 대표적인 예로, 당시 '캄보디아 음악의 왕', '캄보디아의 엘비스 프레슬리' 등으로 불리던 가수 겸 작곡가였던 신 시사무트Sinn Sisamuth를 보면 알 수 있다.

그는 한때 시아누크 국왕으로부터 훈장을 받기도 할 만큼 캄보디아에서는 매우 유명한 대중가수였고, 그의 노래는 오늘날에도 많은 사람들 사이에서 애창되고 있다.

그 역시 뚜얼 슬랭에 수감되었다가 끝내 살해되었다.

캄보디아의 엘비스 프레슬리, 신 시사무트
그도 역시 수용소에서 공산좌파에 의해 살해당했다.

5 적화통일 되면 펼쳐지는 사회주의 지상낙원

🏷 모든 생필품은 배급제로 한다

공산주의자들이 인민을 통제하기 위해 구사하는 전형적인 방식은 식량통제다. 바로 배급제다. 공산주의자들의 식량배급원칙은 죽지 않을 정도로만 먹이는 것으로, 배가 부르면 말을 안 듣게 된다는 것이다.

스탈린은 인민을 통제하기 위해서는 밥줄을 틀어쥐라고 했고, 모택동은 공산주의는 식량이라고 말했다. 식량은 물론 물까지 배급제로 함으로써 통제의 손아귀를 조인다.

월남이 공산화된 후, 수많은 사람들이 굶어 죽었다. 공산좌파정권은 인민들이 비만이 될까 염려되었는지 인민들을 강제로 피골이 상접하도록 다이어트 시켜 주었다.

살 빼고 싶은 사람 있으면 사회주의 지상낙원 북한에 가서 단 한 달만 홈스테이 해보라! 목표를 200 빠센트 초과달성 하리라!

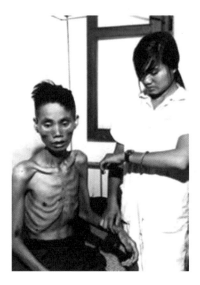

공산주의는 평등하다고 선전하지만 사실은
인민 모두가 굶주리는 하향 평등사회이다.
뼈만 남은 월남 인민(좌)과 북한 아동들(우)

✪ 김일성 시로 개칭되는 서울시

도시도 공산주의 정복자들의 전리품이 된다. 도시 이름이 빨갱이들 이름으로 바뀐다는 뜻이다.

본래 공산주의자들은 도시 이름조차도 도대체 가만두질 못하고 선전 선동에 이용하기 위해 제멋대로 뜯어고치는 등 장난질을 많이 하는 전통이 있다.

러시아 제2의 도시 상트 페테르부르크Saint Petersburg; 피터대제, 즉 표트르 대제의 도시라는 뜻는 공산혁명 후 그 이름을 레닌그라드Leningrad; 레닌의 도시로 바꾸었다. 소련이 해체되자, 1991년 본래의 이름인 상트 페테르부르크로 환원되었다.

스탈린그라드도 마찬가지다. 제정 러시아 시절에는 차리친Tsaritsyn이라는 이름의 도시였다. 1925년 스탈린 우상화의 일환으로 스탈린그라드로 개칭되었다가 스탈린 사망 후 스탈린 격하 정책에 따라 1961년부터 볼고그라드Volgograd; 볼가 강의 도시라는 뜻로 이름이 바뀌었다.

공산화가 되자, 월남공화국의 수도 사이공을 그냥 둘 리가 만무했다. 공산좌익들은 월남의 수도 사이공Saigon을 월맹 지도자의 이름을 따서 호치민Ho Chi Minh 시로 개칭했다.

탈북자들의 증언에 따르면, 북한에도 적화통일 후 남한의 도시이름 변경계획이 있다고 한다. 즉 북한 정복자들의 이름을 따서 대한민국의 수도 서울은 '김일성 시', 부산은 '김정일 시', 광주는 '김정은 시'로 개칭된다는 것이다.

그야말로 공산주의 종북좌파들이 꿈꾸어 온 사회주의 지상낙원이 남한에도 이루어지는 것이다. 위 증즐가 태평성대!

🏷️ 국립묘지도 파 헤쳐진다

적화통일이 되자, 월남공화국 국립묘지도 파괴되고 파헤쳐졌다. 월남의 전 대통령과 애국건국지사, 독립투사, 전사자, 장군, 공적이 있는 각료 등 애국인사들의 무덤까지 파헤쳐지고 불태워졌다.

한국이 적화통일 될 경우, 예외가 될 수 있을까?

공산 월맹군은 자유월남 국립육군묘지ARVN National Military Cemetery에서 나온 유골들을 큰 구덩이를 파고 한꺼번에 휩쓸어 넣고 흙으로 덮어 하나의 큰 무덤으로 만들어버렸다.

공산 월맹군은 크게 파괴되고 훼손된 국립묘지 앞에 표지판을 세우고, 죽은 자들을 조롱하는 글을 써놓았다.

"여기 미제국주의의 꼭두각시 노릇을 한 반동들이 그들의 죄 값을 치르고 누워있노라."

임진왜란 당시 조선 왕릉들도 파헤쳐졌다. 특히 성종과 중종의 능인 선릉과 정릉두 능을 합해서 선정릉이라고도 함은 임진왜란 중인 1593년 1월 3일 왜군들에 의해 철저하게 파 헤쳐지고 시신마저 소각 당했다.

| 공산군에 의해 파괴된 국립묘지

| 왜군에 의해 파 헤쳐진 왕릉

🏷️ 모든 사유재산은 몰수된다

적화통일 되면, 사유재산은 몰수되고 모든 토지, 주택, 건물 등은 토지공산개념에 따라 국유화된다. 개인은 부동산을 소유할 수 없다.

남한의 모든 국민과 기업의 사유재산도 몰수된다. 국민들이 피땀 흘려 저축한 은행예금과 적금, 채권, 각종 연금, 각종 보험과 펀드 등은 모두 공산당에 귀속된다.

국민에게는 미래가 없는 암담한 삶이 전개될 것이며, 국민 모두가 거지가 되는 하향 평등사회가 된다. 그야말로 종북좌파들이 꿈꾸어 온 사회주의 지상낙원이 되는 것이다.

본래 돈을 버는 데는 젬병이면서도 남의 돈을 강탈하는 데는 이골이 나 있는 것이 공산좌파들이다. 공산좌파정권에는 어떻게 하면 인민들의 혈세를 뜯어낼까만을 고안해내는 부서가 따로 있을 정도이다. 다산 정약용의 《목민심서牧民心書》에 나오는, '큰 도적과 굶주린 솔개'에 비유된다.

김일성은 북한주민들에게 한국의 부를 강탈하겠다는 야욕을 드러내며 다음과 같이 말했다.

"남조선이 급속한 경제성장을 이룩했다고 해서 부러워할 필요가 전혀 없다. 우리가 만반의 전쟁 준비를 갖추고 있다가 일단 유사시 남조선을 해방하고 조국을 통일하게 되면 남조선의 발전된 경제가 다 우리 것이 된다."

공산좌파들은 입만 열면 프롤레타리아무산계급/無産階級; 노동자계급를 치켜올린다. 그렇다면 거지를 보라. 아무 재산도 없는 진짜 무산계급이다. 진짜 무소유다. 재산이 없으니, 세금 한 푼 안내고 국민이 내는 세금에 빌붙어 기생하여 먹고 산다. 공산좌파 사회에서는 거지가 일등국민이다.

💬 거주이전의 자유도 없고, 강제이주 당한다

공산좌파사회에서는 거주지간의 자유로운 이동을 금지한다. 북한을 보라. 이사를 마음대로 갈 수도 없다. 당 위원회의 허가를 받은 자만이 이사 할 수 있다.

공산좌파정권의 사회에서는 만일 이사를 하려고 해도, 세금이란 명목으로 집값의 50%를 강탈해간다. 2번만 이사하면 거지가 된다. 헌법에는 거주이전의 자유가 있다고 명시하고 있지만, 그것은 어디까지나 말장난에 지나지 않는다.

공산사회에서는 이사를 마음대로 할 수 없다. 우리가 살아가고 있는 사회가 민주사회인지, 빨갱이 사회인지는 '이사를 마음대로 10번이고 갈 수 있는가?'를 보면 알 수 있다.

공산좌파정권의 사회에서는 이사를 마음대로 갈 수 없을 뿐 아니라, 거주지를 강제이주 당하기도 한다.

공산좌파가 잘 쓰는 숙청방법 중의 하나는 거주지를 강제 이주시켜 연고가 없는 먼 타지로 이주시켜 버리는 것이다.

1937년 소련의 스탈린은 연해주에 정착하여 살아가던 약 172,000명의 고려인들이 일본 편을 들 수 있다는 이유로, 또한 고려인 자치구를 요구할 가능성을 사전에 차단한다는 이유로 중앙아시아 카자흐스탄, 우즈베키스탄 등지로 강제 이주시켜 세력을 약화시켜 버렸다.

북한 역시 6.25 이후 스탈린식 강제이주정책을 적극 활용하여 적대계층들을 강제 이주시켜 버렸다. 소위 반동분자들을 원래 살던 곳에 그냥 놔두면 어떤 짓을 할지 모르니 아예 연고가 없는 먼 타지로 이주시켜 버린 것이다.

자고나면 몇 집이 없어졌다. 밤에 차로 실어 황폐한 황무지나 살기 어려운 오지로 보내버린 것이다.

남한이 적화 통일되면, 남한출신의 반동분자들은 연고가 없는 먼 타지로 이주시켜 버린다. 그곳의 협동농장이나 탄광에서 강제노동을 하며 계급차별과 감시를 받고 살게 된다.

중국이나 러시아 등과 국경분쟁이 일어날 경우, 이들을 총알받이 쓰겠다는 의도도 있다고 한다.

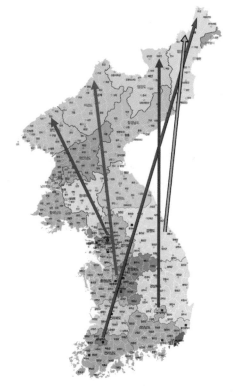

북한의 남조선 인민 강제이주 계획
강원도 출신자들은 함경도로, 전라도 출신자들은 함경도로,
경상도 출신자들은 양강도로, 충청도 출신자들은 자강도로,
서울 수도권 출신자들은 평안도 국경지역으로 이주시킨다.
(탈북 전연작전부 책임자 ○모 씨 제공)

🏷️ 남한출신은 죽는 날까지 통제와 감시와 차별의 대상

적화통일이 되면, 북한출신은 지배계층이 되고, 남한출신은 피지배계층으로 전락한다. 남한출신은 죽는 날까지 통제와 감시와 차별의 대상이 된다.

흔히 사람들은 공산주의 체제가 빈곤하지만 계급차별이 적고 평등한 것으로 착각하는 경향이 있다. 이것은 아무래도 '공산주의共産主義; communism'라는 단어가 사유재산제도를 부정하고 재산공유를 함으로써 빈부의 격차를 없애려는 사상이라는 착각을 주기 때문이 아닌가 한다.

그러나 이러한 착각은 위험한 착각이 아닐 수 없다. 공산주의 사회는 평등이 아닌 철저한 계급과 부패한 뇌물사회이기 때문이다. 실제로는 공산주의 사회가 자본주의 사회보다 훨씬 더 철저히 불평등하고 부패하며, 공산당원의, 공산당원만을 위한 사회임을 알고 사람들은 새삼 놀라게 된다.

충격적인 놀라운 사실은 월남이 공산화된 지 50년이 다 되어가는 오늘날에도 과거 남베트남 월남공화국 출신 인민들은 공산베트남의 철저한 계층 및 계급차별에 발이 묶이고 심각한 차별대우를 받고 있다는 사실이다.

남한사람들은 남한출신자라는 신분의 낙인이 찍혀 대대로 북한의 피지배계층, 하층민으로 남게 될 것이다. 오늘날에도 6.25 전쟁 전후로 북한으로 간 남한출신자들이 지금도 대대로 북한에서 철저한 차별과 감시를 받으며 살아가고 있는 현실을 보라.

베트남 인민의 성분 계층 및 계급	
핵심계층	1급; 독립군 투사 출신, 호지명 시절의 공산당 당원
	2급; 프랑스와 싸울 때 공산당원었던 사람들
	3급; 월남전에 참전하여 월맹의 훈장을 받은 사람들
	4급; 월남전에 참천한 공산당원
	5급; 단순 월맹군
동요계층	6급; 월맹, 즉 북베트남에 살던 사람
	7급; 월남전 당시 남베트남 농촌에 살던 사람들
	8급; 월남전 당시 남베트남 도시에 살던 사람들
	9급; 월남전 당시 남베트남 월남군 사병 출신
적대계층	10급; 월남전 당시 남베트남 교사, 관변단체직원
	11급; 월남전 당시 남베트남 하급공무원, 경찰, 시의원, 관변단체간부, 유공자
	12급; 월남전 당시 남베트남 의회의원, 군 장교, 고위 공무원
	13급; 남베트남 군 및 민간 정보기관원, 고위 공무원
	14급; 월맹 민간인을 학살한 사람

　공산 베트남은 국민을 출신성분에 따라 14계급으로 분류하여 그 등급에 따라 차별하고 있다. 이점은 북한과도 거의 흡사하며, 북한의 3계층 56계급에 비하면 그나마 나은 편이다. 평등이라고는 찾아 볼 수 없는 철저한 계급사회, 이것이 바로 공산주의 사회의 실체이다.

　10등급 이하의 적대계층은 공무원이나 회사원 시험에도 응시할 수 없다. 말단 공무원도 안 된다. 단 대학은 갈 수 있다. 해외여행도 원천적으로 차단된다.

　핵심계층의 1~5계급은 말하자면 성골로서 모든 특전과 혜택이 주어진다. 오늘날 베트남을 조국이라 부르며 충성을 외치고 찬양하는 국민은 오직 이 계급의 국민들뿐이다.

　한반도가 적화통일 되면, 남한출신들은 최하층 성분으로서 아무리 능력이 있더라도 향후 100년간 통일 한반도에서 노동 이외의 직업을 갖는 것이 금지된다.

📍 공개처형과 5호 담당제로 통제

마피아 세계에서는 나와바리영업구역을 속되게 이르는 일본어를 침범한 경쟁자들을 쥐도 새도 모르게 죽여 암매장한다. 공산 좌파들도 정적들을 한밤중에 끌고 가서 비밀리에 처형하고 암매장한다. 마피아 갱단들과 다름이 없다.

여기에 한술 더 떠서 공산좌파정권은 공개처형도 즐겨한다. 주민들에게 공포심을 주어 복종케 하기 위해서이다. 정권에 불평불만을 토로한 자 등은 본보기삼아 반드시 공개처형하며 공개 처형은 인근학교 운동장 등에서 한다.

외국과의 모든 개인 통신, 국제전화, 인터넷은 차단된다. 뉴스는 고정된 단일 채널, 정해진 시간 외에는 일체 들을 수 없다.

공산좌파사회에서는 인민이 상호감시하고 고발하는 것이 미덕이 된다. 5호담당제주민 5세대가 상호 감시하게 하는 제도를 실시하여 인민의 일거수일투족까지 감시한다. 만일 한 집이 반동행위를 하다 적발되면 5집 모두 처형된다.

개인의 프라이버시도 민망하게 공개된다. 조지 오웰의 소설《1984》에 나오는, '빅 브라더'가 숨통이 막히도록 바짝 조이는 통제사회, 디스토피아dystopia 악몽이 현실이 된다. 이것이 공산좌파들이 그리워하는 유토피아다.

공산국의 빅 브라더는 곳곳에 감시카메라를 설치하고 트집을 잡아 인민들의 돈을 뜯어내는데 혈안이 되어 있으며, 휴대폰을 도청하고 동선을 들여다본다.

🏷️ 애완견은 모조리 빼앗아 보신탕집으로

남한에서 애완견은 가족 구성원들과 서로 정신적 교감과 의사소통을 하며 의지를 하는 존재로서 가족 구성원의 하나로 받아들여지고 있다. 따라서 대부분 애완견을 한층 소중한 존재로서 반려견이라고 부르고 있다.

반려견
자본주의 사회에서는 반려견이지만
공산좌파들에게는 단맛 나는 고기다.

조선민주주의인민공화국 김정은 국무위원장은 애완견 기르는 행위를 '썩어빠진 자본주의 부르주아 사상에 물든 행위'라고 교시했다.

2020년 7월 '애완견 금지령'이 내려지자, 북한에서는 인민반별로 애완견 키우는 집들을 모두 조사해 강제로 빼앗아다 줄줄이 단고기집보신탕집으로 넘겨 잡아먹고 있다.

북한은 개고기를 단맛이 나는 고기, 즉 단고기라 부르며 민족음식, 국보급 음식이라고 치켜세우고 있다.

| 개고기 요리를 전문으로 하는 평양단고기집, 로동신문

북한의 남파첩수 시나리오

'피호봉호(避狐逢虎)'
여우를 피하려다 호랑이를 만난다.

제 4 부

북한의 남한접수
시나리오

11장

7일 안에 남한을 점령한다

1 북한의 7일 전쟁 작전계획

북한 군부는 '7일 전쟁계획'을 세워놓고 있다. 이 작전계획은 한미 동맹군이 유사시를 대비해 작성한 '작전계획 5027'에 상응하는 전쟁 수행계획이다.

이 작전계획은 남한의 허를 찔러 핵심 전략지점을 기습공격해 초반에 기선을 제압하고, 핵미사일 등 비대칭 전력을 사용해 주일미증원군을 차단한 뒤, 장사정포·특수전부대와 재편성된 재래식 전력을 쏟아부어 한국군을 무력화시키고 본토 미군이 도착하기 전에 속전속결로 5~7일 내 남한 전역을 점령한다는 것이 요지이다.

D-Day	핵심 전략지점 기습공격
D+1 Day	핵·미사일 등 비대칭 전력 총공격
D+2 Day	핵미사일로 주일미증원군의 한반도 진입차단 및 항모차단
D+3 Day	특수전 병력 투입
D+4 Day	주한미군과 서울시민을 인질로 잡고 미군철수협상
D+5 Day	미국본토에 대한 핵 공격위협으로 미군철수협상
D+6 Day	7일안, 본토 미증원군이 도착하기 전에 남한 점령완료

특히 주목해야 할 점은, 북한의 전쟁계획에는 주한미군과 미군가족, 그리고 서울·수도권 시민을 포로로 하여 인질로 잡고 유리한 고지에서 미국과 협상한다는 내용이 담겨있다. 말이 협상이지 인질을 잡고 미국을 압박하여 미군철수와 미국의 한국 포기를 얻어내는 것이다.

이 소위 '수도권 점령 후 인질협상' 작전'의 극비사항들이 모 북한 권력 핵심인사의 망명으로 그 충격적 실체를 드러냈다.

다만 이 4부에서는 군 보안 상 자세히 언급하기에는 제한이 있어 큰 틀에서의 대략적 윤곽만을 설명하고자 한다.

🏷️ D-Day: 핵심 전략지점 기습공격

공격 우선순위는 북한 사이버부대의 공격과 전술 핵미사일에 의한 EMP Electromagnetic pulse, 전자기파로 주한미군과 한국군 무기의 첨단전자시스템과 통신을 마비시키고, 방사포와 장사정포에 의한 집중대량포격, 생화학탄을 탑재한 미사일 공격을 전개하는 순이다.

북한 인민군은 방사포, 장사정포, 미사일 불벼락을 퍼부어 '3분 이내에 서울과 수도권을, 5분 이내에 남한 전 지역을 불바다로' 만든다는 것이 저들의 모토이다.

초전 기습공격으로 남한의 군사력 및 산업 역량의 70% 이상을 파괴하고 제거한다는 계획이다.

개전 초 청와대, 정부청사는 물론, 삼각지 국방부, 계룡대 3군본부, 또한 성남, 수원, 오산 등 주요 전투비행장이나 군사 주요시설에는 미사일과 화학탄이 섞여 떨어져 마비된다. 북한군의 전술정찰 무인기들과 침투해 있는 특수전 요원들이 실시간 표적 정보를 제공하면서 방사포와 미사일 화력을 유도한다.

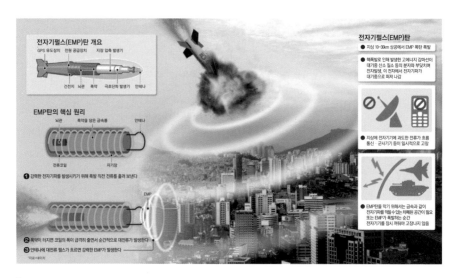

가공할 무기 EMP 탄

EMP 탄 폭발 시 방출되는 전자기파는 모든 첨단전자시스템과 첨단 전투기, 탱크 등
군 장비는 물론 개인용 휴대폰까지 '먹통'이 된다.

한국 국민에게는 계엄령戒嚴令; Martial Law과 전시동원령wartime mobilization
decree이 선포되고, 사재기로 마트는 텅 빈다. 피난가려고 뛰쳐나온 사람
들과 몰려드는 차량이 뒤엉켜 도로는 거대한 주차장이 되어 마비된다.

● EMP와 사이버 공격으로 통신 전산망 마비

북한군의 최초 공격은 사이버부대의 공격으로 시작된다. 사이버공격
으로 군 전산망과 국가기반시설의 전산시스템이 마비된다. 은행전산시
스템도 마비되어 예금인출 불능사태가 된다.

발전소와 송전소 전자시스템이 마비되어 대규모 정전사태로 도시전
체가 암흑천지로 변한다. 남한인민들은 그토록 좋아하는 촛불을 질리
도록 켜게 되고 세월아 네월아 마냥 시달려야 하는 사태가 온다.

북한군은 초기제압공격으로 EMP 탄을 날린다. 이른바 블랙아웃 blackout; 본격적인 공격에 앞서 주로 EMP로 적의 방어체계를 무력화시키기 위해 한두 발 정도 쏘는 전술핵 공격이다.

이 가공할 무기는 폭발 시 EMP electromagnetic pulse, 전자자기파, 즉 전자자기파 방출효과로 모든 첨단전자시스템과 군 장비는 물론 개인용 휴대폰까지 '먹통'이 된다. 레이더, 첨단 전투기, 탱크 등 전자 칩이 들어간 무기와 군 장비의 전자시스템이 모두 작동을 멈추게 되고 군 전산망이 무력화되고 통신망이 기능을 상실해 군 지휘체계가 심각한 타격을 입는다. 국가 중추신경이 마비된다.

북한은 인민군 총참모부 산하에 2개 여단1200명 규모의 전자전 부대를 운영하고 있으며, 정찰총국 6국 기술국 산하의 사이버전 지도국, 소위 '121국'에서는 남한의 GPS 시스템, 군사통신망, 위성통신 교란, 디도스 DDoS·분산서비스거부 공격이나 전산망 공격 등을 전담하는 6천여 명의 해커가 활동하고 있다.

총참모부 산하 미림대학현 지휘자동화대학; 인민무력부 산하 전문 사이버 전문가들을 키워내는 비밀학교; 해커부대 양성소에서는 해커를 매년 100명씩 배출하고 있다.

북한군 해커부대 가운데 가장 잘 알려진 '라자루스Lazarus 그룹'은 한국 네트워크에 침투하여 마비시켜 사회적 혼란을 야기하는 역할을 맡고 있다. 1,700여명으로 구성된 '블루노로프Bluenoroff 그룹'은 금융 사이버공격을 담당하고 있으며, 1,600명이 소속된 '앤대리얼Andariel 그룹'은 한국 컴퓨터 시스템에서 정보를 빼내는 역할을 맡고 있다.

● 방사포와 장사정포 집중 포격

"여기서 서울이 멀지 않다. 전쟁이 일어나면 불바다가 되고 만다."

『남북실무접촉 북측대표 박영수의 '서울 불바다' 발언 93-3-19』

(인터넷에 올라와 있는 글을 인용함)

mbpa****

"포탄이 동시 다발로 날아오면, 총 한번 잡아본 적 없으면서 입만 살아서 설치던 군면제자 암탉 강료나부랭들이나 구캐으원이란 자들은 어떻게 할까? 포탄 터지는 소리에 기절하거나 '오또캐 오또캐'를 연발하며 지리며 도망가기 바쁘겠지!"

군사력평가 전문기관인 영국 국제전략연구소ISS가 펴낸 2020 보고서 2020 Military Balance에 따르면, 북한군은 휴전선에서 불과 40~60여km 떨어져 있는 서울과 수도권을 집중 타격하기 위해 휴전선 인근에 방사포 한국 육군의 다연장 로켓포에 해당 5500여 문과 장사정포장거리 포격을 할 수 있는 야포를 포함한 포병 전력 2만 6100여 문을 미리 전진배치 해 놓고 있다.

서울과 수도권은 동시다발로 쏟아지는 시간 당 25,000발, 하루 약 25만 발의 방사포·장사정 포탄과 미사일로 거대한 불바다가 된다. 이른바 '서울불바다'가 말이 아닌 현실로 닥쳐온다.

특히 여기에 생물학탄이나 화학탄 등을 실었을 경우, 그 피해와 희생은 계산 불가능이다.

과거1993 3 19 조국평화통일위원회조평통 서기국 박영수 부국장이 "전쟁이 일어나면 서울은 불바다가 될 것"이라고 발언한 것은 북한의 이런 상황을 염두에 둔 것이었다.

당시 이 위협 발언으로 남한에서는 국민들이 생수, 라면, 쌀, 화장지 등 생필품을 사재기하는 소동이 벌어졌었다.

국방부에서도 밝힌 바 있듯이, 방사포와 장사정포 포탄은 현재 대응할만한 방어체계가 없기 때문에 서울 수도권 시민들은 북한군의 포화에 그대로 노출되어 있다.

전쟁이 일어나면, 국제전략연구소ISS에 따르면, 서울 및 수도권에는 1평 미터 당 포탄 4발이 떨어진다. 포탄 1발의 위력은 그 살상반경이 수십 미터에 달한다. 한강의 기적도 모두 불바다가 되어 사라진다고 보아야 할 것 같다. ≪중국, 조선민주주의인민공화국을 접수하다, pp299~310 참조≫

북한은 군사분계선MDL 북측 10km 이내에 122mm 방사포, 152mm 방사포, 170mm 자주포, 240mm 방사포, 300mm 조종방사포KN-09, 600mm 대구경조종방사포KN-25 등의 장사정포를 배치해 청와대, 정부 청사, 군사령부 등을 겨냥하고 있다. 초전에 국군의 반격 능력을 제거하려는 것이다.

북한이 2019년 이후 개발한 7종의 신형 장사정포들은 그 사정거리가 130km, 200km, 400km 등 대폭 늘어난 것으로, 이제 북한의 방사포나 미사일 구별 없이 남한 전역이 북한의 사정거리 안에 놓이게 되었다.

이들 북한의 발사체들은 통합 미군기지가 있는 평택은 물론, 스텔스 전투기 F-35를 배치한 청주 공항이나 3군 본부가 있는 계룡대, 전국의 각 전투비행장, 지휘소 등 주요 군사 목표물을 집중 공격해 아군의 전투력을 초전에 무력화한다.

또한 발전소, 원자력 발전소, 댐, 정수장 등 주요 국가기간시설을 파괴해 대규모 정전사태가 일어나고 수돗물 공급이 중단된다.

문제는 북한군의 재래식 무기가 핵무기 못지않은 엄청난 위력을 가지고 있다는 점이다. 방사포를 비롯한 북의 포화력은 서울 수도권의 모든 주요기간시설과 군부대를 동시에 초토화시킬 수 있을 만큼 많은 양을 보유하고 있다.

또한 오늘날에는 방사포탄에 광학탐색기가 장착되었고 인공지능프로그램까지 탑재되어 목표물을 스스로 찾아가는 족집게 식 정밀타격 pinpoint bombing 능력까지 갖추고 있다.

예를 들어, 북한군은 2016년 거의 미사일급 위력을 가진 300mm 조종방사포KN-09로 200km 떨어져 있는 목표물을 원형공산오차CEP; Circular Error Probability; 미사일이나 포탄의 오차범위 1미터 범위 안에 정확히 타격하는 장면을 공개한 바 있다.

🏷 D+1 Day: 핵·미사일 등 비대칭 전력 총공격

여기서 북한이 중점을 두고 있는 비대칭전력非對稱戰力; Asymmetric Force이란, 말 그대로 대칭이 되지 않는 전력, 즉 적은 가지고 있으나 우리에겐 없는 전력, 또는 적이 우리보다 압도적 우위에 있어서 맞대응 할 수 없는 전력을 말한다.

예를 들자면, 북한의 핵무기, 핵미사일, 생화학무기, 방사포, 잠수함 전력, 특수전 병력, 사이버전력 등이다.

전쟁이 나면, 비대칭전력의 특성상 한국이 가진 경제력 우위나 재래식 무기에 있어서의 질적 우위 같은 것은 모두 무용지물이 된다는 것이다. 당장 핵이 떨어져 싹쓸이 되는 판국에 돈다발 들고 나가 싸우거나 성능 좋은 k-9 자주포로 대응하여 싸울 수는 없다螳螂拒轍/당랑거철는 것이다.

핵보유국 북한은 대량살상무기WMD; weapons of mass destruction, 구체적으로 미사일 1000여 기, 방사포와 장사정포 2만 6100여 문, 88척의 잠수함을 보유하고 있다.

특히 북한의 잠수함 보유대수는 88척으로 세계 1위이다. 미국이 72척으로 2위, 중국 69척, 러시아 63척, 이란 31척 … 일본이 16척, 한국은 14척으로 그 뒤를 잇고 있다.

흔히 잠수함은 성능이 중요한 것이지 보유대수는 별것 아니라는 식으로 말한다. 그러나 미국이 북한의 ICBM을 깡통으로 만들었느니 하며 자만하다가 북한에게 단단히 멱살 잡혀 있는 현 상황을 보라!

특히 아무리 구형 잠수함이라도, 잠수함은 일단 물속에 들어가면 찾기 어려워 1대 찾는데 25척이나 투입된다.

북한은 SLBM 보유국이자 핵보유국, 남한은 그 누군가가 말한 대로 "달○○ 보유국". 남한에 핵이 떨어지면 그가 온 몸으로 막아주려나!

● 생화학탄 공격

≪중국, 조선민주주의인민공화국을 접수하다, pp267~269에서 발췌≫

생화학무기는 가난한 자의 핵무기라 불릴 만큼 값은 저렴하지만 그 위력은 핵무기 못지않은 대량살상무기다.

생화학탄두를 탑재한 스커드 미사일 한 방이면 서울과 같은 인구밀집지역에서는 1kg 정도의 탄저균만으로도 서울과 수도권의 수백만 수천만 명을 몰살시킬 수 있다.

북한의 생화학전 능력은 상당한 수준에 있다. 북한군은 전시에 세균무기를 탑재한 미사일이나 무인항공기로 청와대, 정부청사, 군사령부 등을 일제히 공격해 제거한다.

더욱 우려되는 점은 현재 우리 육군이 보유중인 7종의 전차 2,200여대 중 화생방전 상황에서 운용이 가능하도록 양압장치陽壓裝置; Overpressure Equipment; 전차나 장갑차 등에서 차량 내부 압력을 외부 압력보다 높게 만들어 생화학 작용제 또는 방사능 낙진으로 오염된 외부 공기의 유입을 막아 주는 장치가 장착된 전차는 단 한 대도 없다는 사실이다.

한 마디로, 북한이 화생방전을 전개하면, 성능 좋다는 우리 아군의 모든 전차가 생화학무기 방호능력을 갖추지 못해 막상 실전에서는 사실상 무용지물이 되고 만다는 기막힌 사실이다.

북한 인민군은 개전 초 전개할 '서울 수도권 고립 및 서울 수도권 시민 인질 작전'에 생화학 무기를 동원할 계획인 것으로 알려져 있다.

이 작전에서 청와대, 정부청사, 국군과 미군 공군기지, 비행장, 항구, 군사령부 등을 생화학탄두를 탑재한 미사일로 타격한다.

미 국방성은 북한이 사린가스sarin; 맹독성 신경가스의 하나로, 도쿄 지하철 독가스 살포사건으로 널리 알려짐와 VX가장 유독한 신경 작용제를 비롯한 치명적인 화학무기도 상당량 보유하고 있는 것으로 판단하고 있다.

북한은 러시아와 미국에 이어 세계 제3위의 생화학무기 생산 및 보유국이다. 현재 북한은 탄저균, 콜레라, 황열병, 천연두, 티푸스 등 약 20여종의 생화학무기 5,000t을 비축해놓고 있는데, 1,000t은 약 4,000만 명을 살상할 수 있는 양이다.

북한의 생화학무기 공격에 대한민국은 사실상 무방비 상태다. 특히 서울과 수도권 대도시에 생화학탄이 투하될 경우, 생화학전에 대비한 가스마스크나 전신방호복조차 갖추고 있지 않은 채 우리 국민들은 그대로 위험에 노출될 수밖에 없는 안타까운 상황이다. 옆 사람이 픽픽 쓰러져가는 것을 보고나서야 비로소 생화학탄이 떨어진 것을 알게 된다.

전신방호복과 가스마스크가 아닌, 먹지도 못할 라면이나 생수를 사다 놓은들 무슨 소용이 있겠는가?

📎 D+2: 핵미사일로 미증원군 한반도 진입 및 항모 차단

곰에서 전투기가 발진해 한반도까지 전개되는 데는 4시간이 걸린다. 스트라이커 부대Stryker Brigade Combat Team; 미국이 유사시 세계 곳곳의 분쟁지역에 신속하게 파견해 전쟁 임무를 수행할 수 있도록 2000년부터 신설한 신속기동여단으로, 편제는 3개 보병대대, 1개 기갑대대, 1개 포병대대 및 지원대대로 구성됨가 미국 본토에서 한국까지 오는 데는 최소 18~96 시간이 걸린다.

신속 증원군 선발대라 할 수 있는 주일미군과 미 해군 항모전단의 전력이 한반도에 증파되는 데는 3일 걸린다.

본토의 미군이 한반도에 전개되기까지 소요되는 시간은 1개 사단 규모는 5일, 5개 사단 규모는 30일이 걸린다.

한·미 연합 작전계획 5015에 따르면, 전쟁 발발 90일까지 미군 병력 69만 명, 항공모함 5전단 등 함정 160여 척, 항공기 1600여 대 등이 한반도에 파견된다. 여기엔 일본, 오키나와, 곰, 하와이 등 아시아 태평양 지역 미군과 미 본토 미군 병력과 장비가 포함된다.

미 군사정보당국에 따르면, 북한군은 전쟁 발발 초기에 핵을 탑재한 스커드 미사일로 주일미증원군이 도착하는 부산항, 울산항, 포항, 진해 등을 타격해 대한민국의 생명선을 끊어버린다는 작전계획을 세워두고 있다. 광양항, 목포항, 군산항, 평택항, 인천항도 핵미사일 타격대상이다.

동시에 북한 인민군은 중거리 탄도미사일인 노동미사일로 주일미군기지, 오키나와 미군기지, 곰 미군기지는 물론 한반도 주변에 진입하는 미 항공모함 등을 선제공격해 미군 증원군이 한반도에 진입하는 것을 차단한다는 계획이다.

북한 인민군은 이미 미사일 시험발사 시 작전지도에서 부산과 일본 이와쿠니 미 해병 항공기지를 표적으로 삼아 타격하는 훈련을 마친 상태다.

북한군의 핵미사일 작전구作戰區; TO; Theater of Operations; 전구(戰區; theater) 개념은 Carl Von Clausewitz의 저서 "On War"에서는 미국 본토의 주요도시들, 인구가 밀집된 대도시 LA, 뉴욕, 백악관, 펜타곤 등이 타격목표로 명시되어 있다.

또한 태평양지역 미군기지들, 괌, 하와이, 미 항공모함, 또한 오키나와沖繩의 미군 기지들, 일본 본토의 미군 기지가 있는 요코스카橫須賀, 미사와三澤, 오사카大阪, 요코하마, 나고야名古屋, 도쿄東京, 교토京都 등이 타격목표이다.

남한의 미군 기지가 있는 오산, 군산, 평택 등은 물론, 서울, 청와대와 정부청사, 국군사령부와 기지가 있는 계룡대, 중원, 대구, 부산 등이 타격목표로 명시되어 있다.

북한 군부의 '7일 전쟁계획' 을 보면, 북한이 남침을 감행하더라도 미군은 북한군의 핵 공격을 우려해 전쟁에 적극 개입하기는 어려울 것으로 판단하고 있는 듯하다.

핵 공격으로 작전구가 방사능에 오염이 되면 미군이 접근하기 어렵다는 점도 계산에 넣고 있다. 북한의 핵무기 투하로 한반도 작전지역이 방사능에 오염되어 미군 병력의 지상군 투입이 어렵거나 불가능하게 될 수 있다는 것이다.

위와 같은 여러 가지 이유로, 제2의 한국전쟁이 일어났을 때, 한국은 미 증원군을 목이 빠지게 기다리겠지만 미 증원군은 오지 않는 것이 아니라 못 올 수 있다는 뜻이다.

🏷 D+3 Day: 특수전 병력 투입

북한은 특수8군단^{3729부대}, 즉 특수전 작전요원 병력을 20만으로 대폭 증강했다. 이것은 세계 최대의 특수부대이다.

전·후방지역이 따로 없는 현대전에서 북한 특수전 부대는 남한 깊숙이 침투해 청와대, 정부청사, 방송사, 공항, 항만, 핵발전소 등 기간시설을 파괴하고, 요인 암설, 독극물 살포, 방화, 유언비어 유포 등을 공작한다.

북에서 말하는 통일대전이 시작되면, 조선인민군 특수작전군이 공기부양정, AN-2기, 남진갱도 등을 이용하여 남한의 주요 지점으로 깊숙이 침투한다.

요인 암살작전을 전담하는 북한특수작전대대의 훈련[사진 노동신문]
2016년 12월 김정은이 참관한 가운데 청와대 침투 및 대통령 암살 훈련을 하고 있다. 4분 안에 남한 대통령을 사살해야 한다.
모의 청와대 건물이 그럴 듯 하게 보인다. 특수 8군단은
"내레 대통령 목을 따러 왔수다!"로 잘 알려진 청와대 습격사건,
즉 1968년 1·21 사태를 일으킨 북한의 124군 부대를 중심으로
만들어진 특수부대다.

| 스위스의 용치 | 영국 해안의 용치 | 백령도 해안의 용치 |

북한 특수8군단3729부대의 후방 침투경로 중의 하나는 공기부양정과 70척이 넘는 잠수정을 타고 서해안으로 침투하는 것이다.

국군은 북한군의 상륙을 막기 위해 1960～1970년대에 해안가를 따라 2～3줄씩 높이 3m 규모의 용치를 설치했다.

용치龍齒; Dragon's Teeth는 적의 상륙 막기 위해 해안가에 설치하거나 탱크 등의 통과를 막기 위해 통로에 설치한 콘크리트 구조물로, 용의 이빨처럼 생겨 붙여진 명칭이다.

그런데 지난 수년 전부터 시민단체로 위장한 종북○파세력들이 용치제거를 주장하고 있어 우려 된다. 走死派가 경애해 마지않는 최고 존엄이 박수치며 좋아할 일이다.

특수8군단의 더 위협적인 것은 침투수단이 AN－2Antonov/안토노프; 우리나라에서는 일명 '안둘기' 라고도 함인 점이다. 국군의 화강암 디지털 전투복을 착용하고 국군의 K2 소총의 복제품으로 무장하여 피아식별이 되지 않는 특수8군단 무장병들이 500여대의 AN-2기를 타고 침투한다.

An-2는 최대항속거리가 1,000㎞에 달해 특수부대 병력이 청와대는 물론, 이륙한지 2시간 30분이면 남한 후방 깊숙이 침투할 수 있다.

또한 저속이어서 활주거리가 300m 밖에 되지 않으므로 개활지 어디에나, 심지어는 도로에도 착륙이 가능하다. 따라서 남한 곳곳에 있는 골프장, 스키장, 호수, 학교운동장 등을 착륙장소로 집중 활용한다.

제원	성능
크기	길이 12.95m×높이 4.21m× 상폭 18.20m·하폭 14.23m
엔진출력 연료탑재량	ASH-62IR 엔진, 985HP 317G/L
순항속도 항속거리	180킬로km/h, 최대항속거리 1000km, 전투행동반경 300km
중량/탑승인원	자체중량 2.8t/ 최대 30명

AN-2기는 프로펠러 엔진과 나무로 만든 동체 때문에 레이더 탐지가 어렵다는 잇점이 있다. 전시에 특수8군단은 15,000명이 500대의 AN-2기에 분승하고 달빛 없는 무월광 심야에 출동하여 레이더상실고도[음영구역] 이하의 초저공으로 날아 공격목표로 강하하여 습격전에 돌입하게 된다.

남한시민들이 골프를 치는 도중 하늘에서 An-2기를 타고 메뚜기 떼처럼 날아 내려와 골프장에 착륙하는 국군복장의 무장병들을 보게 되면, 그들을 아군병사로 오인하고 손을 흔들어주지는 말기를 바란다.

국군복장에 완전무장한 특수8군단 20만이, 각 도 당 2만 명씩 나누어, 남한의 후방 깊숙이 침투해 전 지역을 동시다발적으로 공격한다면 우리 군 작전에 큰 혼란이 야기된다. 피아간의 식별도 어렵고 더구나 선방어가 아닌 점방어를 해야 할 경우 전방에 투입되어야 할 군 병력이 후방에 침투한 북한특수부대 방어 및 소탕에 발이 묶이게 되기 때문이다.

점방어의 어려움은 지난 1996년 강릉 잠수함 침투사건 당시 북한군 20명을 잡기 위해 군경예비군 42,000명이 동원되었던 점을 보면 잘 알 수 있다.

이와 같이 게릴라전에 적합한 특성 때문에, 김일성은 생전에 AN-2기를 '핵폭탄과 같은 파괴력을 보유한 막강한 전력'으로 평가한 바 있다.

◆ D+4: 주한미군과 서울시민을 인질로 잡고 미군철수협상

● 주한미군과 미군가족을 인질로

앞에서도 언급한 바와 같이, 북한 인민군은 주한미군과 미군 가족들을 인질로 잡고 유리한 입장에서 미군철수협상을 주도한다는 전략을 세워두고 있다.

미국은 유사시 주한미군과 미군가족들을 언제든 소개시킬 수 있도록 평택항 주변에 모아 놓고 있기는 하지만, 북한군 포화의 사거리 안에 들어가 있어 소개 속도보다는 북한군의 방사포, 장사정포, 핵미사일의 속도가 더 빠른 것이 문제다.

전쟁이 발발하면, 북한군은 평택 인근지역을 방사포와 핵미사일로 공격해 수만 명의 주한미군과 미군 가족들을 인질로 삼아 미국을 위협한다. 즉 주한미군과 미군가족들을 몰살시키지 않을 테니, 그 대신 미국은 한국을 북한에 넘겨주고 한반도에서 떠나라는 협박이다.

그렇게 되면, 미국은 자국민을 살리기 위해 북한이 원하는 대로 한국을 포기하고 떠날 수밖에 없게 될 것이다.

북한의 입장에서 보면, 주한미군과 미군 가족들은 전쟁 시 미국이라는 거인 강대국을 이리저리 끌고 다닐 수 있는 코뚜레와 같은 것이다.

미군 수뇌부도 이러한 약점 내지는 문제점을 잘 인식하고 있다. 그러므로 미국은 한반도에서 주한미군을 철수시켜 안전한 일본이나 오키나와, 괌 등지에 재배치하고 있다가 필요할 때 신속기동군 형태로 투입하는 체제로 개편을 추진하고 있다.

● 서울 · 수도권 시민을 포로 인질로

북한군은 개전 초 작계 5027作戰計劃 5027; Operation Plan 5027에서도 상정하고 있듯이, 3곳의 주 침공 루트, 즉 서해5도-인천-서울 침공 루트, 도라산-문산-파주-서울 침공 루트, 그리고 철원-춘천-가평-청평-서울 침공 루트로 침공한다.

특히 북한군은 제2침공 루트인 파주 지역과 제3침공 루트인 철원 지역 평야를 통해 대규모 기동 전력을 투입한다.

북한은 주 침공 루트로 침공해 신속히 서울 · 수도권 외곽을 포위해 2500만 명1000만 서울시민+1500만 수도권 시민을 포로 내지는 인질로 삼아 미국 정부와의 협상을 유리하게 한다는 작전 계획도 세워두고 있는 것으로 알려져 있다.

미국이 한국을 북한에 넘겨주고 한반도에서 손을 떼지 않으면, 북한은 포로 내지는 인질로 잡혀 있는 서울 · 수도권의 2,500만 시민들을 몰살시키겠다는 협박적 협상이다.

이러한 상황에서 미국은 과연 2,500만 한국국민의 희생을 무릅쓰고 전쟁을 계속 수행할 것인가? 아니면 북한이 요구하고 협박하는 대로 한국을 포기하고 떠날 것인가?

어느 쪽을 택할지라도, 미국은 서울과 수도권의 2,500만 시민들이 궁극적으로 희생될 수밖에 없다는 심각한 딜레마에 빠지게 된다.

미국이 전쟁을 계속 수행하면 북한이 서울과 수도권에 핵미사일이 날려 몰살시킬 것이며, 북한이 원하는 대로 미군이 한반도에서 철수할지라도 어차피 남한인구 2,000만 이상은 철저히 숙청한다는 것이 북한의 계획이기 때문이다.

조선민주주의인민공화국 김정일 국방위원장은 3일 내 부산 점령계획을 세우면서, "남한을 다 공격할 필요도 없이 서울과 수도권에 집중되어 있는 2500만 시민만 포로로 잡으면 전쟁은 끝난다. 남한 인구의 절반을 손아귀에 넣은 것이기 때문이다. 나머지 지방에 있는 쭉쟁이들은 신경 쓸 것 없다."고 했다고 전해진다.

만일 서울 수도권이 포위된 상태에서, 미군이 철수하지 않거나 서울 수도권 시민들이 저항하거나 고분고분 말을 듣지 않으면 전기와 수돗물 공급을 끊어버리고 식량공급을 끊어버리면 시민들이 알아서 자발적으로 조선민주주의인민공화국 깃발을 들고 기어 나온다는 것이 북한의 계산이다.

또한 북한입장에서 보면, 과거 한강 이북에서 인계철선 역할을 하던 미군 전력이 고맙게도 스스로 서울과 수도권에서 뚝 떨어진 평택으로 대피(?)해 줌으로써 북한 인민군에게는 서울·수도권 침공에 한결 부담감이 없어진 셈이다.

 작전계획 5027(作戰計劃 5027; operation plan 5027)

간단히 '작계(作計) 5027'은 북한의 선제공격과 우발적인 도발 등과 같은 유사시를 대비한 한미연합사의 공동 군 운용 계획으로 1급 군사기밀이다.

작계 5027은 북한과의 전면전에 대비 전시작전권을 갖고 있는 미국이 주도적으로 작성하는데, 한반도 작전계획에는 작계-5026, 작계-5027, 작계-5028, 작계-5029, 작계-5030 등이 있으며 주한미군을 지휘하는 미 태평양사령부가 총괄한다. 앞의 숫자 '50'은 미 국방부 작전암호상 한반도 지역을 뜻하고 뒤의 두 자리는 상황에 따른 세부계획이다.

작계 5027은 미군의 신속억제전력 배치(1단계), 북한 전략목표 파괴(2단계), 북진 및 대규모 상륙작전(3단계), 점령지 군사통제 확립(4단계), 한국 정부 주도의 한반도통일(5단계)의 5단계로 짜여져 있다.

📍 D+5: 미국본토에 대한 핵 공격위협으로 미군철수협상

≪김정은 정권의 핵·미사일 고도화와 미국 상대하기,
국군정보총사령관(전) 김황록 장군 저, pp238~245에서 발췌≫

핵무기에 관한 한, 미국은 이제 더 이상 북한에 대해 핵강대국이 아니라 북한과 동등한 핵무기 보유국일 뿐이다. 만일 미국과 북한이 서로 핵전쟁을 한다면, 어느 한 쪽이 일방적으로 당하는 것이 아니라 양쪽 다 심각한 피해를 입고 공멸하게 된다. 미국도 북한도 이 점을 잘 인식하고 있다.

사실 북한의 핵개발 초기에만 해도 미국은 북한을 얕보았다. 워싱턴은 물론 미 의회의원들까지도 아시아인들을 깔보는 백인들 특유의 뿌리 깊은 고정관념이 작용해 '네깟 것들이 만들어봐야 깡통로켓이지!' 하며 조롱했었다.

그러나 막상 북한의 핵탄두가 소형화 · 경량화 · 다종화 · 정밀화되고, 발사운반체도 그 성능이 위협적으로 급 발전되고 마침내 미국 본토 전체가 북한 핵미사일의 사정거리 안에 들어가게 되자 미국은 몹시 당황하기 시작했다.

미국시민들은 북한 핵에 대한 두려움에 떨게 되었으며 북한 핵 대피 방공호가 불티나게 팔려나가기 시작했다.

현재 북한의 핵능력은 미국본토의 주요 도시들을 공격해 초토화시킬 수 있다. 북한군은 사정거리 13,000km의 ICBM 화성15호, 사정거리 16,000km의 신형 ICBM 화성16호, 그리고 깊숙한 바다 밑에서 미국을 표적으로 은밀히 다탄두 핵미사일을 발사할 수 있는 치명적 핵투발 수단인 SLBM 등으로 서부태평양연안의 로스앤젤레스 등 인구밀집 대도시들과 동부대서양연안의 뉴욕, 워싱턴 등을 초토화시킬 수 있다.

특히 북한의 신형 ICBM 화성16호는 사정거리 16,000km로 미국 전 지역 어느 곳이든 타격할 수 있으며, MIRV다탄두 각개목표 재돌입 미사일를 탑재해 8~12개의 도시를 동시에 공격할 수 있도록 설계되어 있다. 다탄두 미사일은 탐지와 요격이 더욱 곤란한 가공할 무기이다.

또한 북한의 SLBM은 세계에서 7번째로 성공한 것으로 지난 노동당 8차 당 대회기념 열병식2021-01-14에서 공개한 신형 SLBM인 '북극성-5ㅅ'은 다탄두 재진입체가 4발까지 들어갈 수 있는 것으로 알려져 있다.

북한의 미국 본토에 대한 핵미사일 공격의 이면에는 사실 미국을 협박해 미국을 협상 테이블로 끌어내 거래하려는 전략적 의도가 숨어있다. 즉 북한이 미국에 핵미사일을 쏴 미국시민들을 대량살상하지 않는 은혜를 베풀 테니 미국은 한국을 북한에 넘겨주고 한반도에서 떠나라는 거래이다.

종북좌파들이 경애해 마지않는 조선민주주의인민공화국 김정일 국방위원장은 "미군이 철수해 주기만 한다면 제주도를 떼어주어도 좋다"고 통 크게 양보하며 주한미군 철수 유도에 주력했었다.

 MIRV(다탄두 각개목표 재돌입 미사일)

MIRV(Multiple independently targetable re-entry vehicle)는 독립적 재진입 핵탄두라고도 한다. 1개의 미사일에 실려 각기 다른 목표를 공격하도록 유도되는 복수의 탄두(다탄두 각개목표 재돌입 미사일) MIRV는 대기권내에 진입하면서 여러 개의 탄두가 각기의 표적을 향해 날아가는 분리탄두를 지칭하는 말. 미사일에 적재된 8~12개의 핵탄두가 각각 개별의 목표에 유도되는 장비를 가지고 있어 다수의 목표에 동시 공격 격파가 가능하다.

현재 미국은 북한이 작심하고 핵미사일을 발사하면 수백만 수천만의 미국시민들이 일거에 몰살당할 수 있는 상황에 놓여 있음을 알고 좌불안석이 되어 떨고 있다.

≪미국에서 불티나게 팔리고 있는 북한 핵미사일 대피방공호 사진 p294 참조≫

미 국방성이 의회에 제출한 보고서에서도 북한이 핵미사일로 미국 본토를 직접 공격할 수 있는 능력을 갖추게 된데 대한 우려를 밝히고 있다. 큰소리치던 미국의 목소리는 작아지고 북한에 대한 핵제재 정책도 우왕좌왕하고 있다. 속된 표현으로 '북한이 미국의 멱살을 잡았다'는 것이다.

북한은 미군의 참전과 증원을 막기 위해 미국에게 "이 전쟁은 조선 민족 내부의 전쟁이니 외세인 미국은 개입하지 말라! 미국이 군사개입을 하면 우리는 괌기지나 주일미군기지는 물론, 미국 본토의 LA, 뉴욕, 워싱턴 등의 주요도시들을 핵 공격할 수밖에 없다!"고 협박한다.

괌기지나 주일미군기지, 그리고 미국 본토에서까지 대량의 미국시민들이 희생될 위험에 처하게 되면, 미국 전역에서는 반전시위가 확산된다.
이 경우 미국은 군사적 개입을 주저하지 않을 수 없다. 자국민의 생명을 최우선시 하는 미국이 과연 남의 나라를 지켜주기 위해 수천만 자국 시민들의 목숨의 희생을 무릅쓰려 할 것인가?
그렇게 되면, 미국은 자국민을 살리기 위해 북한이 원하는 대로 한국을 포기하고 떠날 수밖에 없게 될 것이다.
월남을 도와주겠다고 설쳐대며 월남전에 개입했다가 막상 자국의 젊은이들이 희생되자 월남을 헌신짝처럼 내팽개치고 서둘러 미군을 철수시킨 전적이 있는 나라가 미국이다.

1948년 12월 12일 유엔총회에서 신생 대한민국을 한반도의 유일한 합법정부로 승인하는 문제로 한국 대표단은 각국 대표들을 발이 닳도록 찾아다니며 설득하고 있었다.

당시 미국대표 덜레스John Foster Dulles; 나중에 미 국무장관도 한국을 위해 소련과 격렬하게 싸우는 등 많은 애를 썼다.

이때 진땀을 흘리며 애쓰는 그의 모습을 보고 덜레스의 부인이 한국 대표단에게 화를 내며, "내 남편이 왜 하찮은 너희 나라 따위를 위해 저렇게 고생해야 하느냐?"라고 했다는 말이 지금도 외교가에 전해 내려오고 있다.

한국 따위는 언제라도 내버리고 떠나도 미국에게는 아까울 것이 없다는 뜻이었다. 당시 항간에는 '소련에 속지 말고 미국을 믿지 말라'라는 말이 떠돌고 있었다. 연인끼리도 한번 마음이 변하면, 차갑게 돌변하여 떠날 때는 뒤도 안돌아보고 가는 것이 미국인의 정서이다.

🏷 D+6: 미군 도착 전, 7일안에 전쟁종결

거의 다 이긴 6.25 전쟁을 미군이 참전하는 바람에 남한적화통일의 기회를 놓친 북한은 이점을 지금까지도 몹시 아쉬워하며 천추의 한으로 여기고 있다.

그러므로 다시 일으키는 제2의 6.25, 적화통일전쟁에서는 반드시 속전속결로 미군이 참전하기 전에 끝내겠다는 전략을 최우선시 하고 있는 것이다.

심지어는 남한국민의 혈세를 빨아먹으며 기생하고 있으면서도 북한 로동당의 수족으로 암약하고 있는 종북좌파정치꾼들마저도 '6 · 25 전쟁은 미국이 개입하지 않았더라면 한 달 이내에 끝나고 (적화)통일 되었을 것이다' 라고 망발을 하며 아쉬워하고 있는 것이다.

내 가족과 나 자신의 생존을 위한 지침서!
대한민국 온 국민의 생존을 위한 필독서!

《김정은 정권의 핵·미사일 고도화와 미국 상대하기》는 한국 정보관계자들과 우국충정시민들은 물론, 미군 관계자들, 미 정보기관, 미 대사관, 미 국방성, 미 의회의원들까지 번역기를 돌려가며 읽고 있는 긴급안보보고서이다. 유사시에 살아남고 싶으면, 꼭 읽어보라고 권하는 생존을 위한 지침서이다.

◀ 우리의 생존을 위한 대한민국 국군정보총사령관(전) 김황록 장군의 긴급 안보보고서

《김정은 정권의 핵 · 미사일 고도화와 미국 상대하기》 (원제) 《로켓맨 김정은, 미국의 멱살을 잡다.》

▶ 존 케리 전 국무장관, 바이든 특사, 감사서한

▲ 미국에서 북한 핵미사일로부터 피난하기 위한 방공호 주문이 폭증하여 방공호 제작자가 크게 웃고 있다.(좌) 미국시민들의 방공호(우)

북한 핵미사일을 피해 장기간 머물 수 있게 시설이 되어있다.

북한에서 핵미사일을 발사하자 미국 서부지역과 하와이에서는 시민들에게 긴급경고메시지가 전송되었다.

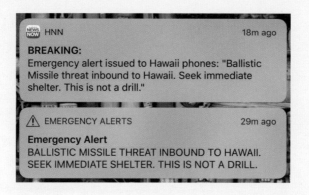

"긴급경보:
(북한의) 핵탄도미사일이 하와이로 향하고 있음.
즉시 방공호로 피난하시오. 이것은 훈련이 아님."

같은 시각,
북한 핵미사일 때문에 바짝 긴장하여 난리가 난 일본이나 미국에서와는 달리, 북한 핵미사일의 바로 코앞에 있는 한국 서울에서는 아무 일도 없는 것처럼 태평하게 먹고 놀고 했다. 핵미사일 태풍의 눈 속에 들어가 있어서 인가?

우리 스스로에게 물어보자.
지금 당장 전쟁이 발발하여 북한 방사포와 장사정포가 시간당 25,000발의 포탄과 핵미사일을 서울 수도권으로 날려 보낸다면, 1평방미터 당 포탄이 4발씩 떨어진다면, 당신은 당신의 아이들과 가족과 당신 자신을 위해 무엇을 할 것인가? 어떤 준비가 되어있는가?

· 방사포 집중포화와 핵미사일에 서울시민의 생존율은?
· 서울의 어느 지역들이 집중포화를 받게 되는가?
· 생존확률이 가장 높은 지역, 서울시 3개구는 어디인가?

돼지는 비록 내일 도살장에 끌려가 부위별로 해체 당할지라도 지금 당장 배만 부르면 그만이지만, 사람은 미래에 닥쳐올 위험에 대비하는 슬기가 있다.
유비무환이라 하였다. 내 가족과 나 자신, 그리고 내 나라의 생존을 위한 준비는 우선 내가 처해있는 상황을 파악하는 것이 첫 걸음일 것이다.

12장

적의 포탄은 어느 지역으로 집중되나?

1 적 포화의 탄착점은 어디인가?

🏷 방사포와 장사정포의 탄착점은?

북한은 세계 최고의 방사포 국가이다. 막는 방법은 선제타격밖에 없다.

군사전문가들은 북한군이 휴전선지역에 조밀하게 전진 배치해 놓은 2만 6100여 문과 그 위협《276~278 참조》에 대해서는 뾰족한 대처방법이 없다고 밝히고 있다. 이 가공할 화력을 무력화시키는 수단을 확보하는 것이 무엇보다 더 시급하다고 지적하고 있다.

정부의 한 소식통은 "북한이 휴전선 지역에 전진배치한 방사포를 발사할 경우, 그 포탄을 격파할 수 있는 무기를 우리 군은 갖고 있지 않다"고 말했다.

북한의 122㎜ 방사포의 사거리는 40여㎞로, 서울 청와대, 정부청사, 인천, 부천, 김포, 파주, 고양, 연천, 동두천, 양주, 의정부, 포천, 가평, 철원, 화천, 양구, 인제, 고성, 속초 선까지 사정권에 들어가 있다.

170㎜ 자주포사거리 54㎞와 240㎜ 방사포사거리 65㎞ 등 장사정포의 경우에는, 서울 전 지역을 비롯하여 인천국제공항, 시흥, 광명, 안양, 안산, 과천, 의왕, 군포, 성남, 분당, 남양주, 구리, 하남, 가평, 현리, 양양 선까지 사정권에 들어가 있다.

300㎜ 조종방사포KN-09; 최대 사거리 200㎞에는 평택 미군기지는 물론 육·해·공군본부가 있는 계룡대와 군산 미군기지 등 중부지역 전체와 남부 일부까지 사정권에 들어가 있다.

600mm 대구경조종방사포KN-25; 최대 사거리 400㎞의 경우에는 말할 필요도 없다. 제주도를 제외한 남한 전 지역이 사정권에 들어가 있다.

북한이 2019년 이후 개발한 7종의 신형 장거리 발사체들은 사정거리가 130km, 200km, 400km, 450km로 대폭 늘어나, 이제는 방사포나 미사일 구별 없이 남한 전 지역이 북한의 사정거리 안에 들어가게 되었다.

무기의 개념도 달라졌다. 남한 전 지역이 방사포의 사정권에 들어가므로, 방사포로 미사일을 대체할 수 있게 되었다. 미사일은 고가로 돈이 많이 드는 반면, 방사포는 아주 저렴하므로 따발총 식으로 발사할 수 있다는 장점이 있다.

2 생존 가능성, 확률이 높은 지역은?

처음에는 이 부분에 대한 자료를 수 백 페이지 준비했으나 군사 기밀상 제약이 많아 불가피하게 원론적으로만 언급하고자 한다. 독자 여러분의 깊으신 양해를 바랄 뿐이다.

개존 초 정부청사나 전투비행장, 계룡대 3군본부, 레이더 미사일기지 통합 미군기지가 있는 평택 등이 적의 주요 군사 목표물이 된다는 점으로 미루어 생존가능성이 높은 지역을 유추할 수 있다.

또한 발전소, 원자력 발전소, 댐, 정수장, 유류저장소 등 주요 국가 기간시설도 마찬가지이다.

군사 기밀상 설명에 제약이 있어 도표로 대신하고자 한다.

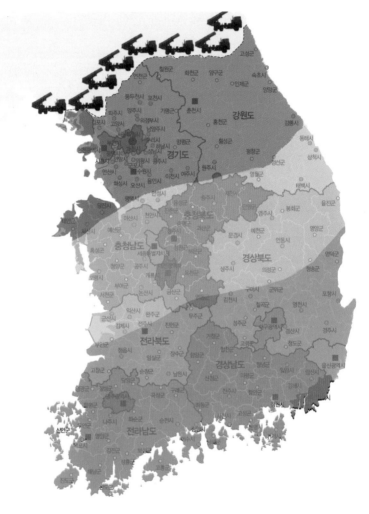

A	**Red**	고위험, 생존가능성	5% ↓ (서울·수도권)
B	Yellow	위험, 생존가능성	30% ↓
C	Green	상대적으로 덜 위험	35% ↓

북한 주요 장사정포 사거리

방사포	발사관수	최대사거리(km)	발사속도(발/분)	운용원(명)
122mm(신형)	30 · 40(2종류)	40	30/15	
240mm(M-1985)	12	43	12/20	6
240mm(M-1989)	12	43	12/20	7
240mm(M-1991)	22	65	22/33	7
240mm(주체100포)	22	130		7
300mm(KN-09)	12	200		
자주포				
170mm(M-1989)		54		

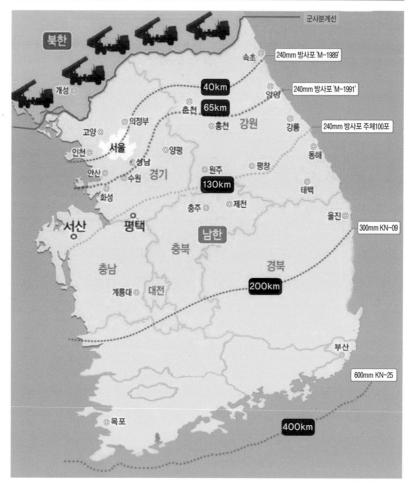

13장

북한 인민군이 쳐들어오는 경로는?

1 북한군의 주 침공 3루트는 어디인가?

작계 5027作戰計劃 5027; Operation Plan 5027에서도 상정하고 있듯이, 북한 인민군은 개전 초 3곳의 주 침공 루트, 즉 서해5도-인천-서울 침공 루트, 도라산-문산-파주-서울 침공 루트, 그리고 철원-춘천-가평-청평-서울 침공 루트로 침공한다.

특히 북한군은 제2침공 루트인 파주 지역과 제3침공 루트인 철원 평야를 통해 대규모 전격기동 전력을 투입한다.

북한은 주 침공 루트로 침공해 신속히 서울·수도권 외곽을 포위해 2500만 명의 서울 수도권 시민들을 포로 내지는 인질로 삼으면 게임 오버라는 생각을 가지고 있다.

북한은 기갑부대를 앞세워 방어선을 붕괴시키고 전선을 돌파해 신속하게 적 종심인 서울로 진격해 포위하고 보급로를 끊으면 한국군은 무너진다는 계산이다.

이처럼 북한 인민군의 공격 형태는 과거 6.25 전쟁 때처럼 긴 가로축 전선으로 밀고 내려오며 점령하는 방식이 아니라, 적의 방어거점은 내버려 두고 일단 전략 요충지나 주요 거점만 점령하며 계속 달려 적 종심인 서울을 포위하는 방식이다. 몸통은 놔두고 머리만 죽이면 뱀은 죽는다.

이러한 종심기동전술OMG; Operation Moving Group; 기갑전력과 기동화 보병으로 신속하게 적 종심으로 진입하는 전술은, 제2차 세계대전 초인 1940년 5월 독일군이 프랑스 침공 시 이 전술을 썼으며, 1991년 걸프전 당시 이라크에서 벌어진 사막의 폭풍 작전에서 미중부군사령관 슈워츠코프Schuwarzkov 대장도 이 전술을 구사한 바 있다.

612년 고구려 침공 시, 수나라 장수 우중문도 깊은 종심을 가진 고구려의 성들을 하나하나 공략하지 않고, 30만 별동대를 이끌고 고구려의 방어거점인 요동성 등은 내버려두고 우회해 곧장 평양성을 들이쳐 고구려를 당황케 했다.

📍 서해5도-인천-서울 침공 루트

북한은 서해를 통해 대규모 상륙작전을 계획하고 있다. 북한은 평양방어를 맡고 있는 4군단을 전시에는 서해안 일대의 북한군 기습 상륙작전에 투입한다.

북한은 김포 · 인천 · 남양만 등 수도권 서쪽 일대를 대규모 기습 상륙작전 후보지로 해 50,000명에 달하는 특수전 부대를 공기부양정 · 고속상륙정 등으로 실어 날라 상륙시킨다는 작전계획이다.

서해에 구축되어 있는 잠수함 작전체계도 북한군의 서해안 기습상륙을 지원한다.

북한은 개전 초 북한과 인접한 서해5도, 즉 백령도·대청도·소청도·연평도·우도를 우선적으로 기습 점령한다.

서해5도는 북한군이 경기만을 통해 남하해 인천항을 거쳐 서울을 침공하는 것을, 또한 곧바로 평택항을 침공하는 것을 막는 1차 방어선이자, 북한 해군과 공군의 남쪽 침공을 막아 인천항, 인천공항, 그리고 평택항이 안정적 기능을 유지하게 해주는 대한민국의 군사적 요충지이다.

그러므로 북한군은 인천에 교두보를 확보한 다음, 신속히 서울·수도권 외곽을 포위한다는 작전계획을 가지고 있다.

서해안에 기습 상륙한 북한 병력은 김포·문산을 통해 남침한 주력부대와 연계해 한·미 연합군의 주력을 한강 이남에서 섬멸한다는 계획이다.

🏷️ 서부전선 도라산-문산-파주-서울 침공루트

한반도 지도를 보면 6.25 전쟁 전 한반도를 가로질러 남북을 양분한 38도선이었으나 휴전 후 그어진 휴전선DMZ은 동부전선이 38도선 위로 올라간데 반해 서부전선은 북한군에 밀려 38도선 아래로 내려왔음을 볼 수 있다.

서부전선 대부분의 지역은 개활지로서 기동작전에 유리하므로, 전차를 보유하고 있던 북한 인민군이 개전 초 전차 기동전으로 단숨에 남쪽으로 밀고 내려왔던 것이다.

개활지의 개성도 6.25 이전에는 남한 땅이었는데 이런 연유로 북한에 빼앗긴 것이다. 한편 산악지형이어서 전차전이 쉽지 않았던 속초, 화천, 양구는 6.25전에는 북한 땅이었는데 아군이 차지하게 되었다.

북한 인민군은 개활지가 많은 서부전선과 중부전선에서 대규모 전차 부대로 신속히 밀고 내려와 국군을 분쇄하고 남한을 7일 내에 점령한 다는 전격작전계획을 세워두고 있다.

북한군의 이러한 전격작전은 구 소련군의 OMGOperation Moving Group; 종심기동전술; 기갑전력과 기동화 보병으로 신속하게 적 종심으로 진입하는 전술에 기초한 것이다.

사실 이 기동전술이나 전격전電擊戰은 제2차 세계대전 초 독일군에서 유래한 것이다. 미국의 기갑부대 사령관 패튼도 이 종심돌파 기동전술 을 구사했다.

북한 인민군은 남침 시, 대규모 기동 전력을 투입하여 방어선을 붕 괴시키고 파주 지역과 철원평야 지대를 통해 신속하게 적 종심으로 진 격해 수도권을 포위한다. 적의 방어거점은 내버려 두고 일단 전략 요충 지나 주요 거점만 점령하며 계속 달려 적 종심인 서울을 포위하는 방식 이다.

일단 적 종심을 포위하고 보급로를 끊게 되면, 적은 스스로 무너지 게 된다.

북한은 이미 6.25 전쟁 당시 전차부대를 앞세우고 남한으로 단숨에 밀고 내려와 3일 만에 서울을 점령하며 기동전술과 전격전의 효과를 실감한 바 있다.

종북ㅇ파들이 흠모하고 경애해마지않는 최고 존엄 북한 김정은 국 방위원장도 "나의 통일관은 무력 통일관이며 내가 직접 탱크를 몰고 서울로 진격하겠다."고 했다.

남한정권이 잘 닦아놓은 도로를 이용해 기계화 부대로 서울로 밀고 내려와 속전속결로 남한을 흡수 통일하겠다는 것이다.

🏷 중부전선 철원-춘천-가평-청평-서울 침공루트

철원평야도 북한의 기갑전력 침공루트 중의 하나로 계획되어 있다. 이 침공루트를 통해 남침한 병력은 서부전선 문산 침공루트를 통해 남침한 주력 부대, 그리고 서해안 침공루트를 통해 상륙한 특수부대를 동쪽에서 지원하게 된다.

특히 철원 침공루트는 중부내륙고속도로와 연결되어 북한군이 한강 이남에서 한·미 연합군을 포위해 공격하기 위한 루트로 활용할 것으로 보인다.

남한에 연달아 ○파정권이 들어서면서, 북한으로서는 대단히 기뻐할 일이 벌어지고 있다. 남한의 ○파정권에서 알아서 스스로 지뢰를 제거하여 통로를 개척해주고 도로를 개설하는 등 사실상 남한이 북한의 남침루트에 레드 카핏을 깔아주고 있기 때문이다.

얼마 전 남한○파정권은 철원평야 뿐만 아니라 판문점 공동경비구역JSA과 철원 일대의 비무장 지대DMZ에서 지뢰를 제거했다. 한 술 더 떠서 '남북연결도로' 까지 개통시켰다. 북한 전차부대가 밀고 내려 올 도로망을 시원하게 뚫어준 것이다. 남한○파정권은 스스로 무장해제를 하여 국민을 위험에 노출시킨 것이다.

화살머리 고지와 백마고지 일대는 이런 북한군의 예상 침공 경로인 철원 평야를 감시할 수 있는 중요한 지역이다.

군사전문가들은 향후 이 도로가 경원선서울-원산; 서울 용산-의정부-철원-평강-삼방관-석왕사-원산)과 연결될 가능성이 있어 북한이 침공할 길을 남한정권이 스스로 열어주는 꼴이 아니냐"고 우려하고 있다.

핵폭탄보다 치명적인 땅굴

1 남침땅굴 48개에서 쏟아져 나오는 북한특수부대

남침땅굴 하나가 핵폭탄 열 개보다 더 위력이 있다.

배후를 강타하기 위해서는 경보병 주력부대가 삽시간에 적의 중심으로 침투할 수 있는 땅굴을 미리 준비해둬야 한다. 일단 전쟁이 일어나면, 그 때는 이 땅굴이 몇 십 배의 진가를 발휘하게 될 것이다. 남침땅굴 하나가 핵폭탄 열 개보다 더 위력이 있다.

- 김일성 주석의 남침땅굴 굴착명령, 1971년 9.25 교시

📎 땅굴의 가공할 위력

북한은 지난 1971년 이래로 휴전선 비무장지대의 지하에 기습 남침용 땅굴을 파는 데 심혈을 기울여왔다.

개전 초 땅굴을 통해 대량병력을 신속히 이동시켜 한국군의 전방전투사단을 괴멸시키고, 게릴라부대인 경보병부대를 침투시켜 주요 전략지역을 점령함으로써 미군이 참전하기 전에 속전속결로 전쟁을 끝낸다는 것이다.

북한은 남침땅굴이 '한반도 적화통일의 지름길이요, 비밀병기'라고 확신하고 있다.

실제로 땅굴은 전략적인 면에서 가공할 위력을 지니고 있다. 미군 정보당국에서는 인민군의 남침용 땅굴 48개가 있으며, 1개의 땅굴을 통해 시간 당 3만 명의 무장병력, 야포와 차량이 이동할 수 있다고 분석하고 있다.

국군복장을 한 북한 특수부대와 경보병부대 14~20만 명이 일시에 쏟아져 나와 공격한다면 피아간의 식별이 어려워 사실상 대응이 불가능하며 휴전선의 국군의 전방전투사단은 일시에 무력화 될 수 있다고 경고하고 있다.

땅굴을 통과하는 북한 특수부대와 경보병부대(왼쪽)와 본선갱도를 통해 여러 개의 지선갱도 출구에서 쏟아져 나오는 모습(오른쪽)

현재 북한은 30만 벌의 국군 신형전투복을 확보하고 있다. 종북○파 간첩들의 공작으로 중국을 통해 입수한 것이라고 한다. 그 결과, 북한 군은 방탄조끼 · 야전복 · 수통 · 견장 등 우리 군과 똑같은 군복까지 확보하고 있어 치명적이다.

국군의 신형전투복(오른쪽)을 카피한 북한의 전투복(왼쪽).
네모 안의 군복 문양을 비교해보면, 똑같이 베꼈음을 알 수 있다.

국군일까, 북한군일까? 이들에게 태극기를 흔들면 총탄이 날아올 것이다.

또한 김일성 주석 자신이 땅굴전술의 유효성을 몸소 일찌감치 체득하고 있었다. 그는 6.25 전쟁 당시 지하방공호와 땅굴에 피신함으로써 제공권을 장악한 미군의 공습에서 살아남을 수 있었다. 그는 지하공간이야말로 레이더에도 잡히지 않고 인공위성으로도 발각이 어려운 안전지대임을 뼈저리게 깨닫고 있었다.

북한이 땅굴도발에 집착하게 된 데에는 이러한 실증적 경험과 사례들이 바탕이 되었다.

2017년 미 육군이 수정해 펴낸 새로운 야전교범野戰敎範; Field Manual; 군사교육 및 작전에 관한 지시. 첩보 및 원칙 사항과 참고자료가 기술되어 있는 교리문헌에 따르면, 북한의 갱도는 경무장한 특수작전군 및 저격부대가 국군 후방으로 은밀히 침투하는 전술갱도와 전차와 장갑차 같은 중장비들이 침투하는 전략갱도로 구분된다.

북한군의 남침갱도는 본선 하나만 있는 것이 아니라 본선갱도에서 갈려나간 적어도 5개 이상의 지선갱도들이 여러 방향으로 뚫려있다.

전시에 북한 특수작전군은 본선갱도를 통해 여러 지선갱도 출구의 지하에 미리 대기하고 있다가 공격명령이 내려지면 일제히 지표의 토사를 뚫고 지상으로 쏟아져 나온다.

특히 전략갱도는 출구가 남측 고속도로에 가까운 지점에 은폐되어 있다가, 전쟁명령이 떨어지면 인민군 전차, 장갑차, 보병전투차량 약 700대가 260여개의 지선갱도의 출구에서 쏟아져 나와 전격전에 돌입해 고속도로를 타고 서울 및 수도권으로 진격하게 된다.

북한 인민군 작계로는 전격적으로 3~4시간 안에 서울 수도권과 평택까지 진격해 포위할 수 있다.

인민군은 다양한 갱도전법을 개발해, 사실상 북한군의 갱도전은 한국군과 주한미군에게는 공포의 대상이다.

인민군 특수작전군 저격병들의 행진, 2020년 10월 10일 조선로동당 창건 75주년열병식. 저격병들은 갱도전과 야간기습타격전에 필요한 우수한 전투 장비를 갖추고 있다.

인민군 특수작전군 신형 저격탱크들의 행진
전시에 이 탱크들은 남한에 잘 뚫어놓은 고속도로를 타고 질주해 서울 수도권과 평택을 포위한다.

북한의 땅굴사업, 즉 남침땅굴을 파는 도발은 1971년 9월 25일 김일성의 소위 '9·25교시'에 따라 시작되었다.

김일성 주석은 대남공작 총책 김중린金仲麟과 북한군 총참모장 오진우吳振宇 등에게 내려진 이 교시에서 "속전속결 기습전을 감행할 수 있게 하라"며 DMZ를 따라 배치되어 있는 한국의 전방 전투사단들을 괴멸시키는 가장 확실한 방법은 땅굴로 기습 공격하는 것이라고 말했다.

북한이 땅굴을 파기 시작한 1972년은 자주·평화·민족 대단결이라는 조국평화통일 3대 원칙을 담은 7·4남북 공동성명이 선언된 시기였다.

북한은 겉으로는 평화를 내세우며 속으로는 남침을 준비하는 공산주의의 전형적인 화전양면和戰兩面 기만전술을 보여준 것이다.

여기서 잠시 혼동되어 쓰이고 있는 용어를 간단히 살펴보고자 한다. 현재 우리는 '땅굴', 북측에서는 '갱도'라는 말을 쓰고 있다.

사실 땅굴과 갱도는 다른 것이다. 표준국어대사전에 따르면, 땅굴土窟/토굴; den은 주로 원시인이나 짐승이 들어가 사는 지하 동굴로서, 출입구가 하나만 있다. 한편, 갱도坑道; 굴길; tunnel는 사람이나 차량이 지나다닐 수 있게 땅속에 뚫어놓은 지하통로로서, 입구의 반대쪽에 반드시 출구가 있다. 영어로도 땅굴은 den, 굴길은 tunnel로 서로 다르다.

따라서 '땅굴'이 아니라 '갱도' 또는 '굴길'이 옳은 표현이지만, 이미 오랜 사용으로 고착화되어 있는 관계로, 이 책에서는 독자들의 혼란을 피하고자 땅굴과 갱도를 혼용하기로 한다.

아시리아군이 성벽 밑으로
굴을 파 들어가는 모습.
Nimrud의 북쪽 궁전 벽 부조,
865-860 BCE, 대영박물관 소장

적진에 땅굴을 파고 침투하는 전술은 고대로부터 사용된 매우 오래된 전술로 그 역사적 사례가 수없이 많다.

아시리아의 아슈르나시르팔 2세Ashurnasirpal II는 병사들에게 적의 성벽 지하로 굴을 파고 들어가 철 지렛대로 지상의 구조물을 무너뜨리게 하여 전쟁에서 승리할 수 있었다.

마케도니아의 알렉산더 대왕과 로마제국의 시저도 공성전에서 이런 방식을 사용했다.

삼국지에도 228년 12월 촉나라 승상 제갈량의 북벌군이 위나라 태수 학소郝昭가 지키는 진창성陳倉城; 오늘날 섬서성/陝西省 보계시/宝鸡市 소재을 공격할 때 성안으로 침투하기 위해 땅굴을 파는 대목이 나온다.

조선시대에도 홍경래 난 당시, 관군이 홍경래 반군의 거점이었던 평안도 정주성을 함락시키지 못하자 보름 동안 북쪽 성벽 아래로 땅굴을 파 들어갔다. 마침내 1812년순조 12년 4월 19일 새벽, 화약을 터뜨려 함락시켰다.

🏷️ 북한의 땅굴 기술력은 세계적 수준

북한의 땅굴 굴착 능력은 가히 세계적 수준이다. 조선인민군은 이미 6.25 전쟁 때 1,730개의 통로를 가진 총길이 88.3km인 장거리갱도를 팠고, 31,700개소에 이르는 각종 엄폐호를 팠다.

지금도 강원도 철원군 오성산 일대에는 전투병력 6만 명이 한꺼번에 들어갈 수 있는 거대한 갱도진지가 남아있다.

1997년 남한으로 망명한 황장엽 전 북한노동당 비서는 김대중 정권에 의해 활동제한을 당했으나 북한이 한미연합전력의 정밀 타격에 대비해 소위 전국토의 요새화4대 군사노선. 1962년 12월를 완성함으로써 모든 군사시설 및 전쟁물자의 생산시설 등을 완전 지하화 했다고 증언한 바 있다.

북한은 현재 북한 전 지역에 걸쳐 11,000~14,000여개의 지하기지를 구축해 놓았다. 지하갱도 곳곳에 전시 작전지휘소, 전략물자창고, 전시 군수물자 생산시설 등 다양한 군사시설을 엄폐해 놓았다. 미군이나 한국군 폭격기가 떠도 북한 지상에는 폭격할 만한 군사시설이 없다.

북한은 산을 뚫어 지하에 전략군이 운용하는 핵미사일기지, 항공 및 반항공군이 운용하는 지하활주로, 지하격납고 등의 공군기지, 지하레이더기지까지 건설해놓았다.

해군이 운용하는 기지도 해안절벽을 뚫어 지하 해군기지, 지하 잠수함기지를 건설해 놓았다.

또한 뿐만 아니라, 수시로 러시아 정찰위성의 정보를 토대로 전쟁지휘소 등이 위치노출 되었는지 여부를 점검하고 있다.

▎북한의 지하 핵미사일기지

전시 시민대피용 갱도는 66호 갱도라고 부르며 60년대부터 시작되어 지금도 계속 건설 중이다.

조선인민군 설계연구소에서 핵 공격에 견딜 수 있는 견고한 갱도의 설계도를 완성하면, 갱도건설 전문부대들이 그 설계도에 따라 갱도를 시공한다. 인민군 제593부대, 제667부대, 제744부대는 갱도를 전문적으로 건설하는 대표적 공병부대이다.

한편 미군과 한국군은 지하에 숨어있는 북한의 벙커를 파괴하기 위해 벙커버스터bunker buster를 한반도에 배치했다.
벙커버스터는 말 그대로 강화 콘크리트로 만들어지거나 땅속에 있는 벙커 등 방호력이 높은 구조물을 타격하기 위해 개발된 폭탄이다.

벙커버스터는 아프가니스탄 전쟁과 이라크 전쟁에서 지하방공호와 화강암 기반의 심층 지하기지를 효과적으로 파괴한 바 있다.

벙커버스터는 아프가니스탄에서와는 달리 북한에서는 그 효과가 제한적일 수 있다.

그러나 벙커버스터가 북한의 지하 군사시설을 파괴하는데도 효과가 있을지는 매우 의문스럽다. 왜냐하면 북한은 미군의 핵 공격과 벙커버스터bunker buster의 이중 폭발공격을 막기 위한 이중 돔형 기술까지 개발해냈기 때문이다.

게다가 벙커버스터가 지하 100~300m에 구축되어 있는 북한의 지하 군사시설까지 뚫고 들어가지 못한다는 결정적 약점이 있다. 대표적인 벙커버스터인 GBU-28과 GBU-57 MOP의 관통력은 천연 암반의 경우 각각 약 30m와 70m, 강화 콘크리트 구조물의 경우 각각 약 6m와 10m에 불과하다.

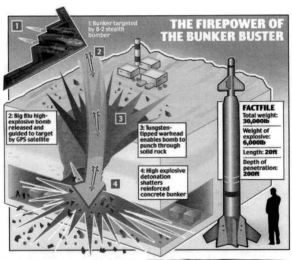

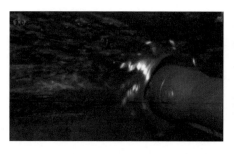

소형 착암기(왼쪽)와 TBM(터널굴착기)(오른쪽)

땅굴을 파는 데는 토양도 문제가 된다. 베트남의 무른 토양에서는 구찌터널과 같은 긴 터널도 삽과 같은 간단한 연장만으로도 팔 수 있지만, 한반도의 토양은 단단한 화강암 지대가 많아 발파작업이나 굴착기의 도움이 없이는 사실상 불가능하다.

북한은 1971년부터 스웨덴, 스위스, 독일, 일본 등지에서 TBM^{Tunnel} Boring Machine; 터널굴착기; 다수의 디스크커터를 장착한 커터헤드를 회전시켜 암반을 뚫는 원형의 회전식 터널 굴진기 약 300대를 구입한국은 20여대 보유한 것을 시작으로, 그 후로는 기계를 자체 제작해, 50여년에 걸쳐 휴전선 비무장지대 전 전선에서 각 군단 및 사단별로 기습용 남침땅굴 굴착을 진행해오고 있다. 일일 굴진속도는 약 30m로 알려져 있다.

오늘날 북한은 미얀마, 팔레스타인 무장 정파인 하마스 등에도 군사용 땅굴 굴착기술을 수출하고 있다.

땅굴을 통과하고 있는 팔레스타인 무장군.
이들은 북한의 땅굴굴착 기술을 지원 받았다.

월남전 당시 공산월맹과 베트콩은 캄보디아 국경에서 사이공현 호치민
시 외곽을 연결하는 총 연장 250km에 달하는 저 유명한 구찌 땅굴Cu
Chi Tunnels 덕분에 미군의 공습에도 불구하고 병력과 군수품을 안전하게
목표지점까지 수송할 수 있었기에 승리할 수 있었다. 땅굴은 북베트남
승리의 일등공신으로 꼽히고 있다.

월남의 땅굴은 단순한 지하갱도가 아니라, 군사적 거점을 서로 연결
해주는 지하 네트워크로서 내부에 탄약고는 물론 식당, 숙소, 병원까
지 갖추고 있었다.

북한의 남침땅굴은 바로 이 베트남의 구찌 터널Cu Chi Tunnels을 벤치마
킹한 것이다. 북한은 구찌 터널의 유효성을 목격하며 땅굴전술에 대한
확신을 갖게 되었던 것이다.

┃ 구찌 땅굴은 입구는 아주 좁지만 내부는 매우 넓다.

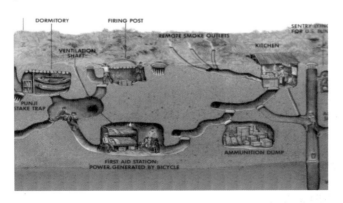

우리 군 당국은 1974년부터 현재까지 일반전초GOP; general outpost; 남방한 계선 철책선에서 24시간 경계근무를 하며 적의 기습에 대비하는 소대단위 초소 인근 지역에서 남침용 땅굴 4개를 발견했다.

제1땅굴은 1974년 11월 5일 연천군 고랑포에서, 제2땅굴은 1975년 3월 19일 철원에서, 제3땅굴은 1978년 10월 17일 판문점 남방 4km에서, 제4땅굴은 10년 간 300여 차례의 시추작업 등 각고의 노력 끝에 1990년 3월 3일 양구군 동북방 26km 지점에서 찾아냈다.

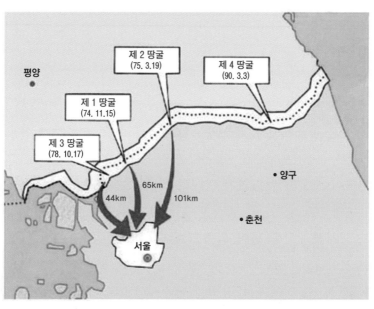

구분	제1땅굴	제2땅굴	제3땅굴	제4땅굴
발견일시	1974.11.15	1975.3.19	1978.10.17	1990.3.3
위치	고랑포 동북방 8km	철원 북방 13km	판문점 남방 4km	양구 북방 26km
크기	높이 1.2m 폭 90cm	높이 2m 폭 2m	높이 2m 폭 2m	높이 1.7m 폭 1.7m
깊이	지하 45m	지하 50~160m	지하 73m	지하 145m
총길이	3,500m	3,500m	1,635m	2,052m
침투길이	1,000m	1,100m	435m	1,028m

북한은 결정적 시기에 사용할 비장의 카드인 '우리식 선제타격' 수단으로 "땅굴을 구축하여 전쟁 초기에 국군 전방 부대를 무력화하고, 의정부, 동두천 일대의 미군을 포로로 해야 한다."라는 김일성의 교시에 따라 30~50km 정도의 단거리 땅굴 굴착을 시작했다.

탈북자들의 증언에 의하면, 대남침투갱도는 2003년에 모두 완성되었다고 한다.

현재 우리 군 당국은 남침갱도 6개가 개성 인근에 더 있으며, 미 CIA, 주한미군 특수전 사령부에서는 약 20~48개 정도의 남침용 땅굴이 있는 것으로 추정하고 있다. 오산K-55 공군기지에서 발진한 U-2 정찰기가 휴전선 부근에서 남침용 갱도입구를 27개 이상 포착한 바 있다.

북한군이 땅굴을 어디까지 파내려왔는가? 전문가들은 TBM을 동원하면 1년에 30km 정도를 굴착할 수 있다고 밝히고 있다. 40년 동안만 뚫어도 군사분계선을 넘어 남쪽으로 최소한 120Km 이상 굴진할 수 있다는 것이다.

지도를 보면, 개성에서 평택 미군기지까지의 거리는 약 120km이며, 서울 중심부 광화문까지는 60km에 불과하다.

한편, 종북○파들은 장거리 남침땅굴이 존재할 수 없다고 연막을 피운다. 당장 2~3km마다 설치해야 할 수십 개의 땅굴 환기구와 땅굴 굴착 시 나오는 막대한 양의 버력muck; 터널 굴착 시 나오는 토사나 암석 부스러기이 군사위성에 탐지되지 않을 수 없다는 것이다.

도심지하에서 발견된 땅굴
인근에서는 지하철 공사 등을
한 사실이 없다.

　그러나 탈북자들의 증언에 따르면, 송풍기로 환기관에 바람을 불어
넣어주고 잠수함용 산소발생장치까지 사용한다고 한다.
　버력 문제도 땅굴 공사에 동원됐던 전 북한군 6사단 군관 김○준 씨
는 "버력은 야간에 운반하는데 주로 폐광에 버려 감쪽같이 처리한다"
고 증언했다.

　북한의 땅굴 폭로에 입막음하는 세력, 즉 북한 공작원으로 추정되는
자들과 그들에게 협조하는 세력이 있다는 주장도 있다. 육군정보작전참
모부 탐지과장 김 모 대령, 보안사 대공수사관 정 모씨 등 땅굴 탐지전문
가들이 잇따라 사망했는데, 사고사로 위장된 듯 석연치 않다는 것이다.

　종북○파세력은 남침땅굴 굴착과정에 깊숙이 관여했다가 귀순한 전
북한군 38여단 참모장 박○철 상좌, 귀순한 전 북한노동당 연락부 제
53연락소 대남간첩 호송안내원 김○성 씨, 또한 전 25사단장 김○웅
소장의 땅굴관련 주장은 희석되었다. 땅굴관련 신고와 첩보가 제기되
면 바짝 긴장해서 서둘러 진화하기에만 급급했다.
　'임금님은 벌거숭이다!' 라고 사실을 외치는 사람들의 입을 틀어막
고 있는 것이다. 대체 누구를 위해서인가?